わがまま歩き　旅行会話 10

ベトナム語
＋英語

目次

本書の使い方 ・・・・・・・・・・・・・・・・・・・・・・・・・ 6

ベトナム語の発音と文字 ・・・・・・・・・・・・・・・ 8

必須フレーズ

すぐに使える基本フレーズ ・・・・・・・・・・・・・・・・ 10
こんにちは ・・・・・・・・・・・・・・・・・・・・・・・・・・・・・ 12
ありがとう ・・・・・・・・・・・・・・・・・・・・・・・・・・・・・ 14
はいといいえ ・・・・・・・・・・・・・・・・・・・・・・・・・・・ 16
お願いします ・・・・・・・・・・・・・・・・・・・・・・・・・・・ 18
私は佐藤です ・・・・・・・・・・・・・・・・・・・・・・・・・・・ 20
何と言いましたか? ・・・・・・・・・・・・・・・・・・・・・ 22
いくらですか? ・・・・・・・・・・・・・・・・・・・・・・・・・ 24
どこですか? ・・・・・・・・・・・・・・・・・・・・・・・・・・・ 26

●気をつけよう！ベトナムでのマナー ・・・ 28

場面別会話

機内・到着
機内で ・・・・・・・・・・・・・ 30
入国審査 ・・・・・・・・・・・ 34
荷物の受け取り ・・・・・・ 36
税関検査 ・・・・・・・・・・・ 38
両替 ・・・・・・・・・・・・・・・ 40
空港から市内へ ・・・・・・ 42
空港でのトラブル ・・・・ 44

●機内の座席のまわり ・・・・ 32
●ロスト・バゲージ ・・・・・・ 37
●両替のポイント ・・・・・・・・ 41
●荷物の紛失について ・・・・ 45

交通	飛行機（国内線）‥‥‥ 46	タクシー‥‥‥‥‥‥‥ 54
	鉄道‥‥‥‥‥‥‥‥‥ 48	シクロ‥‥‥‥‥‥‥‥ 56
	長距離バス‥‥‥‥‥‥ 50	移動時のトラブル‥‥‥ 58
	市内バス‥‥‥‥‥‥‥ 52	

- ●路線バスの利用の仕方 ‥ 53
- ●セオムの乗り方 ‥‥‥‥‥ 57
- ●タクシーで気をつけること‥ 59

ホテル	チェックイン ‥‥‥‥‥ 60	ホテルの施設の利用 ‥‥ 70
	フロントで ‥‥‥‥‥‥ 62	チェックアウト ‥‥‥‥ 72
	部屋で ‥‥‥‥‥‥‥‥ 64	ホテルでのトラブル ‥‥ 74
	ホテルのサービス ‥‥‥ 66	

- ●ホテルの室内 ‥‥‥‥‥‥ 68
- ●ホテルでのトラブルとその注意 ‥ 75

レストラン	店を探す・予約する ‥‥ 76	食事中のフレーズ ‥‥‥ 96
	店に着いて ‥‥‥‥‥‥ 78	支払い ‥‥‥‥‥‥‥‥ 98
	ベトナム料理のメニュー‥‥ 80	カフェで ‥‥‥‥‥‥‥ 100
	ドリンクの注文 ‥‥‥‥ 92	屋台で ‥‥‥‥‥‥‥‥ 102
	料理の注文 ‥‥‥‥‥‥ 94	レストランでのトラブル ‥‥ 104

- ●料理の注文は指差しで ‥‥ 85
- ●ベトナムの郷土料理 ‥‥‥ 87
- ●ベトナム料理の名脇役ハーブ ‥ 90
- ●卓上の調味料 ‥‥‥‥‥‥ 91
- ●ベトナムのビール ‥‥‥‥ 93
- ●支払いとチップ ‥‥‥‥‥ 99
- ●カフェの利用法 ‥‥‥‥‥ 101
- ●ベトナムの屋台 ‥‥‥‥‥ 103
- ●レストランでのマナー ‥‥ 105

観光	道を尋ねる ･･･････ 106	写真・ビデオ ････････ 114
	観光案内所で ･･･････ 108	リラクセーションに行く･･･ 116
	ツアーに参加 ･･･････ 110	観光地でのトラブル ･･･ 118
	観光地で ･･･････ 112	

- ●写真・ビデオの注意 ･･･ 115
- ●トラブルを避けるために ･･ 119

ショッピング	店を探す ･････････ 120	支払い ･･･････････ 130
	店内基本フレーズ ･･･ 122	市場で買う ･･･････ 132
	品物を探す ･･････ 124	単語集 ････････････ 134
	色・デザイン・素材 ･･･ 126	ショッピングのトラブル ･･･ 142
	サイズ ･･･････････ 128	

- ●ベトナムのオーダーメイド･･ 129
- ●ナイトマーケット ･･････ 133
- ●支払いの方法 ･･･････ 131
- ●購入時のチェックポイント･･･ 143

通信・郵便	電話･･･････････････ 144	郵便･････････････ 148
	インターネット ･･････ 146	銀行･････････････ 150

- ●郵便物の出し方 ････ 149
- ●ベトナムでのキャッシング ･･･ 151

帰国	帰国便･････････････ 152	搭乗と出国 ･･･････ 154

- ●免税範囲、規制品 ････ 156

困った時に

盗難
- 忘れ物・盗難 ・・・・・・・ 158
- 盗難・その他 ・・・・・・ 160
- 警察で ・・・・・・・・・・・ 162
- 再発行 ・・・・・・・・・・・ 164

- ●警戒心を忘れずに!! ・・・ 161
- ●パスポートをなくしたら ・・ 166
- ●航空券をなくしたら ・・・ 166
- ●狙われやすい服装・行動 ・・・ 167

ケガ・病気
- 車に関わるトラブル ・・・ 168
- 具合が悪くなったら ・・・ 170
- 病院・薬局で ・・・・・・・・ 172

- ●身体の各部の名称 ・・・・・ 176

レファレンス

- 必須単語 ・・・・・・・・・・・・・・・・・・・・・・・・・・・ 178
- 和英越辞書 ・・・・・・・・・・・・・・・・・・・・・・・・・ 186
- 越和辞書 ・・・・・・・・・・・・・・・・・・・・・・・・・・・ 206

資料編
- ベトナム語文法 基礎の基礎 ・・・ 218
- ベトナム語の特徴 ・・・・ 220
- ベトナムのあらまし ・・・ 221

- 索引(トラブル・事項) ・・・・・・・・・・・・・・・・・ 222

本書の使い方

本書の構成

本書は大きく4つに分かれています。

●**必須フレーズ**：旅行先で何度も口にする表現です。あいさつ、お礼の言い方、質問など、そのまま覚えてしまいたい基本的なベトナム語会話です。

●**場面別会話**：出発する機内から、ホテル、レストラン、ショッピングと、旅行者が出会う場面に対応した会話例を集めました。特に重要なものは大きく載せてあります。その他の会話例、関連単語を駆使すればさらに発展的な会話ができます。

●**困った時に**：トラブル対策のページです。旅先での盗難、事故、病気やケガなどに素早く対応することを目的としています。会話例だけでなく、トラブルへの迅速な対応内容も記載されています。

●**レファレンス**：辞書や文法解説などです。辞書はよく使う単語を英単語も併記して「和英越辞書」に、またよく目にする単語を「越和辞書」にまとめてあります。

重要表現
各場面ごとの、最も使う頻度が高い会話例です。文型として覚えてしまい、主語や目的語を変えて応用することも可能です。

一般表現
重要表現以外の会話例です。実用的な会話例を集めました。重要表現も一般表現も、直接口に出して喋ってもいいし、本書のその箇所を指し示してもいいし、また紙に書いて見せることもできます。

返答フレーズ
バックに色が付いている個所は相手の返答例、質問例などです。

ホテル

ACCOMMODATION / KHÁCH SẠN

チェックイン
予約してあっても到着が遅くなる時は、電話を入れてその旨を伝えます。また、支払い方法に関係なく、保証用にクレジットカードの提示を求められることがあります。

チェックインをお願いします。

I'd like to check in, please.
アイド ライク トゥ チェック イン プリーズ

Tôi muốn check-in.
トイ ムオン チェック イン

予約してあります。

I made a reservation.
アイ メイダ レザヴェイション

Tôi đã đặt trước.
トイ ダー ダッ(ト) チュオック

日本語	英語
確認のためにクレジットカードをお見せください。	May I see your credit card for confirmation? メイ アイ スィー ユア クレディット カード フォー コンファメイション
お支払いはどうなさいますか？	How will you pay your bill? ハウ ウィル ユー ペイ ユア ビル
クレジットカード(現金)でお願いします。	By credit card (cash), please. バイ クレディット カード キャッシュ プリーズ
前金は必要ですか？	Do you need a deposit? ドゥ ユー ニーダ ディポズィット
このカードは使えますか？	Do you accept this card? ドゥ ユー アクセプト ディス カード
お部屋は503号室になります。	Your room number is 503. ユア ルーム ナンバー イズ ファイヴオウ

60

6

ベトナム語の特徴

●ベトナム語には11の母音と6つの声調があるため、発音は簡単ではありません。通じない場合は、本のフレーズを指差してみましょう。
●語尾が-c, -ch, -m, -n, -ng, -nh, -p, -tの場合、音として耳に聞こえてこないことも多いですが、語尾の文字をイメージして発音しないとうまく通じません。そのため、本書では、音としてイメージすべき音をカッコに入れて表記しました。
例：Việt　ヴィエッ(ト)

●ベトナム語では、相手の年齢と性によって人称代名詞を使い分けます（p.218参照）。本書では、英語のyou（あなた）に当たる人称代名詞をanh/chiアイン／チと2つ表記しており、anhは自分よりも年上の男性、chiは自分よりも年上の女性に対して使います。
●ベトナム語の発音は、各地域でかなり異なります。本書では標準語であるハノイの発音を基準に、なるべく耳に聞こえてくる音に近いカタカナで表記しました。

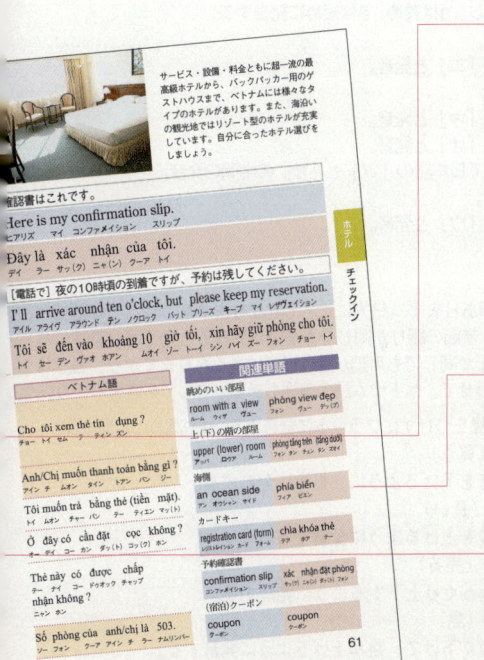

英語表現
同じ意味の英会話です。英語が通じる場面では、こちらも参照してください。意図を通じさせることを目的としていますので、ベトナム語と全く同じ意味でない例もあります。

関連単語
各場面に関連した単語です。フレーズの単語と入れ替えて使います。

（　）は入れ替えができる単語です。単語に関しては右段の「関連単語」、巻末の辞書も参考にしてください。その他レストランやショッピングの章には「単語集」を付けてあります。

ベトナム語の発音と文字

ベトナム語は、基本的にはアルファベットを用いますが、外来語の表記以外ではF、J、W、Zの文字は使いません。またDとĐの区別があります。
11の母音a, ă, â, e, ê, i, o, ô, ơ, u, ưに、6つの声調（音の上がり下がり、抑揚）a, à, á, ả, ã, ạを加えて発音されます。

■母音の発音

1単語に1母音が原則で、1つの単語に複数の母音が含まれるような日本語とは音節の構成が異なります。例えば、日本語の「こん・に・ち・え」（4母音）に対してベトナム語はChao（二重母音が1つ）と、単音節で単語が成り立っています。この単音節に、6種類の声調を加え、複数つなげて発音されるベトナム語は大変リズミカルに聞こえ、「小鳥がさえずる声」に例えられることもあるほどです。
基本母音の発音は以下の通りです。
a, ă：日本語の「ア」と同じ。aは長め、ăは短めに発音する。
e：日本語の「エ」と同じ。
ê：口の開きを小さくして「エ」と発音。
i：日本語の「イ」と同じ。
o：日本語の「ア」の口で「オ」と発音。
ô：口の開きを小さくして「オ」と発音。
â, ơ：口の開きを小さくして日本語の「ア」と「オ」の中間の発音。
u：日本語の「ウ」と同じ。
ư：日本語の「イ」の口で「ウ」と発音。

■声調

ベトナム語の声調は6種類あります（地方によって異なりますが、ここでは首都ハノイを例にしています）。音節の綴りが同じでも声調が異なると全く違う意味になります。カタカナでの表記が同じでも声調が違う単語は多くありますから、各フレーズのカタカナルビとあわせて、ベトナム語の声調もチェックしておきましょう。

第1声：「a」抑揚をつけずにフラットに発音する。やや高めの位置を保つ。
例：muaムア（買う）

第2声：「à」音を下げるように、長めに発音する。
例：dàiザーイ（長い）

第3声：「á」音を上げるように発音する。
例：bánバーン（売る）

第4声：「ả」ゆっくり上下するように発音する。
例：đảoダーオ（島）

第5声：「ã」鋭く下げて、跳ね上げるように発音する。
例：nghĩギー（考える）

第6声：「ạ」短く、落とすように発音する。
例：lạnhライン（寒い）

chào. / Xin chào. / Tạm biệt. / Chúc ngủ ngon. / Cảm ơn. /
g có gì. / Xin lỗi. / Xin cảm ơn! / Vâng/Có. / Không. / Tôi
g hiểu. / Vâng, được rồi. / Cho tôi một cốc cà phê. / Chị cho
ch đến nhà ga được không? / Tôi lấy cái này. / Cho tôi tính
Anh/chị tên là gì? / Tôi tên là Tomoatsu Sato. / Rất vui được
uen. Tôi tên là Tomo. / Tôi là người Nhật. / Anh/chị nói gì? /
nh/chị nói lại. / Anh/chị có thể viết ra được không? / Anh/chị
ói gì? / Bao nhiêu tiền? / Cái này trong tiếng Việt gọi là gì? /
chị muốn màu gì? / Khăn trải bàn này bao nhiêu tiền? / Nhà
nh ở đâu? / Bao giờ anh/chị đi? / A lô, ai gọi đấy ạ? / Bến xe
? / Nhờ anh/chị. / Cho tôi đi qua với. / Anh/chị có làm sao
g? / Không sao. / Tôi không biết tiếng Việt.

必須フレーズ

すぐに使える**基本**フレーズ

ベトナムの人達はとても人なつっこく、陽気で親切です。ベトナムへ旅行に出かけたら、積極的にベトナム語であいさつしてみましょう。笑顔が返ってくることうけあいです。まずは、よく使われる短いフレーズを覚えて笑顔で気軽に話してみてください。そこから生まれるコミュニケーションは、ひと味違うスパイスとしてあなたの旅を味付けしてくれるはずです。

おはよう。/こんにちは。	Xin chào. シン　チャオ
こんばんは。	Xin chào. シン　チャオ
さようなら。	Tạm biệt. タム　ビエッ(ト)
おやすみなさい。	Chúc ngủ ngon. チュク　グー　ゴン
またね。	Hẹn gặp lại. ヘン　ガップ　ライ
ありがとう。	Cảm ơn. カム　オン
はい。/いいえ。	Vâng. / Không. ヴァン　ホン

すみません。	Xin lỗi. シン　ローイ
お願いします。	Nhờ anh/chị. ニョー　アイン チ
どういたしまして。	Không có gì. ホン　　コー ジー
通してください。	Cho tôi đi qua với. チョー トイ ディ クア　ヴォイ
大丈夫ですか？	Anh/Chị có làm sao không ? アイン チ　コー ラム サオ ホン
大丈夫です。	Không sao. ホン　　　サオ
ベトナム語は わかりません。	Tôi không biết tiếng Việt. トイ　ホン　ビエッ(ト) ティエン ヴィエッ(ト)
〜はどこですか？	〜ở đâu ? オ ダウ
これをください。	Tôi lấy cái này. トイ　レイ カイ ナイ
いくらですか？	Bao nhiêu tiền ? バオ　ニュー　　ティエン

こんにちは

人懐っこく親切なベトナム人は、おせっかいなくらいに他人にも助けの手を差し伸べてくれます。困ったら「シンチャオ！」と声をかけてみましょう。即席ベトナム語教室が始まるかも。

おはよう。／こんにちは。

Good morning./Good afternoon.
グッド　モーニング　　グッド　アフタヌーン

Xin chào.
シン　チャオ

ベトナム語の基本のあいさつは「シン　チャオ」。これだけでもOKですが、相手が年上の男性なら「チャオ　アイン」、年上の女性には「チャオ　チ」、年下には男女の別なく「チャオ　エム」と二人称をつければ完璧です。

日本語	英語
ごきげんいかがですか？	How are you ? ハウ　アー　ユー
ありがとう、元気です。	I'm fine. Thank you. アイム ファイン サンキュー
またね。	Bye ! バイ
よい1日を。	Have a nice day. ハヴァ　ナイス デイ
おやすみなさい。	Good night. グッド　ナイト
またあした。	See you tomorrow. スィー ユー トゥモロウ
また会いましょう。	See you soon. スィー ユー スーン

こんばんは。

Good evening.
グッド　イーヴニング

Xin chào.
シン　チャオ

　ベトナム語のあいさつには、昼夜の別はありません。1日中「シン　チャオ」で大丈夫。親しい人同士では、「ごはん食べた？」を意味する「アン　コム　チュア？」もあいさつでよく使います。

さようなら。

Good-bye./Bye.
グッド　バイ　バイ

Tạm biệt.
タム　ビエッ（ト）

　長いお別れや敬意を込めたあいさつには「タム　ビエッ（ト）」を使うことが多いです。「タ」と「ビ」を落とすように、やや強調して発音すると通じやすいです。「さようなら」という意味で「シン　チャオ」を使っても構いません。

ベトナム語

Anh/Chị có khỏe không ?
アイン チ　コー ホエ ホン

Cảm ơn anh/chị, tôi khỏe !
カム　オン アイン チ、トイ ホエ

Hẹn gặp lại.
ヘン　ガップ ライ

Chúc một ngày tốt　lành.
チュック モッ　ガイ　トッ（ト）ライン

Chúc ngủ ngon.
チュック グー　ゴーン

Hẹn gặp lại ngày mai.
ヘン　ガップ ライ ガイ　マイ

Gặp lại anh / chị sau.
ガップ ライ アイン チ サウ

丁寧な表現と呼びかけ方

●ベトナム語の呼び掛けや会話では、人称を省略しない方が丁寧な言い方になります。人称は年齢、性別で異なりますが、ここでいう年齢とは「年齢層」ではなく、「自分を基準にした上下」をさします。ベトナム人と親しくなるとすぐに年齢を聞かれるのは、年齢の上下を確認するためでもあります。実際にはいろいろな人称が使われますが、一般的にはここで紹介した「アイン（男性）」「チ（女性）」「エム（男女年下）」を覚えていればいいでしょう。日本語では主語を省略した会話がほとんどですが、ベトナム語では「アイン（またはチ）コー　ホエ　ホン？」（元気ですか？）と、特に目上の人に対しては主語（人称）をつけた方が丁寧です。

ありがとう

お礼は現地語で言いたいもの。ベトナム語の「ありがとう」は「カム オン」と短く覚えやすいので、ぜひ機会があったら使ってみてください。そこから会話がはずむかも。

ありがとう。

Thank you.
サンキュー

Cảm ơn.
カム オン

基本的に「ありがとう」は「カム オン」ですが、より丁寧に言いたい時は丁寧語の「シン」を加え、「シン カム オン」とすれば、「ありがとうございます」になります。さらに「多い」を意味する「ニエウ」を後ろにつければ謝意が強まります。

日本語	英語
ありがとうございます。	Thank you very much. サンキュー ヴェリ マッチ
いろいろとありがとうございます。	Thank you for everything. サンキュー フォー エヴリスィング
心から感謝申し上げます。	Heartily, thank you. ハーティリ サンキュー
大丈夫です。	No problem. ノウ プロブレム
[謝罪に対して]どういたしまして。	Not at all. ノッタト オール
どうもすみません。	I'm sorry. アイム ソーリ
お邪魔してすみません。	I'm sorry for interrupting you. アイム ソーリ フォー インタラプティング ユー

必須フレーズ ありがとう

どういたしまして。

You are a welcome.
ユー アー ウェルカム

Không có gì.
ホン コー ジー

「ホン コー ジー」はハノイなどの北部の発音です。中部や南部では「ホン コー チー」と発音することが多いようです。直訳すると、「何もない」という意味で、「なんてことありません」といった感じでしょうか。

失礼しました。

Excuse me.
イクスキューズ ミー

Xin lỗi.
シン ローイ

「シン ローイ」は謝る以外にも、人を呼び止める時にも使います。日本語の「すみません」とよく似ていますね。丁寧に言いたいなら、あいさつの時と同じく、「アイン」「チ」「エム」といった二人称を後ろに加えます。

ベトナム語

Xin cảm ơn.
シン カム オン

Cảm ơn nhiều.
カム オン ニエウ

Tôi xin chân thành cảm ơn.
トイ シン チャン タイン カム オン

Không sao cả.
ホン サオ カー

Không có gì.
ホン コー ジー

Tôi xin lỗi.
トイ シン ローイ

Xin lỗi vì đã ngắt lời.
シン ローイ ヴィ ダー ガッ(ト) ローイ

すみませんの表現

●日本語では謝罪の表現が多様にありますが、ベトナム語では「シン ローイ」一つが基本的な表現になります。「本当にすみません」という誠意を表わす時には「タイン タッ(ト)」を前につけて「心から」という意味を込めましょう。ただ、ベトナム人同士ではあまり謝ったり、謝罪をし合ったりすることはないようです。ちょっとぶつかったり足を踏んだり、約束の時間に遅れたりは「お互い様」ということなのでしょうか。「シン ローイ」ではなく、むしろ「同情してください、わかってください」の意味の「トン カーム」の方が謝罪の意味に近いかもしれません。もちろん旅行者としては、失礼があったら即「シン ローイ」を実践してみてください。

15

はいといいえ

旅行中は、自分の意思や希望をはっきりと伝えましょう。曖昧な態度でいると、思わぬ誤解をまねいたり、チャンスを逃してしまったりすることになりかねません。

はい。

Yes.
イェス

Vâng. /Có.
ヴァン　　コー

北部では「ヴァン」、南部では「ヤ」と、言葉が変わります。また「ある、いる」という意味の「コー」を単独で使えば「はい」という返事にもなります。「コー　ゴーン　ホン？（おいしいですか？）」「コー（はい、おいしいです）」というふうに使いましょう。

日本語	英語
はい、結構です（オーケーです）。	Yes. All right. イェス　オール　ライト
大丈夫ですか？	Are you OK? アー　ユー　オウケイ
大丈夫です。	I'm OK. アイム　オウケイ
わかりましたか？	Do you understand? ドゥ　ユー　アンダスタンド
わかりました。	I understand. アイ　アンダスタンド
あなたの言っていることがわかりません。	I don't know what you are saying. アイ　ドント　ノウ　ワット　ユー　アー　セイイング
知りません。	I don't know. アイ　ドント　ノウ

必須フレーズ　はい と いいえ

いいえ。

No.
ノウ

Không.
ホン

「ホン」とは、文の最後につけて疑問文を構成する単語ですが、単独で使う事によって「いいえ」の意味になります。この単語の子音は日本語にはない音で、「コ」と「ホ」を合わせたように発音すると通じやすくなります。

わかりません。

I don't understand.
アイ ドント アンダスタンド

Tôi không hiểu.
トイ ホン ヒエウ

相手が言っていることがわからなければ「トイ　ホン　ヒエウ」（理解できません）、知らないことを聞かれた時には「トイ　ホン　ビエッ（ト）」（知りません）と使い分けることができます。この後に名詞をつければ、「〜がわからない、知らない」という文になります。

ベトナム語

Vâng, được rồi.
ヴァン ドゥオッ(ク) ゾーイ

Anh/Chị có sao không ?
アイン チ コー サオ ホン

Tôi không sao.
トイ ホン サオ

Có hiểu không ?
コー ヒエウ ホン

Tôi hiểu rồi.
トイ ヒエウ ゾーイ

Tôi không hiểu anh/chị đang nói gì.
トイ ホン ヒエウ アイン チ ダン ノイ ジー

Tôi không biết.
トイ ホン ビエッ(ト)

わかりません

●わからない時に「トイ　ホン　ヒエウ」または「トイ　ホン　ビエッ（ト）」と答えることは上記の通りですが、否定の意味の「ホン」を「チュア」に置き換えると「まだわからない」「まだ知らない」という少しやわらかいニュアンスになります。会話の途中に聞き取れない言葉があった時に「トイ　チュア　ヒエウ」と答えれば、まだ理解できないのでもう一度話してほしい、という意味が含まれることにもなり、会話を続けることができます。相手の言っていることが理解できたら「トイ　ヒエウ　ゾーイ」（わかりました）と答えましょう。

17

お願いします

依頼の表現は、人に何かしてもらいたい時や、「〜をください」と欲しい物を言う時など、状況に応じて積極的に使ってください。

コーヒーをひとつ、お願いします。

One coffee, please.
ワン　コフィ　プリーズ

Cho tôi một cốc　cà phê.
チョー トイ モッ　コッ(ク) カー フェー

欲しい物の前に「チョー　トイ」または「チョー　トイ　シン」を付けると、「〜をください」という最も簡単な言い方になります。欲しい物の名前がベトナム語で言えない時は、メニューや実物を指差しながら「これ」という意味の「カイ　ナイ」をつけて「チョー　トイ　カイ　ナイ」と言ってもよいでしょう。

日本語	英語
お勘定をお願いします。	A bill, please. ア ビル プリーズ
サパまで切符を1枚ください。	One ticket to Sa Pa, please. ワン テイキト トゥ サ パ プリーズ
お願いがあります。	Could you do me a favor? クジュー ドゥ ミー ア フェイヴァ
今どこにいるか教えてください。	Could you show me where I am now? クジュー ショウ ミー ウェア アイ アム ナウ
砂糖を取ってください。	Could you pass me the sugar, please? クジュー パス ミー ダ シュガ プリーズ
おみやげを買いたいのです。	I'd like to buy some souvenir. アイド ライク トゥ バイ サム スーヴェニア
これをもらっていいですか?	Can I take this? キャナイ テイク ディス

18

駅にはどう行けばよいか教えてもらえますか？

Could you tell me how to get to the station?
クジュー　テル　ミー　ハウ　トゥ　ゲッ　トゥ　ダ　ステイション

Chỉ cho tôi cách đến nhà ga được không?
チー　チョー　トイ　カッ(ク)　デン　ニャー　ガー　ドゥオック　ホン

「ドゥオック」は本来、動詞と合わせて「～できる」や「～してもよい」という文を作る単語ですが、文末に「ドゥオック ホン？」をつけることによって、「～できますか？」という表現になります。この場合、主語がトイ（自分）なら、「してもらえますか？」の意味で使えます。

これをください。

I'll take it.
アイル　テイキット

Tôi lấy cái này.
トイ　レイ　カイ　ナイ

「これ」は「カイ ナイ」、「それ、あれ」は「カイ キア」。「私は～をもらう、取る」の意味の「チョー トイ」を前につけても、欲しいものを買ったり、注文するための便利な表現になります。

ベトナム語

Cho tôi tính tiền.
チョー　トイ　ティン　ティエン

Cho tôi một vé đi Sa Pa.
チョー　トイ　モッ　ヴェー　ディー　サ　バ

Cho tôi nhờ một chút.
チョー　トイ　ニョー　モッ　チュッ

Xin chỉ cho tôi biết tôi đang ở đâu.
シン　チー　チョー　トイ　ビエッ(ト)　トイ　ダン　オー　ダウ

Cho tôi một ít đường.
チョー　トイ　モッ　イッ(ト)　ドゥオン

Tôi muốn mua quà lưu niệm.
トイ　ムオン　ムア　クア　リュー　ニエム

Tôi lấy cái này được không?
トイ　レイ　カイ　ナイ　ドゥオック　ホン

お願いします

● 「～してください」と人に何かを依頼する時に使う文型にはいろいろありますが、基本的には「トイ　ニョー　アイン（またはチ、エム）…」（「ニョー」は「～をお願いする、頼む」という意味の動詞）、「シン…」に動詞を組み合わせることで応用できます。また「チョー　トイ…」の後に名詞を置けば「～をください」、動詞を置けば「させてください」の意味になり、いろいろな場面で使うことができます。

その他にも「トイ　ムオン…」に動詞を合わせて「～したい」という願望の表現を使えば、自分の要望を直接的に伝えることができて便利です。

私は佐藤です

ホテルやレストランを予約する時や、ベトナムの人と知り合いになった時に名前を言ったり、尋ねたりする機会は多いものなので、この表現を覚えておきましょう。

何というお名前ですか？

May I　have your name ?
メイ　アイ　ハヴ　ユア　ネイム

Anh/Chị tên là　gì ?
アイン チ　テン ラー ジー

「… テン ラー ジー？」。「…」の部分は、p.13でも触れたように年上の男性なら「アイン」、年上の女性なら「チ」、年下なら男女の別なく「エム」に置き換えてください。同年代の人に親しみを込めて話すなら、「バン」でもよいでしょう。距離感が縮まるかもしれません。

日本語	英語
私は日本人です。	I'm　Japanese. アイム　ジャパニーズ
あなたはベトナム人ですか？	Are you Vietnamese ? アー　ユー　ヴィエトナミーズ
いいえ、私は日本人です。	No, I'm　Japanese. ノウ アイム　ジャパニーズ
彼女の名前は何と言いますか？	What is her name ? ワッティズ　ハー　ネイム
彼女は夏美といいます。	Her name is　Natsumi. ハー　ネイム　イズ　ナツミ
トモと呼んでください。	Call　me Tomo. コール ミー トモ
初めまして、お会いできてうれしいです。	I'm　very glad　to see　you. アイム ヴェリ　グラッド　トゥ スィー ユー

必須フレーズ　私は佐藤です

私の名前は佐藤友厚です。

My name is Tomoatsu Sato.
マイ　ネイム　イズ　トモアツ　サトー

Tôi tên là Tomoatsu Sato.
トイ　テン　ラー　トモアツ　サトー

日本人の名前は音節が多く、短音節言語に慣れているベトナムの人には聞き取りづらいかもしれません。姓・名を両方名乗るのではなく、名前（または姓）だけ、または短いニックネームを答えてもよいでしょう。

初めまして、トモです。

Nice to meet you. I'm Tomo.
ナイス　トゥ　ミート　ユー　アイム　トモ

Rất vui được làm quen. Tôi tên là Tomo.
ザッ(ト)　ヴイ　ドゥオック　ラム　クエン　トイ　テン　ラー　トモ

「初めまして」に当たるベトナム語はなく、ベトナム人同士もそのようなあいさつはしないようです。あらたまった場では「お目にかかれて光栄です」を直訳した表現が使われることはありますが、個人的なあいさつでは「こんにちは」の意味の「シン　チャオ」などが一般的です。

ベトナム語

Tôi là người Nhật.
トイ　ラー　グオイ　ニャッ(ト)

Anh/Chị là người Việt Nam phải không ?
アイン チ　ラー　グオイ　ヴィエッ(ト)　ナム　ファイ　ホン

Không, tôi là người Nhật.
ホン　トイ　ラー　グオイ　ニャッ(ト)

Tên cô ấy là gì ?
テン　コー　エイ　ラー　ジー

Tên cô ấy là Natsumi.
テン　コー　エイ　ラー　ナツミ

Gọi tôi là Tomo.
ゴイ　トイ　ラー　トモ

Tôi rất vui được làm quen với anh/chị.
トイ　ザッ(ト)　ヴーイ　ドゥオック　ラム　クエン　ヴォイ　アイン チ

ベトナム人の名前の言い方

●ベトナム人が名乗る時、姓を省いて名前だけを言うのが一般的です。もっともよくある苗字グエンが人口の40%近くを占め、以下、チャン、レー、ファム、ホアン、ファンの6つの姓で、人口の75%までを網羅してしまうほど同姓が多いためです。

また、ベトナムでは、かつて漢字を用いていただけあり、すべての氏名を漢字にすることができます。逆に、日本人の名前をベトナム語読みにできる場合もあります。美（ミー）や明（ミン）、香（フオン）、光（クアン）、勇（ズン）、義（ギア）といった字が氏名に入っている人は、自己紹介でベトナム語読みを付け加えれば、印象深く聞いてもらえるかもしれません。

21

何と言いましたか？

せっかくベトナム語で話しかけても、相手から返ってきた言葉がわからなかったのでは会話になりません。「もう一度話してください」という表現を覚えておきましょう。

何ですか？
Pardon ? パードン
Anh /Chị nói gì ? アイン チ ノイ ジー

「何と言いましたか？」という意味の「アイン（またはチ、エム）　ノイ　ジー？」を使って、聞き返すことができます。もっとシンプルに「カイ　ジー？」と言えば、少しくだけた感じになりますが「何？」という意味です。

日本語	英語
何と言いましたか？	What did you say ? ワット ディジュー セイ
もっとゆっくり話してください。	Please speak more slowly. プリーズ スピーク モア スロウリ
それはどういう意味ですか？	What does it mean ? ワット ダズィット ミーン
その単語を書いてもらえますか？	Could you write down that word ? クジュー ライト ダウン ダット ワード
ベトナム語は少ししか話しません。	I speak Vietnamese a little. アイ スピーク ヴィエトナミーズ ア リトル
これはどう発音するのですか？	How do you pronounce it ? ハウ ドゥ ユー プロナウンスィット
私の言っていることがわかりますか？	Do you understand me ? ドゥ ユー アンダスタンド ミー

必須フレーズ　何と言いましたか？

もう一度言ってください。

Could you say that again?
クジュー　セイ　ダット　アゲン

Xin anh/chị nói lại.
シン　アイン　チ　ノイ　ライ

「シン　アイン（またはチ、エム）ノイ　ライ」または「もう一度」という意味の「モッ　ラン　ヌア」を末尾につけてもよいでしょう。「シン」は丁寧な言い方の時につける単語ですが、つけなくてもかまいません。

今言ったことを書いてもらえますか？

Could you write down what you said?
クジュー　ライト　ダウン　ワット　ユー　セッド

Anh/Chị có thể viết ra được không?
アイン　チ　コー　テー　ヴィエッ(ト)　ザー　ドゥオッ(ク)　ホン

「書く」という動詞は「ヴィエッ(ト)」。Việt Namの「ヴィエッ(ト)」と間違えないように、こちらは語尾を上げるように発音します。また「記す」という意味の「ギー」も同様の場面で、ヴィエッ(ト)に置き換えて使えます。

ベトナム語

Anh/Chị vừa nói gì?
アイン　チ　ヴア　ノイ　ジー

Làm ơn nói chậm lại.
ラム　オン　ノイ　チャム　ライ

Nghĩa là gì?
ギア　ラー　ジー

Viết ra cho tôi từ đấy.
ヴィエッ(ト)　ザー　チョー　トイ　トゥー　デイ

Tôi chỉ nói được một ít tiếng Việt.
トイ　チー　ノイ　ドゥオック　モッ　イッ　ティエン　ヴィエッ(ト)

Từ này phát âm thế nào?
トゥー　ナイ　ファッ(ト)　アム　テー　ナオ

Anh/Chị có hiểu không?
アイン　チ　コー　ヒエウ　ホン

「何」を尋ねる

●「ジー」は疑問詞ですが、単独で使われることはなく、他の動詞や名詞と合わせていろいろな疑問文を作ることができます。「カイ　ナイ　ラー　カイ　ジー？」(これは何ですか？)「カイ　キア　ラー　カイ　ジー？」(あれ/それは何ですか？)は旅行中よく使えるフレーズです。また文末に「ニュー　テー　ナオ？」をつけて「どのように〜するのですか？」と尋ねる言い方もできます。例えば料理の食べ方がわからない時に「食べる」という意味の「アン」につなげて「アン　ニュー　テー　ナオ？」、「行く」という単語につなげて「ディー　ニュー　テー　ナオ？」と言えば、食べ方、行き方を教えてもらえるでしょう。

23

いくらですか？

日常生活の中では、いろいろなことを人に尋ねる機会が非常にたくさんあります。ここでは「どのくらい」「何」「どの」などを表す疑問詞を使った表現を覚えましょう。

いくらですか？

How much is it?
ハウ マッチ イズイット

Bao nhiêu tiền ?
バオ ニュー ティエン

「バオ ニュー」は量や数など物事の程度を尋ねる疑問詞で、これだけでも「どのくらい？」「いくつ？」というフレーズになります。もっと具体的に、値段を尋ねる時には「ティエン（お金）」を、年齢を聞く時には「トゥオイ（歳）」を付け加えて使用します。

日本語	英語
このテーブルクロスはいくらですか？	How much is the tablecloth ? ハウ マッチ イズ ダ テイブルクロース
このマンゴーは1キロいくらですか？	How much are these mangos per kilogram ? ハウ マッチ アー ディーズ マンゴーズ パー キログラム
何名様ですか？	For how many people, please ? フォー ハウ メニ ピープル プリーズ
どの色がおすすめですか？	Which color do you recommend ? ウィッチ カラ ドゥ ユー レコメンド
文廟へはどう行けばいいですか？	How can I get to Van Mieu ? ハウ キャナイ ゲットゥ ヴァン ミウ
この料理は何という名前ですか？	How do you call this dish ? ハウ ドゥ ユー コール ディス ディッシュ
これはどのように食べるのですか？	How do we eat this ? ハウ ドゥ ウィ イート ディス

これはベトナム語で何と言いますか？

How do you call it in Vietnamese ?
ハウ ドゥ ユー **コーリット** イン ヴィエトナミーズ

Cái này tiếng Việt là gì ?
カイ ナイ ティエン ヴィエッ(ト) ラー ジー

このフレーズは、物の名前を尋ねる時に使えてとても便利です。ベトナム語の語彙を増やす最大の武器になるほか、ベトナム人とのコミュニケーションのきっかけにもなるでしょう。

何色がほしいのですか？

Which color do you want ?
ウィッチ カラ ドゥ ユー **ウォント**

Anh/Chị muốn màu gì ?
アイン チ ムオン マウ ジー

「マウ」は「色」、「ジー」は「何」の意味の単語です。名詞の後に「ジー」を置き、「モン ジー (何の料理)？」「ホア ジー (何の花)？」という疑問文を作ることができます。同様に「ナオ」は、いくつか選択肢がある中で尋ねる疑問詞で、「マウ ナオ」なら「どの色」というニュアンスになります。

ベトナム語

Khăn trải bàn này bao nhiêu tiền ?
カン チャーイ バン ナイ バオ ニュー ティエン

Xoài này bao nhiêu tiền một cân ?
ソアイ ナイ バオ ニュー ティエン モッ カン

Cho bao nhiêu người ?
チョー バオ ニュー グアイ

Gợi ý cho tôi màu nào đi.
ゴイイー チョー トイ マウ ナオ ディー

Tôi có thể đến Văn Miếu bằng cách nào ?
トイ コー テー デン ヴァン ミウ バン カッ(ク) ナオ

Món này tên là gì ?
モン ナイ テン ラー ジー

Món này ăn như thế nào ?
モン ナイ アン ニュー テー ナオ

必須フレーズ いくらですか？

ちょっと値切るには？

●スーパーマーケットやコンビニのような店では値段が決まっていますが、ベトナムでは定価を表示していない店もあり、ある程度の交渉が可能です。特にみやげ物店や市場では、会話のキャッチボールも楽しみながら、値切り交渉をしてみてください。

　交渉の際、値段を聞いたらとりあえず「ダッ(ク) ワー」(高すぎる)と言ってみましょう。次に「値引きしてください」に相当する「ザム ザー ドゥオック ホン」や「ボッディー」とたたみかけます。外国人客が多い店なら、英語の「ディスカウント」も通じます。朝一番の客には値引きしない傾向があるので、午前の買い物での交渉は苦労するかもしれません。

25

どこですか？

ここでは「どこ」「いつ」「誰」を表す疑問詞を使った表現を覚えましょう。こちらが知りたがっていることが伝われば、ベトナム人は親切ですから情報を与えてくれるでしょう。

トイレはどこですか？
Where is the rest room ? ウェアリズ ダ レスト ルーム
Nhà vệ sinh ở đâu ? ニャー ヴェ シン オー ダウ

「オー」は「〜にいる、ある」という動詞、「ダウ」は「どこ？」という疑問詞です。場所の単語の後に「オー ダウ？」を付け加えれば、場所を尋ねるフレーズになります。その他、人称の後につけて「アイン（またはチ、エム）オー ダウ？（あなたはどこにいますか？）」と使うこともできます。

日本語	英語
バス乗り場はどこですか？	Where is the bus stop ? ウェアリズ ダ バス ストップ
タムコックへはどこで乗り換えますか？	Where should I change buses to ウェア シュダイ チェインジ バスィズ トゥ get to Tam Coc ? ゲットゥ タム コック
宛名はどこに書きますか？	Where do I have to write down the address ? ウェア ドゥ アイ ハフトゥ ライト ダウン ディ アドレス
[洗濯物などが] いつできますか？	When will it be ready ? ウェン ウィル イト ビー レディ
[サイズ直しなどが] いつ引き取れますか？	When can I get it ? ウェン キャナイ ゲッティト
この映画の監督はだれですか？	Who is the director of this movie ? フー イズ ダ ディレクタ オヴ ディス ムーヴィ

必須フレーズ どこですか？

いつのご出発ですか？

When do you leave ?
ウェン　ドゥ　ユー　リーヴ

Bao giờ (Khi nào) anh/chị đi ?
バオ　ゾー　ヒー　ナオ　アイン チ　ディー

「いつ」という意味の「バオ　ゾー」または「ヒー　ナオ」を文頭に置き、動詞と組み合わせて疑問文が作れます。その他、具体的な日時を聞く時には「メイ　ゾー（何時？）」「ガイ　ナオ（何日？）」などの言い方もできます。

[電話で] はい、どなたですか？

Who's calling, please ?
フーズ　コーリング　プリーズ

A lô, ai gọi đấy ?
ア　ロー　アイ　ゴイ　デイ

「アイ」は「誰」という疑問詞です。相手側、「そちら」を示す「デイ」は語尾を上げて発音しますが、自分側、「こちら」を示す「デイ」は声調をつけずにフラットで、「トイ　デイ（私です）」「タロウ　デイ（タロウです）」のように使います。

ベトナム語

Bến xe ở đâu ?
ベン　セー　オー　ダウ

Để đến Tam Cốc tôi phải
デー　デン　タム　コック　トイ　ファイ
đổi xe ở đâu ?
ドイ　セー　オー　ダウ

Tôi phải viết địa chỉ ở đâu ?
トイ　ファイ　ヴィエッ(ト)　ディア　チー　オー　ダウ

Bao giờ thì xong ?
バオ　ゾー　ティー　ソン

Bao giờ tôi lấy được ?
バオ　ゾー　トイ　レイ　ドゥオッ(ク)

Ai là đạo diễn phim này ?
アイ　ラー　ダオ　ジエン　フィム　ナイ

ある、いるの表現

● 「ある、いる」「持っている」という意味の「コー」を使って「コー～ホン？」という文にすれば、「～はありますか？」「～はいますか？」という、物や人の所在、存在の有無を尋ねる言い方になります。一方、「～はどこにありますか？」「どこにいますか？」と場所を尋ねる場合には、疑問詞「ダウ」をつけて「～オー　ダウ？」と言うことができます。この文中の「オー」は「～の位置にいる、ある、住んでいる」という意味の動詞ですが、前置詞「～に」として使うこともあり、他の動詞と合わせて「ラム　ヴィエック　オー　ダウ？」（どこで働いていますか？）や「バン　オー　ダウ？」（どこで売っていますか？）のような聞き方をすることができます。

27

気をつけよう！　ベトナムでのマナー

赤ん坊を褒めてはならない。言葉と反対のことが起こる、悪霊が子どもを連れ去る、などと信じられているから。

病院へのお見舞いに花はダメ。花は空気を悪くするとされる。とくに出産直後の病室には持ち込まないように。

乗り物では老人に席を譲る。ベトナムは儒教の国。混んだバスでも老人が乗ってきたら、若者はすぐに席を替わる。

食べる時に音をたててはダメ。麺類も静かに食べるのがベトナムのマナー。日本のソバの食べ方はNG。

飲食店で出る取り分け用の皿と小鉢。皿は骨などを置く場所。小鉢にごはんがあっても、おかずはその上に取る。

商売人は、朝一番の客がその日の商売を左右すると信じている。開店直後は値切ってもうまくいかないことが多い。

gói của tôi ở đâu ? / Thăm quan. / Nơi nhận hành lý ở đâu ?
muốn đặt vé máy bay. / Cho tôi hai vé hai chiều (1 chiều) từ
ội đến Thành phố Hồ Chí Minh. / Bến xe ở đâu ? / Tôi muốn
-in. / Cho tôi chìa khóa phòng 602. / Ai đấy ? / Giới thiệu
ội một nhà hàng ngon. / Tôi chưa đặt bàn, ở đây còn chỗ
g ? / Ở đây có đồ uống gì ? / Cho tôi hỏi đường đến ga gần
/ Cho tôi bản đồ du lịch. / Tôi muốn đi theo tour ghép. / Tôi
mua bát đĩa gốm Bát Tràng. / Cho tôi xem cái này. / Cho tôi
cái khác được không ? / Điện thoại công cộng ở đâu ? / Ở
ở máy tính cho khách sử dụng không ? / Cho tôi ba cái tem
ìn nghìn đồng. / Tôi phải đi sớm nhất có thể. / Quầy vé của
am Airlines ở đâu ?

場面別会話

機内・到着

ON THE PLANE&ARRIVAL / TRÊN MÁY BAY VÀ HẠ CÁNH

機内で

機内は乾燥するので水分の補給を。コンタクトレンズは外した方がいいでしょう。また気圧の関係で酔いが回りやすいのでアルコールは控えめに。足の冷えにも注意しましょう。

私の席はどこでしょう？

Where is my seat ?
ウェアリズ　　マイ　スィート

Chỗ ngồi của tôi ở đâu ?
チョー　ゴイ　クーア　トイ　オー　ダウ

この荷物を預かってください。

Can I ask you to keep this baggage ?
キャナイ　アスク　ユー　トゥ　キープ　ディス　バギジ

Cho tôi gửi hành lý này.
チョー　トイ　グーイ　ハイン　リー　ナイ

日本語	英語
前を失礼します。	Excuse me. イクスキューズ　ミー
[席の間違いで]ここは私の席です。	I think it's my seat. アイ　スィンク　イッツ　マイ　スィート
荷物をここに置いていいですか？	Can I put my baggage here ? キャナイ　プット　マイ　バギジ　ヒア
[隣の人に]席を替わっていただけますか？	Could I change seats ? クダイ　チェインジ　スィーツ
シートを倒してもいいですか？	May I recline my seat ? メイ　アイ　リクライン　マイ　スィート
毛布をもう1枚ください。	Can I have another blanket ? キャナイ　ハヴ　アナダ　ブランキト
寒い(暑い)のですが。	I feel chilly (hot). アイ　フィール　チリ　ホット
酔い止めの薬をください。	Can I ask you for an airsickness pill ? キャナイ　アスク　ユー　フォー　アン　エアスィックネス　ピル

30

出国審査を通過した瞬間から、もう日本を離れたといっても過言ではありません。日本出発の航空会社の便には、たいてい日本語の通じる客室乗務員が搭乗していますが、ベトナムの国内線では日本語が通じませんから基本的な英会話とベトナム語を覚えておくと安心です。

機内・到着　機内で

窓側（通路側）の席に移れますか？

May I change to a window(an aisle) seat?
メイ　アイ　**チェ**インジ　トゥ　ア　**ウィ**ンドウ　アン　**ア**イル　スィート

Có thể đổi cho tôi ghế cạnh cửa sổ (lối đi) không?
コー　テー　ドイ　チョー　トイ　ゲー　カイン　クーア　ソー　ロイ　ディー　ホン

どんな飲み物がありますか？

What kind of drinks do you have?
ワット　カインド　オヴ　ドリンクス　ドゥ　ユー　ハヴ

Có những loại đồ uống gì?
コー　ニュン　ロアイ　ドー　ウオン　ジー

ベトナム語

Xin lỗi.
シン　ローイ

Đây là ghế của tôi.
デイ　ラー　ゲー　クーア　トイ

Tôi để hành lý ở đây được không?
トイ　デー　ハイン　リー　オー　デイ　ドゥオッ(ク)　ホン

Anh/Chị có thể đổi chỗ cho tôi không?
アイン チ　コー　テー　ドイ　チョー　トイ　ホン

Tôi ngả ghế được không?
トイ　ガー　ゲー　ドゥオッ(ク)　ホン

Cho tôi thêm 1 cái chăn nữa.
チョー　トイ　テム　モッ　カイ　チャン　ヌア

Tôi thấy lạnh (nóng).
トイ　タイ　ライン　ノン

Cho tôi xin thuốc chống say.
チョー　トイ　シン　トゥオック　チョン　サイ

関連単語

荷物
baggage	hành lý
バギジ	ハイン　リー

機内持ち込み手荷物
carry-on baggage	hành lý xách tay
キャリオン　バギジ	ハイン　リー　サッ(ク)　タイ

手荷物引換証
claim tag	thẻ hành lý
クレイム　タグ	テー　ハイン　リー

乗客
passenger	hành khách
パセンジャ	ハイン　カッ(ク)

搭乗時刻
boarding time	giờ lên máy bay
ボーディング　タイム	ゾー　レン　マイ　バイ

到着時刻
arrival time	giờ hạ cáin
アライヴル　タイム	ゾー　ハ　カイン

31

日本語	英語
他のトイレはどこですか？	Where is the other rest room ? ウェアリズ ディ **ア**ダ **レ**スト ルーム
フライトは時間どおりですか？	Is this flight on schedule ? イズ ディス フライト オン ス**ケ**ジュール
2時間遅れます。	It is delayed two hours. イ**ティ**ーズ ディ**レ**イド **トゥ**ー **ア**ウアズ
現地時間で今何時ですか？	What is the local time ? **ワッ**ティズ ダ **ロ**ウクル **タ**イム
食事はいつ出ますか？	What time do you serve the meal ? **ワッ**タイム ドゥ ユー **サ**ーヴ ダ **ミ**ール
食事をあとにできますか？	Can I take my dinner later ? キャ**ナ**イ **テ**イク マイ ディナ **レ**イタ
牛肉と鶏肉、どちらになさいますか？	(Would you like) Beef or chicken ? ウ**ジュ**ー **ラ**イク **ビ**ーフ **オ**ア **チ**キン
牛肉をお願いします。	Beef, please. **ビ**ーフ プ**リ**ーズ
食事は要りません。	I don't feel like eating dinner. アイ **ド**ント **フ**ィール **ラ**イク **イ**ーティング **ディ**ナ
快適なフライトをありがとう。	Thank you for the nice flight. **サ**ンキュー フ**ォ**ー ダ **ナ**イス フ**ラ**イト

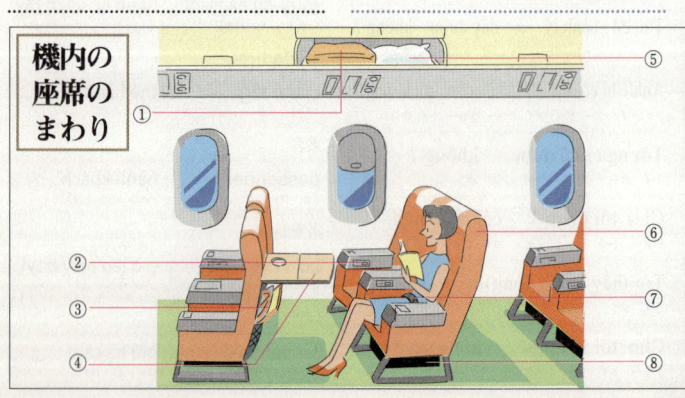

機内の座席のまわり

① ② ③ ④ ⑤ ⑥ ⑦ ⑧

ベトナム語

Phòng vệ sinh khác ở đâu ?
フォン ヴェ シン カッ(ク) オー ダウ

Chuyến bay này có đúng giờ không ?
チュエン バイ ナイ コー ドゥン ゾー ホン

Chuyến bay bị chậm 2 tiếng.
チュエン バイ ビ チャム ハイ ティエン

Giờ địa phương bây giờ là mấy giờ ?
ゾー ディア フォン バイ ゾー ラー マイ ゾー

Khi nào thì có đồ ăn ?
ヒー ナオ ティー コー ドー アン

Tôi có thể ăn sau được không ?
トイ コー テー アン サウ ドゥオッ(ク) ホン

Anh/Chị muốn ăn thịt
アイン チ ムオン アン ティッ
gà hay thịt bò ?
ガー ハイ ティッ ボー

Cho tôi thịt bò.
チョー トイ ティッ ボー

Tôi không cần ăn.
トイ ホン カン アン

Cám ơn vì chuyến bay.
カム オン ヴィー チュエン バイ

関連単語

通路

aisle	lối đi
アイル	ロイ ディー

窓

window	cửa sổ
ウィンドウ	クーア ソー

空いた席

vacant seat	ghế trống
ヴェイカント スィート	ゲー チョン

時差

time difference	chênh lệch múi giờ
タイム ディファレンス	チェイン レッ(ク) ムイ ゾー

離陸

take off	cất cánh
テイク オフ	カッ(ト) カイン

着陸

landing	hạ cánh
ランディング	ハ カイン

現地時間

local time	giờ địa phương
ロウクル タイム	ゾー ディア フォン

非常口

emergency exit	cửa thoát hiểm
イマージェンスィ エグズィット	クーア トアッ(ト) ヒエム

---

①毛布

blanket	chăn
ブランキト	チャン

②呼び出しボタン

call button	nút gọi
コール バトゥン	ヌッ(ト) ゴイ

③ヘッドホン

headphones	tai nghe
ヘッドフォウンズ	タイ ゲー

④テーブル

table	bàn
テイブル	バン

⑤枕

pillow	gối
ピロウ	ゴイ

⑥座席

seat	ghế ngồi
スィート	ゲー ゴイ

⑦シートベルト

seat belt	dây an toàn
スィート ベルト	ザイ アン トアン

⑧救命胴衣

life jacket	áo phao
ライフ ジャキト	アオ ファオ

入国審査

目的地の空港に着いたらまず、入国審査カウンターに行きます。滞在日数や滞在目的を聞かれた時、落ち着いて答えられるように、練習しておきましょう。

[目的は] 観光です。

Sightseeing.
サイトスィーイング

Thăm quan.
タム　　クアン

[滞在は] 3日間です。

Three days.
スリー　　　デイズ

Ba ngày.
バー　ガイ

日本語	英語
パスポートを見せてください。	Your passport, please. ユア　パスポート　プリーズ
入国の目的は？	What's the purpose of your visit? ワッツ　ダ　パーパス　オヴ　ユア　ヴィズィト
商用です。	Business. ビズネス
何日間の滞在ですか？	How long are you going to stay? ハウ　ロング　アー　ユー　ゴウイング　トゥ　ステイ
4日です。	Four days. フォー　デイズ
どこに滞在しますか？	Where are you staying? ウェア　アー　ユー　ステイング
日航ホテルです。	At the Nikko Hotel. アト　ダ　ニッコー　ホウテル
[滞在は] 来週の火曜日までです。	Until next Tuesday. アンティル　ネクスト　テューズデイ
帰りの航空券はお持ちですか？	Do you have a return ticket? ドゥ　ユー　ハヴァ　リターン　ティキト
お金はいくらお持ちですか？	How much money do you have? ハウ　マッチ　マニ　ドゥ　ユー　ハヴ

機内・到着　入国審査

[メモを見せて] 宿泊先はこのホテルです。

I'll stay at this hotel.
アイル ステイ アト ディス ホウテル

Tôi sẽ nghỉ ở khách sạn này.
トイ セー ギー オー カッ(ク) サン ナイ

[所持金は] 現金で 500万ドンです。

I have 5,000,000 Dong in cash.
アイ ハヴ ファイヴミリオン ドン イン キャシュ

Tôi có 5,000,000 đồng tiền mặt.
トイ コー ナムチウ ドン ティエン マッ(ト)

ベトナム語

Cho tôi xem hộ chiếu.
チョー トイ セム ホ チエウ?

Mục đích nhập cảnh là gì ?
ムック ディック ニャッ(プ) カイン ラー ジー

Công việc.
コン ヴィエック

Anh/Chị sẽ ở lại bao lâu ?
アイン チ セー オー ライ バオ ロー

Bốn ngày.
ボン ガイ

Anh/Chị nghỉ ở đâu ?
アイン チ ギー オー ダウ

Khách sạn Nikko.
カッ(ク) サン ニッコー

Đến thứ ba tuần sau.
デン トゥー バー トゥアン サウ

Anh/Chị có mang theo vé về không ?
アイン チ コー マン テオ ヴェー ヴェー ホン

Anh/Chị có bao nhiêu tiền ?
アイン チ コー バオ ニュー ティエン

関連単語

入国審査

immigration　hải quan
イミグレイション　ハイ クアン

居住者

residents　hộ chiếu Việt Nam
レズィデンツ　ホ チエウ ヴィエッ(ト) ナム

非居住者

non-residents　hộ chiếu các nước khác
ノン レズィデンツ　ホ チエウ カッ(ク) ヌオッ(ク) カッ(ク)

目的地

destination　điểm đến
デスティネイション　ディエム デン

団体旅行

group tour　khách đoàn
グループ トゥア　カッ(ク) ドアン

個人旅行

individual tour　khách lẻ
インディヴィジュアル トゥア　カッ(ク) レー

荷物受け取り

baggage claim　nơi nhận hành lý
バギジ クレイム　ノイ ニャン ハイン リー

国籍

nationality　quốc tịch
ナショナリティ　クオッ(ク) ティッ(ク)

荷物の受け取り

荷物が出て来ない場合は、利用航空会社のカウンターまたは遺失物窓口へ行きます。その際、チェックイン時に渡された手荷物引換証が必要となります。

手荷物受取所はどこですか？

Where is the baggage claim area?
ウェアリズ　ダ　バギジ　クレイム　エァリア

Nơi nhận hành lý ở đâu?
ノイ　ニャン　ハイン　リー　オー　ダウ

これは641便のターンテーブルですか？

Is this baggage conveyor for flight 641?
イズ　ディス　バギジ　コンヴェイア　フォー　フライト　**スイクスフォーワン**

Đây có phải là khu vực lấy hành lý của chuyến bay 641 không?
デイ　コー　ファーイ　ラー　フー　ブック　レイ　ハイン　リー　クーア　チュエン　バイ　サウボンモッ　ホン

日本語	英語
荷物紛失の苦情はどこに申し出ればいいのですか？	Where is the counter for lost baggage? ウェアリズ　ダ　カウンタ　フォー　**ロスト**　バギジ
これが手荷物引換証です。	Here is my claim tag. ヒアリズ　マイ　クレイム　タグ
何便で到着ですか？	Your flight number, please. ユア　フライト　ナンバ　プリーズ
641便に乗りました。	I was on flight 641. アイ　ウォズ　オン　フライト　**スイクスフォーワン**
荷物の特徴は？	Can you describe your baggage? キャニュー　ディスクライブ　ユア　バギジ
大型のピンクのスーツケースです。	It is a large pink suitcase. イティーザ　ラージ　ピンク　スートケイス
中には何が入っていますか？	What's in it? ワッツ　イニット
身のまわりの品が入っています。	My personal effects. マイ　パーソナル　イフェクツ
当座の補償をしてもらえますか？	Will you pay for me ウィル　ユー　ペイ　フォー　ミー for few days? フォー　フュー　デイズ

36

641便の荷物はもう出てきましたか？

Has baggage from flight 641 arrived yet?
ハズ バギジ フロム フライト **スィクスフォーワン** アライヴド **イェット**

Hành lý của chuyến bay 641 đến chưa?
ハイン リー クーア チュエン バイ サウボンモッ デン チュア

私の手荷物が見つかりません。

I can't find my baggage.
アイ キャント ファインド マイ バギジ

Tôi không thấy hành lý của mình.
トイ ホン タイ ハイン リー クーア ミン

ベトナム語

Quầy hành lý thất lạc ở đâu?
クアイ ハイン リー タッ(ト) ラック オー ダウ

Đây là thẻ hành lý của tôi.
デイ ラー テー ハイン リー クーア トイ

Chuyến bay số bao nhiêu?
チュエン バイ ソー バオ ニュー

Tôi đi chuyến bay 641.
トイ ディー チュエン バイ サウボンモッ

Hành lý có đặc điểm gì?
ハイン リー コー ダッ(ク) デイエム ジー

Đó là một cái va li to màu hồng.
ドー ラー モッ カイ ヴァー リー トー マウ ホン

Bên trong có gì?
ベン チョン コー ジー

Đồ cá nhân.
ドー カー ニャン

Anh/Chị có thể hỗ trợ cho tôi
アイン チ コー テー ホー チョ チョー トイ
vài ngày được không?
ヴァイ ガイ ドゥオック ホン

ロスト・バゲージ

　一時的に荷物が行方不明になることは、そう珍しいことではありません。そのため預ける荷物には絶対に貴重品や、すぐに必要となるものを入れないようにしましょう。また、荷物の外側に名前だけでなく、旅行中の滞在先住所、電話番号、日本の住所、連絡先などを書いた紙を貼っておきます（航空会社によってはチェックインカウンターに連絡先を書き込むシールを用意してあります）。

　たいていの場合、荷物は誤って別の飛行機に乗せられてしまっているので、1〜2日後には滞在先のホテルまで航空会社が責任を持って届けてくれます。万一本当になくなってしまった場合は、保険でカバーされるので、中身を把握しておいてください。

　また、似ているカバンととりちがえられることもよくあるので、目印となるようなシールなどを貼っておきましょう。人の荷物を間違えて持って行ってしまった場合、運送費や当座の費用等を補償させられる場合もあります。

税関検査

税関への申告がある場合は、税関の人に声をかけ税関申告書をもらってください。出国の時に捺印のある申告書を提示する必要がありますので紛失しないように。

申告するものはありません。

I don't have anything to declare.
アイ ドント ハヴ エニスィング トゥ ディクレア

Tôi không có đồ phải khai báo.
トイ ホン コー ドー ファーイ カイ バーオ

これは申告の必要がありますか？

Is it necessary to declare this item?
イズィット ネセサリ トゥ ディクレア ディス アイテム

Cái này có phải khai báo không?
カイ ナイ コー ファーイ カイ バーオ ホン

日本語	英語
申告するものはありますか？	Do you have anything to declare? ドゥ ユー ハヴ エニスィング トゥ ディクレア
いいえ、身の回りの品だけです。	No, my personal effects only. ノウ マイ パーソナル イフェクツ オウンリ
スーツケースを開けてください。	Please open your suitcase. プリーズ オウプン ユア スートケイス
酒・タバコ類をお持ちですか？	Do you have any liquor or cigarettes? ドゥ ユー ハヴ エニ リカ オア スィガレッツ
はい、日本酒が1本だけです。	Yes, I have a bottle of sake. イェス アイ ハヴァ ボトゥル オヴ サケ
このビデオゲームは友人への手みやげです。	This video-game is a gift for my friends. ディス ヴィディオウゲイム イザ ギフト フォー マイ フレンズ
これは課税対象となります。	You have to pay duty on it. ユー ハフトゥ ペイ デューティ オニット
これは持ち込み禁止品です。	These items are prohibited articles. ディーズ アイテムズ アー プロウヒビティド アーティクルズ

機内・到着 税関検査

課税されますか？

Do I have to pay duty on this?
ドゥ アイ **ハフトゥ** ペイ **デューティ** オン ディス

Cái này có bị tính thuế không?
カイ ナイ コー ビ ティン トゥエ ホン

課税額はいくらですか？

How much is the duty on this?
ハウ **マッチ** イズ ダ **デューティ** オン ディス

Tiền thuế là bao nhiêu?
ティエン トゥエ ラー バオ ニュー

ベトナム語

Anh/Chị có đồ cần khai báo không?
アイン チ コー ドー カン カーイ バオ ホン

Không, chỉ có đồ cá nhân thôi.
ホン チー コー ドー カー ニャン トーイ

Xin hãy mở hành lý ra.
シン ハイ モー ハイン リー ザー

Anh/Chị có mang theo rượu, thuốc lá không?
アイン チ コー マン テオ ジオ トゥオッ(ク) ラー ホン

Có, một chai rượu Nhật.
コー モッ チャイ ジオ ニャッ(ト)

Video game này là quà cho bạn tôi.
ヴィデオ ゲーム ナイ ラー クア チョー バン トイ

Cái này phải trả thuế.
カイ ナイ ファーイ チャー トゥエ

Đây là hàng cấm.
デイ ラー ハン カム

関連単語

税関申告書

customs declaration card	tờ khai hải quan
カスタムズ デクラレイション カード	トー カイ ハーイ クアン

現金

cash	tiền mặt
キャッシュ	ティエン マッ(ト)

外貨

foreign currency	ngoại tệ
フォーリン カーレンスィ	ゴアイ テ

通貨申告

currency declaration	tờ khai tiền tệ
カーレンスィ デクラレイション	トー カイ ティエン テ

別送手荷物

unaccompanied baggage	hành lý xách tay gửi riêng
アナカンパニド バギジ	ハイン リー サッ(ク) タイ ゲーイ ジエン

輸出許可証

export license	giấy phép xuất khẩu
エクスポート ライスンス	ザイ フェッ(プ) スアッ(ト) カウ

換算率

exchange rate	tỷ giá quy đổi
イクス**チェ**インジ レイト	ティー ザー クイ ドーイ

電気製品

electrical goods	hàng điện tử
イレクトリクル グッズ	ハン ディエン トゥー

39

両替

現地に到着するとすぐにポーター、空港からの交通など何かと小額紙幣が必要になります。一般的に手数料や交換レートは高めですが、当座の分だけでも空港で両替しましょう。

両替所はどこですか？

Where can I exchange money?
ウェア キャナイ イクス**チェ**インジ マニ

Tôi có thể đổi tiền ở đâu?
トイ コー テー ドーイ ティエン オー ダウ

これを両替してください。

Could you exchange this?
クジュー イクス**チェ**インジ ディス

Đổi cho tôi tiền này.
ドーイ チョー トイ ティエン ナイ

日本語	英語
公認両替商はありますか？	Is there an authorized currency exchange? イズ デア アン オーソライズド カーレンスィ イクス**チェ**インジ
銀行は何時まで開いていますか？	How late is the bank open? ハウ レイト イズ ダ バンク オウプン
この時間でも開いている両替所はありますか？	Are there any currency exchanges open at this time? アー デア エニ カーレンスィ イクス**チェ**インジズ **オ**ウプン アト ディス タイム
この紙幣をくずしてください。	Please change this into small bills. プリーズ **チェ**インジ ディス イントゥ スモール ビルズ
為替レートはどれくらいですか？	What's the exchange rate? **ワ**ッツ ディ イクス**チェ**インジ レイト
計算が違っているようですが。	I think the amount is incorrect. アイ ス**イ**ンク ディ ア**マ**ウント イズ インコレクト
日本円をドンにしてください。	I'd like to change Japanese yen to Dong, please. アイド ライク トゥ **チェ**インジ ジャパニーズ イェン トゥ ドン プリーズ
5万ドン札10枚にしてください。	Ten 50,000 Dong bills, please. テン フィフティ**サ**ウザン ドン ビルズ プリーズ

小額紙幣も混ぜてください。

I'd like some small bills.
アイド ライク サム スモール ビルズ

Cho tôi cả tiền lẻ.
チョー トイ カー ティエン レー

両替計算書をください。

Can I have a receipt ?
キャナイ ハヴァ リスィート

Cho tôi xin hóa đơn.
チョー トイ シン ホア ドン

ベトナム語

Có chỗ đổi tiền hợp pháp không ?
コー チョー ドーイ ティエン ホッ(プ) ファッ(プ) ホン

Ngân hàng mở cửa đến mấy giờ ?
ガン ハン モー クーア デン マイ ゾー

Có quầy đổi tiền nào mở
コー クアイ ドーイ ティエン ナオ モー
đến giờ này không ?
デン ゾー ナイ ホン

Đổi cho tôi tiền lẻ.
ドーイ チョー トイ ティエン レー

Tỷ giá là bao nhiêu ?
ティー ザー ラー バオ ニュー

Tính thế này sai rồi.
ティン テー ナイ サイ ゾーイ

Tôi muốn đổi tiền Yên
トイ ムオン ドーイ ティエン イエン
sang tiền đồng.
サン ティエン ドン

Đổi cho tôi 10 tờ 50,000 đồng.
ドーイ チョー トイ ムオイ トー ナムムオイギン ドン

両替のポイント

市内の銀行のレートはそれぞれ異なりますが、その差は微々たるものですので、この際あまり気にしないことにしましょう。最もレートがいいのは、街の中にある両替所や金屋です。両替する金額が多ければ多いほど両替所や金屋で両替するのがベストですが、やむを得ない場合、ホテルの会計で両替という方法もあります。ただし、レートは市内の銀行より悪いので多額の両替は避けた方がいいでしょう。また、ベトナムの紙幣で一番大きな紙幣は50万ドンですが、この50万ドンではタクシーやバスに乗ったり、ちょっとした買い物をする時など、おつりがないと言われる場合が少なくありません。ですから、両替の際に、10万ドンや5万ドンも混ぜておくと安心です。

旅行客が利用するレストランやショップは、カード支払いができるところがほとんどです。再両替は、手元に円がないなどの理由で難しい場合も多いので、必要最低限の両替にしておくことをお勧めします。

空港から市内へ

空港の案内所では無料の観光マップやガイドなどが入手でき、市内への交通機関も教えてくれます。タクシーは正規の乗り場を利用し、白タクなどには注意しましょう。

観光案内所はどこですか？

Where is the tourist information center?
ウェアリズ　ダ　トゥアリスト　インフォメイション　センタ

Quầy thông tin du lịch ở đâu?
クアイ　トン　ティン　ズー　リッ(ク)　オー　ダウ

市内の地図と観光パンフレットをください。

Can I have a city map and a tourist brochure?
キャナイ　ハヴァ　ス**ィ**ティ　マップ　エンダ　ト**ゥ**アリスト　ブロウシュア

Cho tôi xin bản đồ thành phố và tờ rơi du lịch.
チョー　トイ　シン　バーン　ドー　タイン　フォー　ヴァー　トー　ゾイ　ズー　リッ(ク)

日本語	英語
切符売り場はどこですか？	Where is the ticket office? ウェアリズ　ダ　ティキト　オフィス
日本語の観光パンフはありますか？	Do you have Japanese brochures? ドゥ　ユー　ハヴ　ジャパニーズ　ブロウシュアズ
ここでホテルの予約ができますか？	Can I reserve a hotel here? キャナイ　リザーヴァ　ホウテル　ヒア
市内への連絡バスはありますか？	Is there a shuttle bus between here and downtown? イズ　デアラ　シャトル　バス　ビトゥウィーン　ヒア　エン　ダウンタウン
市内へのタクシーの相場はどれくらいですか？	How much is the fare to the city by taxi? ハウ　マッチ　イズ　ダ　フェア　トゥ　ダ　ス**ィ**ティ　バイ　タクス**ィ**
このバスは旧市街に行きますか？	Does this bus go to Old town? ダズ　ディス　バス　ゴウ　トゥ　オウルド　タウン
[タクシーで] 日航ホテルまで行ってください。	To the Nikko Hotel, please. トゥ　ダ　ニッコー　ホウテル　プリーズ
[住所を見せて] ここに行ってください。	Take me to this address, please. テイク　ミー　トゥ　ディス　アドレス　プリーズ

機内・到着 空港から市内へ

タクシー乗り場はどこですか？

Where is the taxi stand?
ウェアリズ ダ タクスィ スタンド

Tôi có thể bắt taxi ở đâu?
トイ コー テー バッ(ト) タクシー オー ダウ

市内へ行く路線はこれでいいのでしょうか？

Does this line go to downtown?
ダズ ディス ライン ゴウ トゥ ダウンタウン

Tuyến này có đi vào thành phố không?
トゥエン ナイ コー ディー ヴァオ タイン フォー ホン

ベトナム語

Quầy bán vé ở đâu?
クアイ バン ヴェー オー ダウ

Có tờ rơi du lịch bằng tiếng Nhật không?
コー トー ゾイ ズー リッ(ク) バン ティエン ニャッ(ト) ホン

Tôi có thể đặt khách sạn ở đây không?
トイ コー テー ダッ(ト) カッ(ク) サン オー デイ ホン

Có tuyến xe buýt nào đi
コー トゥエン セ ブイッ ナオ ディー
vào thành phố không?
ヴァオ タイン フォー ホン

Đi taxi vào thành phố
ディー タクシー ヴァオ タイン フォー
hết bao nhiêu tiền?
ヘッ(ト) バオ ニュー ティエン

Xe buýt này có đến phố cổ không?
セ ブイッ ナイ コー デン フォー コー ホン

Cho tôi đến khách sạn Nikko.
チョー トイ デン カッ(ク) サン ニッコー

Cho tôi đến địa chỉ này.
チョー トイ デン ディア チー ナイ

関連単語

料金
fare / giá
フェア / ザー

タクシー乗り場
taxi stand / điểm bắt taxi
タクスィ スタンド / ディエム バッ(ト) タクシー

バス乗り場
bus stop / bến xe buýt
バス ストップ / ベン セー ブイッ

空港バス
airport limousine / xe buýt sân bay
エアポート リムズィーン / セ ブイッ サン バイ

出発時刻
departure time / giờ xuất phát
ディパーチャ タイム / ゾー スアッ(ト) ファッ(ト)

到着時刻
arrival time / giờ đến
アライヴル タイム / ゾー デン

時刻表
timetable / giờ xe chạy
タイムテイブル / ゾー セー チャイ

鉄道駅
train station / ga tàu
トレイン ステイション / ガー タウ

43

空港でのトラブル

空港では、フライトが遅れて乗り継ぎ便に間に合わない、預けた荷物がターンテーブルから出てこない、などのトラブルに遭遇する可能性があります。

手荷物引換証をなくしてしまいました。

I've lost my claim tag.
アイヴ ロスト マイ クレイム タグ

Tôi làm mất thẻ hành lý rồi.
トイ ラム マッ(ト) テー ハイン リー ゾーイ

[ターンテーブルから] まだ荷物が出てきません。

My baggage hasn't arrived yet.
マイ バギジ ハズント アライヴド イェット

Hành lý của tôi vẫn chưa đến.
ハイン リー クーア トイ ヴァン チュア デン

日本語	英語
遺失物取扱窓口はどこですか？	Where is the lost and found counter? ウェアリズ ダ ロスト エン ファウンド カウンタ
ベトナム航空641便で到着しました。	I arrived on Vietnam Airlines flight 641. アイ アライヴド オン ヴィエトナム エアラインズ フライト スィクスフォーワン
荷物をホテルに届けてください。	Please deliver the baggage to my hotel. プリーズ ディリヴァ ダ バギジ トゥ マイ ホウテル
必要な品物を購入したいので補償してください。	I'd like to buy what I need. Will you pay me back? アイド ライク トゥ バイ ワット アイ ニード　ウィル ユー ペイ ミー バック
スーツケースが壊れています。	My suitcase is badly damaged. マイ スートケイス イズ バッドリ ダミジド
今日中に到着しなくてはなりません。	I have to get there by today. アイ ハフトゥ ゲッデア バイ トゥデイ
今日中に出発しますか？	Will the flight leave today? ウィル ダ フライト リーヴ トゥデイ
ホテルは用意してくれますか？	Will you prepare a hotel room? ウィル ユー プリペア ア ホウテル ルーム

機内・到着　空港でのトラブル

乗り継ぎ便に間に合いませんでした。

I missed my connecting flight.
アイ　ミスト　マイ　コネクティング　フライト

Tôi lỡ chuyến bay nối tuyến rồi.
トイ　ロー　チュエン　バイ ノイ　トゥエン　ゾーイ

別の便を見つけてもらえますか？

Can you put me on another flight?
キャニュー　プット ミー　オン　アナダ　フライト

Có thể cho tôi lên chuyến bay khác được không?
コー テー チョー トイ レン チュエン バイ カッ(ク) ドゥオック ホン

ベトナム語

Quầy hành lý thất lạc ở đâu?
クアイ ハイン リー タッ(ト) ラッ(ク) オー ダウ

Tôi đến bằng máy bay số
トイ デン バン マイ バイ ソー
641 của Vietnam Airlines.
サウボンモッ クーア ヴィエッ(ト) ナム エアライン

Chuyển hành lý đến khách sạn cho tôi.
チュエン ハイン リー デン カッ(ク) サン チョー トイ

Tôi cần phải mua một số đồ thiết yếu,
トイ カン ファーイ ムア モッ ソー ドー ティエッ(ト) イエウ
anh/chị có thể trả cho tôi không?
アイン チ コー テー チャー チョー トイ ホン

Hành lý của tôi bị hỏng.
ハイン リー クーア トイ ビ ホーン

Hôm nay phải đến cho tôi.
ホム ナイ ファーイ デン チョー トイ

Hôm nay sẽ đi đúng không?
ホム ナイ セー ディー ドゥン ホン

Đặt khách sạn cho tôi.
ダッ(ト) カッ(ク) サン チョー トイ

荷物の紛失について

到着した空港に荷物が届いていないケースは割合よくあります。ほとんどの場合は、別の飛行機に間違えて乗せられてしまっているので、まず1～2日遅れで戻ってきます。そんなトラブルのために、一応次のことに注意してください。

■洗面用具、メガネ、コンタクトレンズ、1日分の着替えなど、当座の必需品は手荷物に入れておきます。
■受託手荷物には貴重品や食料品、特に腐りやすいものは入れないように。
■受託手荷物に、滞在先の住所と電話番号、日本国内の連絡先を書いたタグを付けておきます。
■クレームタグをなくさないように。
■外見が似たカバンは間違えて持って行かれてしまうことがあるので、特徴のあるステッカーなどを貼って認識しやすいようにしておきます。
■逆に人の荷物を持って行かないように注意。間違えた相手に荷物を届ける費用、自分の荷物を引き取るための実費を払わされることになります。

交通

TRANSPORTATION / GIAO THÔNG

飛行機（国内線）

国内線移動時にも必ずパスポートの提示を求められます。ホーチミン市、ハノイでは国際線と国内線のターミナルが別々のため、タクシーで乗り付ける際には気を付けましょう。

フライトの予約をお願いします。

I'd like to reserve a flight.
アイド ライク トゥ リザーヴァ フライト

Tôi muốn đặt vé máy bay.
トイ ムオン ダッ(ト) ヴェー マイ バイ

5月12日のダナン行きの便をお願いします。

A flight for Da Nang on May 12th, please.
ア フライト フォー ダ ナン オン メイ トゥウェルフス プリーズ

Cho tôi đặt chuyến bay đi Đà Nẵng vào ngày 12 tháng 5.
チョー トイ ダッ(ト) チュエン バイ ディー ダ ナン ヴァオ ガイ ムオイハイ タン ナム

日本語	英語
明日のハノイ行きの便はありますか？	Do you have a flight to Ha Noi tomorrow? ドゥ ユー ハヴァ フライト トゥ ハ ノイ トゥモロウ
早い(遅い)便をお願いします。	I'd like an earlier (a later) flight. アイド ライカン アーリア ア レイタ フライト
直行便をお願いします。	A direct flight, please. ア ダイレクト フライト プリーズ
エコノミーで2席をお願いします。	Two economy class seats, please. トゥー イコノミ クラース スィーツ プリーズ
窓側（通路側）の席をお願いします。	Window (Aisle) seat, please. ウィンドウ アイル スィート プリーズ
搭乗口は何番ですか？	What's the gate number? ワッツ ダ ゲイト ナンバ
搭乗は始まっていますか？	Has boarding begun? ハズ ボーディング ビガン
まだ搭乗に間に合いますか？	Can I board yet? キャナイ ボード イェット

ベトナムは、首都ハノイやホーチミン市を中心に国内線飛行機、鉄道、長距離バスの他、市内では、タクシー、バスが主な交通手段です。現在、都市部では地下鉄工事が進められていますが、まだ完成には至っていません。

交通 飛行機（国内線）

出発ロビーはどこですか？

Where is the departure lobby please?
ウェアリズ　ダ　ディパーチャ　ロビィ　プリーズ

Sảnh đi　ở　đâu?
サイン　ディー　オー　ダウ

予約番号は321です。

My reservation number is 321.
マイ　レザヴェイション　ナンバ　イズ　スリートゥーワン

Mã đặt　chỗ　của tôi là　321.
マー　ダッ(ト)　チョー　クーア　トイ　ラー　バーハイモッ

ベトナム語

Có chuyến bay đi　Hà Nội vào　ngày mai không?
コー　チュエン　バイ　ディー　ハ　ノイ　ヴァオ　ガイ　マイ　ホン

Tôi muốn đặt　chuyến sớm (muộn).
トイ　ムオン　ダッ(ト)　チュエン　ソム　ムオン

Tôi muốn đặt　chuyến bay thẳng.
トイ　ムオン　ダッ(ト)　チュエン　バイ　ターン

Cho tôi đặt　2　vé　hạng thường.
チョー　トイ　ダッ(ト)　ハイ　ヴェー　ハン　トゥオン

Cho tôi ghế gần cửa sổ (lối đi).
チョー　トイ　ゲー　ガン　クア　ソー　ロイ　ディー

Cửa sổ　mấy?
クア　ソー　マイ

Khi nào bắt　đầu lên máy bay?
ヒー　ナオ　バッ(ト)　ダウ　レン　マイ　バイ

Tôi có kịp　lên máy bay không?
トイ　コー　キッ(プ)　レン　マイ　バイ　ホン

関連単語

エコノミークラス

economy class	hạng thường
イコノミ　クラース	ハン　トゥオン

ビジネスクラス

business class	hạng thương gia
ビズネス　クラース	ハン　トゥオン　ザー

予約/予約する

reservation/reserve	đặt　trước
レザヴェイション　リザーヴ	ダッ(ト)　チュオッ(ク)

出発（空港内掲示）

Departure	sảnh đi
ディパーチャ	サイン　ディー

到着（空港内掲示）

Arrival	sảnh đến
アライヴル	サイン　デン

荷物受取所（空港内掲示）

Baggage Claim	nơi nhận hành lý
バギジ　クレイム	ノイ　ニャン　ハイン　リー

鉄道

ゆったりと車窓風景を楽しむ鉄道の旅。大都市であるハノイやサイゴンの駅には、英語窓口も。インターネットでも予約可能。席には、いくつか種類があるので要確認です。

ハノイとホーチミン市間の往復(片道)切符を２枚ください。

Two round-trip(one-way) tickets from Ha Noi to Ho Chi Minh, please.
トゥー ラウンドトリップ ワンウェイ ティキツ フロム ハ ノイ トゥ ホー チ ミン プリーズ

Cho tôi hai vé hai chiều (1 chiều) từ Hà Nội đến Thành phố Hồ Chí Minh.
チョー トイ ハイ ヴェー ハイ チエウ モッ チエウ トゥ ハ ノイ デン タイン フォー ホー チ ミン

サパ行きはどのホームですか？

What platform does the train to Sa Pa leave from ?
ワット プラットフォーム ダズ ダ トレイン トゥ サ パ リーヴ フロム

Sảnh lên tàu đi Sa Pa là sảnh nào ?
サイン レン タウ ディー サ パ ラー サイン ナオ

日本語	英語
切符売り場はどこですか？	Where is the ticket office ? ウェアリズ ダ ティキト オフィス
予約の窓口はどこですか？	Which window can I reserve a seat at? ウィッチ ウィンドウ キャナイ リザーヴァ スィート アト
１等(２等)をください。	First (Second) class, please. ファースト セカンド クラース プリーズ
指定席(自由席)をお願いします。	Reserved (Non-reserved) seat, please. リザーヴド ノンリザーヴド スィート プリーズ
もっと早い(遅い)列車はありますか？	Do you have an earlier (later) train ? ドゥ ユー ハヴ アン アーリア レイタ トレイン
急行列車ですか？	Is it an express train ? イズィット アン イクスプレス トレイン
切符の払い戻しはできますか？	Can this ticket be refunded ? キャン ディス ティキト ビー リファンディド
行き先の変更をしたいのです。	I'd like to change my destination. アイド ライク トゥ チェインジ マイ デスティネイション
ここは何駅ですか？	What station is this ? ワット ステイション イズ ディス
次は何駅ですか？	What is the next station ? ワッティズ ダ ネクスト ステイション

この列車(車両)はゲアンに行きますか？

Does this train (car) go to Nghe An ?
ダズ　ディス トレイン　カー　ゴウ トゥ ゲ　　アン

Tàu này có đi đến Nghệ An không ?
タウ　ナイ　コー　ディー　デン　ゲ　　アン ホン

食堂車はどの車両ですか？

Which car is the dining car ?
ウィッチ　カー イズ ダ　ダイニング　カー

Toa ăn là toa nào ?
トア　アン ラー トア ナオ

交通　鉄道

ベトナム語

Quầy bán vé ở đâu ?
クアイ　バン　ヴェー　オー　ダウ

Quầy đặt vé trước ở đâu ?
クアイ　ダッ(ト)　ヴェー　チュオッ(ク) オー ダウ

Cho tôi đặt vé hạng 1 (hạng 2).
チョー　トイ　ダッ(ト)　ヴェー　ハン　モッ ハン　ハイ

Cho tôi chỗ ngồi cố định (chỗ ngồi tự do).
チョー トイ チョー ゴイ コー ディン チョー ゴイ トゥ ゾー

Có chuyến tàu nào sớm (muộn) hơn không ?
コー　チュエン　タウ　ナオ　ソム　ムオン　ホン　ホン

Đây có phải tàu nhanh không ?
デイ　コー　ファーイ　タウ　ニャイン　ホン

Có thể hoàn lại tiền vé này không ?
コー テー　ホアン　ライ ティエン ヴェー ナイ　ホン

Tôi muốn đổi điểm đến.
トイ　ムオン　ドーイ ディエム　デン

Đây là ga nào ?
デイ　ラー ガー ナオ

Ga tiếp theo là ga nào ?
ガー ティエップ テオ ラー ガー ナオ

関連単語

普通列車

local train	tàu thường
ロウクル トレイン	タウ トゥオン

急行列車

express train	tàu nhanh
イクスプレス トレイン	タウ ニャイン

寝台車

sleeping car	xe giường nằm
スリーピング カー	セー ズオン ナム

食堂車

dining car	toa ăn
ダイニング カー	トア アン

運賃

fare	giá vé
フェア	ザー ヴェー

始発駅

starting station	ga xuất phát
スターティング ステイション	ガー スアッ(ト) ファッ(ト)

終着駅

last stop/ terminal	ga cuối
ラスト ストップ ターミヌル	ガー クオイ

切符売り場

tickt office	quấy bán vé
ティキト オフィス	クアイ バン ヴェー

49

長距離バス

ベトナムでは地方の中心都市を基点に、小さな町や村まで長距離バスの路線が網羅されており、主要都市以外の観光地へ行くのに便利でおすすめです。

[長距離] バス乗り場はどこですか？

Where is the depot?
ウェアリズ　ダ　ディーポウ

Bến xe ở đâu?
ベン　セー　オー　ダウ

ホイアン行きのバスはどれですか？

Which bus goes to Hoi An?
ウィッチ　バス　ゴウズ　トゥ　ホイ　アン

Xe nào đi đến Hội An?
セー　ナオ　ディー　デン　ホイ　アン

日本語	英語
ハロンまで2枚お願いします。	Two for Ha Long, please. トゥー　フォー　ハ　ロン　プリーズ
ラオカイには何時に到着しますか？	What time do we arrive in Lao Cai? ワッタイム　ドゥ　ウィ　アライヴ　イン　ラオ　カイ
ドゥオンラムへ直行バスはありますか？	Do you have the direct bus to Duong Lam? ドゥ　ユー　ハヴ　ダ　ダイレクト　バス　トゥ　ドゥオン　ラム
チケット売り場はどこですか？	Where is the ticket office? ウェアリズ　ダ　ティキト　オフィス
バスの時刻表をください。	Can I have a timetable? キャナイ　ハヴァ　タイムテイブル
ダラットへは片道いくらですか？	How much is a one-way ticket to Da Lat? ハウ　マッチ　イザ　ワンウェイ　ティキト　トゥ　ダ　ラット
ミーディン（ロンビエン／ザーラム）バスターミナルへはどうやって行きますか？	How can I get to My Dinh ハウ　キャナイ　ゲットゥ　ミー　ディン (Long Bien/Gia Lam) bus terminal? ロン　ビエン　ザー　ラム　バス　ターミナル
午後9時発のバンメトート行きバスのチケットをください。	I'd like to buy a ticket for the アイド　ライク　トゥ　バイ　ア　ティキト　フォー　ダ 9 p.m. bus to Buon Me Thuot. ナイン　ピーエム　バス　トゥ　ブオン　メー　トゥオット

50

次のニンビン行きは何時ですか？

What time does the next bus to Ninh Binh leave?
ワッタイム　ダズ　ダ　ネクスト　バス　トゥ　ニン　ビン　リーヴ

Chuyến tiếp　　theo đi　Ninh Bình là　mấy giờ ?
チュエン　ティエッ(プ)　テオ　ディー ニン　ビン　ラー マイ　ゾー

最終のハイフォン行きバスは何時ですか？

What time does the last bus to Hai Phong leave?
ワッタイム　ダズ　ダ　ラスト　バス　トゥ　ハイ　フォン　リーヴ

Chuyến cuối đi　Hải Phòng là　mấy giờ ?
チュエン　クオイ　ディー　ハイ　フォン　ラー　マイ　ゾー

交通 / 長距離バス

ベトナム語

Cho tôi hai vé xe đi Hạ Long.
チョー トイ ハイ ヴェー セー ディー ハ ロン

Mấy giờ xe đến Lào Cai ?
マイ ゾー セー デン ラオ カイ

Có xe đi thẳng đến Đường Lâm không ?
コー セー ディー タン デン ドゥオン ラム ホン

Quầy bán vé ở đâu ?
クアイ バン ヴェー オー ダウ

Cho tôi bảng giờ xe chạy ?
チョー トイ バン ゾー セー チャイ

Vé xe một chiều đến Đà Lạt bao nhiêu tiền ?
ヴェー セー モッ チウ デン ダ ラッ(ト) バオ ニュウ ティエン

Đi đến bến xe Mỹ Đình
ディー デン ベン セー ミー ディン
(Long Biên/Gia Lâm) thế nào ?
ロン ビエン ザー ラム テー ナオ

Tôi muốn mua vé xe đi Buôn
トイ モン ムア ヴェー セー ディー ブオン
Mê Thuột lúc 9 giờ tối.
メー トゥオッ(ト) ルッ(ク) チン ゾー トーイ

関連単語

〜行き

bound for〜　đi 〜
バウンド フォー　ディー

行き先

destination　điểm đến
デスティネイション　ディエム デン

直行便

non-stop bus　xe khách chạy thẳng
ノンストップ バス　セー カッ(ク) チャイ タン

エアコン付き（なし）

with (without) air-conditioning　có (không có) điều hòa
ウィズ ウィザウト エアコンディショニング　コー ホン コー ディウ ホア

普通（VIP）バス

economy (VIP) bus　xe thường (xe cao cấp)
イコノミ ヴィーアイピー バス　セー トゥオン セー カオ カッ(プ)

昼間（夜間）運行

daytime (night) bus　xe buýt chạy ban ngày (ban đêm)
デイタイム ナイト バス　セ ブイッ チャイ バン ガイ バン デム

出発（到着）時間

departure (arrival)　giờ chạy (giờ đến)
ディパーチャ アライヴァル　ゾー チャイ ゾー デン

各駅停車（鈍行）

local bus　xe buýt địa phương
ローカル バス　セ ブイッ ディア フオン

51

市内バス

ベトナムの大都市では網の目のようにバス路線が張り巡らされており、乗りこなせば自由自在に低料金で市内や郊外を移動することができます。

ミーディン行きのバス乗り場はどこですか？

Where is the bus stop for My Dinh ?
ウェアリズ ダ バス ストップ フォー ミー ディン

Bến xe Mỹ Đình ở đâu ?
ベン セー ミー ディン オー ダウ

このバスは文廟に行きますか？

Does this bus go to Van Mieu ?
ダズ ディス バス ゴウ トゥ ヴァン ミウ

Xe buýt này có đến Văn Miếu không ?
セー ブィッ ナイ コー デン ヴァン ミウ ホン

日本語	英語
乗り換えが必要ですか？	Do I have to transfer ? ドゥ アイ ハフトゥ トランスファー
一番近いバス停はどこですか？	Where is the nearest bus stop ? ウェアリズ ダ ニアレスト バス ストップ
ロッテタワーは いくつ目のバス停ですか？	How many stops to Lotte Tower ? ハウ メニ ストップス トゥ ロッテ タワー
最終バスはまだありますか？	Can I get the last bus ? キャナイ ゲット ダ ラスト バス
ここに座ってもいいですか？	May I sit here ? メイ アイ スィット ヒア
次は何というバス停ですか？	What is the next stop ? ワッティズ ダ ネクスト ストップ
民族学博物館に着いたら 教えてください。	Could you tell me when we get to クジュー テル ミー ウェン ウィ ゲッ トゥ the Ethnology Museum ? ダ エスノロジー ミューズィアム
すみません、通してください。	Excuse me. イクスキューズ ミー

52

交通 / 市内バス

チケットをください。

A ticket, please.
ア ティキト プリーズ

Cho tôi mua vé.
チョー トイ ムア ヴェー

ここ(次)で降ります。

I'll get off here (next).
アイル ゲット オフ ヒア ネクスト

Cho tôi xuống đây (bến tiếp theo).
チョー トイ スオン デイ ベン ティエップ テオ

ベトナム語

Có cần chuyển xe không ?
コー カン チュエン セー ホン

Bến xe buýt gần nhất ở đâu ?
ベン セー ブイッ(ト) ガン ニャッ(ト) オー ダウ

Mấy bến nữa thì tới
メイ ベン ヌア ティー トイ
tòa nhà Lotte ?
トア ニャー ロッテ

Còn chuyến xe buýt cuối cùng không ?
コン チュエン セー ブイッ(ク) オイ クン ホン

Tôi ngồi đây được không ?
トイ ゴイ デイ ドゥオッ(ク) ホン

Bến tiếp theo là bến gì ?
ベン ティエッ(プ) テオ ラー ベン ジー

Khi nào tới bảo tàng Dân
ヒー ナオ トイ バオ タン ザン
tộc học thì bảo tôi nhé.
トック ホッ(ク) ティー バオ トイ ニェー

Xin lỗi, cho tôi đi qua.
シン ロイ チョー トイ ディー クワー

路線バスの利用の仕方

ホーチミンやハノイでは、バス路線が網の目のように張り巡らされています。どちらもバスの正面上部に掲示された番号と終点の地名で行き先を判断します。運賃は乗ってから車掌に払うシステムで、乗車距離により、5,000ドンから10,000ドンくらい。

何番のバスに乗るかは、停留所に掲げられた路線図や経由順路で判断しますが、よほど現地の地理に通じていないと難しいのが現状です。また、番号が同じでも、経由地が異なることもあり、乗車時に車掌や運転手に、行きたい観光スポットを告げておくと確実です。ハノイやホーチミンの路線バスはGoogleマップの検索機能で路線情報を得られるので、あらかじめ目的地までのルートを確認しておくのがおすすめです。

ハノイには、旧市街を一周する観光用電気自動車もあり、旅行者に好評です。タンロン水上人形劇場の前から乗車できるので、試してみてはいかがでしょうか。

53

タクシー

ベトナムでは、公共交通である電車や地下鉄がまだ未整備のため、一番利用の多いのがタクシー。悪質なタクシーもあるので、大手会社のタクシーを選んで利用しましょう。

タクシーを呼んでください。

Please call a taxi for me.
プリーズ　コール　ア　**タ**クスィ　フォー　ミー

Gọi taxi cho tôi.
ゴイ　タクシー　チョー　トーイ

タクシー乗り場はどこですか？

Where is the taxi stand?
ウェアリズ　ダ　**タ**クスィ　スタンド

Chỗ bắt taxi ở đâu?
チョー　バッ(ト)　タクシー　オー　ダウ

日本語	英語
ホーチミン廟へ行ってください。	To Ho Chi Minh Mausoleum please. トゥ ホー チ ミン　モースリヤム　プリーズ
[住所を見せて] ここに行ってください。	To this address, please. トゥ ディス　アドレス　プリーズ
急いでください。	I'm in a hurry. アイム イン ナ **ハ**リ
1時までに着かなくてはなりません。	I have to get there by one o'clock. アイ ハフトゥ　**ゲ**ッ デア　バイ **ワ**ン ノクロック
市内を1日(半日)観光したいのです。	I'd like full (half) day city tour. アイド ライク **フ**ル **ハ**ーフ デイ ス**ィ**ティ トゥア
見物するあいだ待ってもらえますか？	Could you wait here until I come back from sightseeing? クジュー　**ウェ**イト ヒア　アンティル アイ カム　**バ**ック フロム　**サ**イトスィーイング
ここで止めてください。	Stop here, please. ストップ ヒア　プリーズ
次の交差点で止めてください。	Please stop at the next crossing. プリーズ ストップ アトダ **ネ**クスト ク**ロ**スィング
おつりは取っておいてください。	Thank you. Keep the change. **サ**ンキュー　**キ**ープ ダ　**チェ**インジ

空港までどれくらいの時間がかかりますか？

How long does it take to the airport?
ハウ ロング ダズイッテイク トゥ ディ エアポート

Đến sân bay mất bao lâu?
デン サン バイ マッ(ト) バオ ロー

博物館までいくらくらいで行きますか？

How much is the fare to the museum?
ハウ マッチ イズ ダ フェア トゥ ダ ミューズィアム

Đi đến bảo tàng hết bao nhiêu tiền?
ディー デン バオ タン ヘッ(ト) バオ ニュー ティエン

ベトナム語

Cho tôi đến Lăng Chủ tịch Hồ Chí Minh.
チョー トイ デン ラン チュー ティッ(ク) ホー チ ミン

Đi đến đây.
ディー デン デイ

Đi nhanh lên.
ディー ニャイン レン

Tôi phải đến đó lúc 1 giờ.
トイ ファーイ デン ドー ルック モッ ゾー

Tôi muốn thăm quan thành phố trong 1 ngày (nửa ngày).
トイ ムオン タム クアン タイン フォー チョン モッ ガイ ヌア ガイ

Đợi tôi đến khi tôi quay
ドイ トイ デン ヒー トイ クアイ
lại được không?
ライ ドゥオック ホン

Xin hãy dừng ở đây.
シン ハイ ズン オー デイ

Xin hãy dừng lại ở ngã tư tiếp theo.
シン ハイ ズン ライ オー ガー トゥー ティエップ テオ

Anh/Chị cứ giữ lại tiền thừa.
アイン チ クー ズー ライ ティエン トゥア

関連単語

タクシー乗り場
| taxi stand | chỗ đậu taxi |
| タクスィ スタンド | チョー ダウ タクシー |

料金
| fare | phí/giá |
| フェア | フィー ザー |

料金メーター
| meter | đồng hồ tính tiền |
| ミータ | ドン ホー ティン ティエン |

トランク
| trunk | va li |
| トランク | ヴァー リー |

空車
| VACANT | xe trống |
| ヴェイカント | セー チョン |

交通渋滞
| traffic jam | tắc đường |
| トラフィク ジャム | タッ(ク) ドゥオン |

領収証
| receipt | hóa đơn |
| リスィート | ホア ドン |

高速料金
| toll charge | phí cầu đường |
| トール チャージ | フィー カウ ドゥオン |

シクロ

ベトナムならではの乗り物といえばシクロ。規定料金や料金表がなく、支払い時にトラブルとなることも多いので、行き先と料金を、よく確認してから乗りましょう。

オペラハウスまで乗せてください。

Will you take me to Opera House ?
ウィリュー テイク ミー トゥ オペラ ハウス

Cho tôi đến Nhà Hát Lớn.
チョー トイ デン ニャー ハッ ロン

料金はいくらですか？

How much will it cost ?
ハウ マッチ ウィリット コスト

Bao nhiêu tiền ?
バオ ニュー ティエン

日本語	英語
もう少し安くしてください。	Will you lower the price ? ウィリュー ロワー ダ プライス
高すぎます。	That's too much. ダッツ トゥー マッチ
2万ドンで行ってください。	I will pay 20,000 Dong. アイ ウィル ペイ トウェンティ サウズン ドン
それなら結構です。	No, thank you. ノウ サンキュー
別のを探します。	I will find another. アイ ウィル ファインド アナダ
ここで降ろしてください。	Let me off here. レット ミー オフ ヒア
そこへは行きません。	No, I don't want to go there. ノウ アイ ドント ワントゥ ゴー デア
寄り道はしません。	I must go non-stop. アイ マスト ゴー ノン ストップ
ドンスアン市場までいくらですか？	What's the fare to Don Xuan market ? ワッツ ダ フェア トゥ ドン スアン マーキト
旧市街を1周してください。	Please go around old city. プリーズ ゴウ アラウンド オウルド シティ

1時間乗るといくらですか？

What's the rate per hour?
ワッツ　ダ　レイト　パー　アウア

Nếu đi một tiếng thì hết bao nhiêu tiền?
ネウ　ディー　モッ　ティエン　ティー　ヘッ(ト)　バオ　ニュー　ティエン

玉山祠まで行きたいのですが。

I'd like to go to Den Ngoc Son.
アイド　ライク　トゥ　ゴー　トゥ　デン　ゴック　ソン

Tôi muốn đến Đền Ngọc Sơn.
トイ　ムオン　デン　デン　ゴッ(ク)　ソン

ベトナム語

Giảm giá cho tôi.
ザム　ザー　チョー　トイ

Đắt quá.
ダッ(ト)　クワー

20,000 đồng nhé.
ハイムオイギン　ドン　ニェー

Vậy thì thôi.
ヴァイ　ティー　トーイ

Tôi sẽ tìm cái khác.
トイ　セー　ティム　カイ　カッ(ク)

Cho tôi xuống đây.
チョー　トイ　スオン　デイ

Tôi không đi đến đó.
トイ　ホン　ディー　デン　ドー

Cho tôi đi thẳng không dừng lại.
チョー　トイ　ディー　ターン　ホン　ズン　ライ

Đến chợ Đồng Xuân hết bao nhiêu tiền?
デン　チョ　ドン　スアン　ヘッ(ト)　バオ　ニュー　ティエン

Cho tôi đi một vòng phố cổ.
チョー　トイ　ディー　モッ　ヴォン　フォー　コー

セオムの乗り方

バイク社会のベトナムで、どこへ行くにも便利なのが、バイクの荷台に乗客を乗せて走るバイクタクシー「セオム」です。ベトナム語で、車を指す「セ」と、抱くという意味の「オム」を組み合わせた言葉です。後ろの乗客が、前の運転手に抱きつくように乗ることからついた名前のようです。

残念ながら、セオムに関するトラブルは数多く報告されています。旅行者の方にはあまりおすすめしませんが、細い路地を抜けるなどし、渋滞時には重宝します。利用する場合は必ず、乗る前に値段交渉を。2キロで2万ドンが目安です。行き先を書いた紙を見せ、値段をそこへ書いてもらう方法が確実でしょう。

住宅街の街角で客待ちしているセオムであれば、周囲が運転手の身元を知っていることが多く、比較的安全だといわれています。バーなどお酒を出す店の前に待機するセオムや流しのセオムには、特に気をつけてください。暗くなってからの利用も避けましょう。

移動時のトラブル

移動時に多いトラブルは忘れ物と道に迷うこと。また列車や飛行機の出発時間の変更にからむトラブルも。まずは時間に余裕を持ち、そして不明なことは人に尋ねましょう。

タクシー(バス)にカバンを忘れました。

I left my bag in a taxi (bus).
アイ レフト マイ バッグ イン ナ タクスィ バス

Tôi để quên túi trên taxi (xe buýt).
トイ デー クエン トゥイ チェン タクシー セ ブイッ

まだおつりをもらっていません。

I haven't received my change yet.
アイ ハヴント リスィーヴド マイ チェインジ イェット

Tôi chưa lấy tiền trả lại.
トイ チュア レイ ティエン チャー ライ

日本語	英語
メーターを倒してください。	Please start the meter. プリーズ スタート ダ ミータ
今すぐここで止めてください。	Stop here right away, please. ストップ ヒア ライタウェイ プリーズ
シェラトン・ホテルまでとお願いしたはずです。	I'm sure I asked you to go to アイム シュア アイ アスクト ユー トゥ ゴウ トゥ the Sheraton Hotel. ダ シェラトン ホウテル
料金がメーターと違います。	The fare is different from the meter. ダ フェア イズ ディファレント フロム ダ ミータ
そんなに高いはずありません。	It can't be that expensive. イト キャント ビー ダット イクスペンスィヴ
切符をなくしてしまいました。	I'm afraid I've lost my ticket. アイム アフレイド アイヴ ロスト マイ ティキト
新しく予約できますか?	Can I make a new reservation? キャナイ メイカ ニュー レザヴェイション
違う列車に乗ってしまいました。	I'm on the wrong train. アイム オン ダ ロング トレイン
医者を呼んでもらえますか?	Could you call a doctor for me? クジュー コール ア ドクタ フォー ミー

列車に乗り遅れました。

I missed my train.
アイ ミスト マイ トレイン

Tôi bị lỡ tàu.
トイ ビ ロー タウ

線路にカバンを落してしまいました。

I dropped my bag on the railroad track.
アイ ドロップト マイ バッグ オン ダ レイルロウド トラック

Tôi đánh rơi túi trên đường ray.
トイ ダイン ゾイ トゥイ チェン ドゥオン ザイ

ベトナム語

Bật đồng hồ tính tiền lên.
バッ(ト) ドン ホー ティン ティエン レン

Cho tôi dừng lại ngay ở đây.
チョー トイ ズン ライ ガイ オー デイ

Tôi chắc chắn đã bảo anh
トイ チャク チャン ダー バオ アイン
đưa đến khách sạn Sheraton.
ドゥア デン カッ(ク) サン シェラトン

Tiền phải trả khác với tiền trên đồng hồ tính tiền.
ティエン ファイ チャー カッ(ク) ヴォーイ ティエン チェン ドン ホー ティン ティエン

Chắc chắn không đắt như thế.
チャク チャン ホン ダッ(ト) ニュー テー

Tôi làm rơi mất vé rồi.
トイ ラム ゾイ マッ(ト) ヴェー ゾーイ

Tôi có thể đặt mới được không?
トイ コー テー ダッ(ト) モイ ドゥオッ(ク) ホン

Tôi lên nhầm tàu mất rồi.
トイ レン ニャム タウ マッ(ト) ゾーイ

Nhờ anh/chị gọi bác sĩ giúp tôi.
ニョー アイン チ ゴイ バッ(ク) シー ズッ(プ) トイ

タクシーで気をつけること

　移動に便利なタクシーですが、トラブルも少なくありません。特にハノイでは問題を抱えたタクシー会社が多いので要注意です。名の知られたタクシー会社の車のみを利用するよう心がけた方がよいでしょう。

　比較的トラブルが少ないとされているのは、ハノイでは白地に赤い矢印ラインが入ったタクシーグループやピンクのロゴが目立つABCなど。ホーチミンでは白い車体に赤と緑の線が入ったヴィナサン、黄色いヴィナタクシーあたりが評判がよいようです。また、全国展開しているマイリンも安全なタクシーとして知られています。緑あるいは緑と白のツートンカラーの車体が目印です。

　タクシーには、運転手を除いて4人まで乗れるボン チョーと、7人乗りのバイ チョーがあります。通りで拾えるほか、電話で呼ぶこともできますので、ホテルのドアマンやレストランのウエーターに、行き先を告げて手配してもらうのがおすすめです。

交通　移動時のトラブル

59

ホテル

ACCOMMODATION / KHÁCH SẠN

チェックイン

予約してあっても到着が遅くなる時は、電話を入れてその旨を伝えます。また、支払い方法に関係なく、保証用にクレジットカードの提示を求められることがあります。

チェックインをお願いします。

I'd like to check in, please.
アイド ライク トゥ **チェック** イン プリーズ

Tôi muốn check-in.
トイ ムオン チェック イン

予約してあります。

I made a reservation.
アイ メイダ レザ**ヴェ**イション

Tôi đã đặt trước.
トイ ダー ダッ(ト) チュオッ(ク)

日本語	英語
確認のためにクレジットカードをお見せください。	May I see your credit card for confirmation? メイ アイ スィー ユア クレディット カード フォー コンファ**メ**イション
お支払いはどうなさいますか？	How will you pay your bill? ハウ ウィル ユー ペイ ユア ビル
クレジットカード(現金)でお願いします。	By credit card (cash), please. バイ クレディット カード キャシュ プリーズ
前金は必要ですか？	Do you need a deposit? ドゥ ユー ニーダ ディ**ポ**ズィット
このカードは使えますか？	Do you accept this card? ドゥ ユー アクセプト ディス **カ**ード
お部屋は503号室になります。	Your room number is 503. ユア ルーム ナンバ イズ **ファ**イヴオゥスリー

サービス・設備・料金ともに超一流の最高級ホテルから、バックパッカー用のゲストハウスまで、ベトナムには様々なタイプのホテルがあります。また、海沿いの観光地ではリゾート型のホテルが充実しています。自分に合ったホテル選びをしましょう。

確認書はこれです。

Here is my confirmation slip.
ヒアリズ　マイ　コンファメイション　スリップ

Đây là xác nhận của tôi.
デイ　ラー　サッ(ク)　ニャ(ン)　クーア　トイ

[電話で] 夜の10時頃の到着ですが、予約は残してください。

I'll arrive around ten o'clock, but please keep my reservation.
アイル　アライヴ　アラウンド　**テン**　ノクロック　バット　ブリーズ　**キープ**　マイ　レザ**ヴェ**イション

Tôi sẽ đến vào khoảng 10 giờ tối, xin hãy giữ phòng cho tôi.
トイ　セー　デン　ヴァオ　ホアン　ムオイ　ゾー　トーイ　シン　ハイ　ズー　フォン　チョー　トイ

ベトナム語

Cho tôi xem thẻ tín dụng?
チョー　トイ　セム　テー　ティン　ズン

Anh/Chị muốn thanh toán bằng gì?
アイン　チ　ムオン　タイン　トアン　バン　ジー

Tôi muốn trả bằng thẻ (tiền mặt).
トイ　ムオン　チャー　バン　テー　ティエン　マッ(ト)

Ở đây có cần đặt cọc không?
オー　デイ　コー　カン　ダッ(ト)　コッ(ク)　ホン

Thẻ này có được chấp nhận không?
テー　ナイ　コー　ドゥオッ(ク)　チャップ　ニャン　ホン

Số phòng của anh/chị là 503.
ソー　フォン　クーア　アイン　チ　ラー　ナムリンバー

関連単語

眺めのいい部屋

room with a view — phòng view đẹp
ルーム　ウィザ　**ヴュー**　　フォン　ヴュー　デッ(プ)

上(下)の階の部屋

upper (lower) room — phòng tầng trên (tầng dưới)
アッパ　ロウア　ルーム　　フォン　タン　チェン　タン　ズオイ

海側

an ocean side — phía biển
アン　**オウシャン**　サイド　　フィア　ビエン

カードキー

registration card (form) — chìa khóa thẻ
レジストレイション　カード　**フォ**ーム　　チア　ホア　テー

予約確認書

confirmation slip — xác nhận đặt phòng
コンファメイション　スリップ　　サッ(ク)　ニャ(ン)　ダッ(ト)　フォン

(宿泊)クーポン

coupon — coupon
クーポン　　クーポン

フロントで

ホテル内のことだけでなく、町の情報もフロントで入手できます。貴重品は部屋の金庫か、フロントの貸金庫にしまいます。部屋に置きっぱなしにしないように。

625号室のカギをください。

Room 625, please.
ルーム **スィクストゥーファイヴ** プリーズ

Cho tôi chìa khóa phòng 602.
チョー トイ チア ホア フォン サウリンハイ

貴重品を預かってください。

I'd like you to keep my valuables.
アイド ライク ユー トゥ **キー**プ マイ **ヴァ**リュアブルズ

Tôi muốn gửi đồ quý.
トイ ムオン グーイ ドー クイー

日本語	英語
食堂はどこですか？	Where is the dining room? **ウェ**アリズ ダ **ダイ**ニング ルーム
朝食を部屋でとれますか？	Can I have breakfast in my room? キャナイ ハヴ ブレックファスト イン マイ **ルー**ム
荷物を預かってください。	Could you look after my baggage? クジュー **ルッ**ク アフタ マイ バギジ
カードキーはどうやって使うのでしょう？	How do I use the card key? ハウ ドゥ アイ ユーズ ダ **カー**ド キー
部屋の番号を忘れてしまいました。	I forgot my room number. アイ フォガット マイ ルーム **ナ**ンバ
部屋のカギをなくしてしまいました。	I lost my room key. アイ ロスト マイ ルーム **キー**
カギがかかって部屋に入れません。	I'm locked out. アイム **ロッ**クト アウト
住所の入ったホテルのカードをください。	Can I have a hotel card with the address? キャナイ ハヴァ ホウテル **カー**ド ウィズ ディ **ア**ドレス
11時過ぎに戻る予定です。	I will come back a little after eleven. アイ ウィル カム バック ア リトル **ア**フタ イレヴン

62

預けた荷物をもらいたいのですが。

May I have my baggage back ?
メイ アイ ハヴ マイ バギジ バック

Tôi muốn lấy đồ gửi.
トイ ムオン レイ ドー グーイ

入口のドアを何時に閉めますか？

What time do you lock the door ?
ワッタイム ドゥ ユー ロック ダ ドア

Mấy giờ thì khách sạn đóng cửa ?
マイ ゾー ティー カッ(ク) サン ドン クーア

ベトナム語

Phòng ăn ở đâu ?
フォン アン オー ダウ

Tôi muốn ăn sáng tại phòng có được không ?
トイ ムオン アン サーン タイ フォン コー ドゥオッ(ク) ホン

Cho tôi gửi hành lý.
チョー トイ グーイ ハイン リー

Chìa khóa thẻ dùng như thế nào ?
チア ホア テーズン ニュー テー ナオ

Tôi quên số phòng mất rồi.
トイ クエン ソー フォン マッ(ト) ゾーイ

Tôi làm mất chìa khóa rồi.
トイ ラム マッ(ト) チア ホア ゾーイ

Phòng tôi bị khóa nên tôi
フォン トイ ビ ホア ネン トイ
không vào được.
ホン ヴァオ ドゥオッ(ク)

Cho tôi xin card của khách sạn.
チョー トイ シン カー(ド) クア カッ(ク) サン

Tôi sẽ quay lại muộn hơn 11 giờ.
トイ セー クアイ ライ ムオン ホン ムオイモッ ゾー

関連単語

フロント

reception　　　lễ tân
リセプション　　　レー タン

フロント係(人)

receptionist　　　nhân viên lễ tân
リセプショニスト　　　ニャン ビエン レー タン

部屋番号

room number　　　số phòng
ルーム ナンバ　　　ソー フォン

町の地図

city map　　　bản đồ thành phố
スィティ マップ　　　バン ドー タイン フォー

貴重品

valuables　　　đồ quý
ヴァリュアブルズ　　　ドー クイ

勘定

bill　　　hóa đơn
ビル　　　ホア ドン

バー

bar　　　quán bar
バー　　　クアン バー

レストラン

restaurant　　　nhà hàng
レストラント　　　ニャー ハン

63

部屋で

部屋の設備や使い方などは、案内された時に尋ねておきましょう。在室中はドアをロックし、ノックがあった時は、相手を確認してからドアを開けるようにします。

[ドアをノックされて] どなたですか？

Who is it?
フー　イズィット

Ai đấy?
アイ　デイ

ちょっと待ってください。

Just a moment, please.
ジャスタ　モウメント　プリーズ

Đợi một chút.
ドイ　モッ　チュッ

日本語	英語
部屋の金庫の使い方を教えてください。	Could you tell me how to use the safe in the room? クジュー　テル　ミー　ハウ　トゥ　ユーズ　ダ　セイフ　イン　ダ　ルーム
ミニバー（部屋の冷蔵庫）が空っぽです。	The mini-bar is empty. ダ　ミニバー　イズ　エンプティ
コンセントが見つかりません。	Could you tell me where the outlet (the socket:英) is? クジュー　テル　ミー　ウェア　ディ　アウトレト　ダ　ソキト　イズ
タオルを取り替えてください。	Can I get a new towel? キャナイ　ゲッタ　ニュー　タウエル
部屋を掃除してください。	Could you clean my room? クジュー　クリーン　マイ　ルーム
部屋を替えてください。	Could you give me a different room? クジュー　ギヴ　ミー　ア　ディファレント　ルーム
日本へ電話したいのです。	I'd like to make a call to Japan. アイド　ライク　トゥ　メイカ　コール　トゥ　ジャパン
コレクトコールでお願いします。	Collect call, please. コレクト　コール　プリーズ

お入りください。

Please, come in.
プリーズ　カム　イン

Mời vào.
モーイ　ヴァオ

困っています。すぐに部屋に来てください。

I'm in trouble. Can you send someone up?
アイム　イン　トラブル　キャニュー　センド　サムワン　アップ

Tôi gặp rắc rối, làm ơn đến phòng tôi ngay.
トイ　ガップ　ザック　ゾーイ、ラム　オン　デン　フォン　トイ　ガイ

ホテル　部屋で

ベトナム語

Hướng dẫn tôi cách dùng
フオン　ザン　トイ　カッ(ク)　ズン
két sắt trong phòng.
ケッ(ト)　サッ(ト)　チョン　フォン

Tủ lạnh không có gì.
トゥー　ライ(ン)　ホン　コー　ジー

Tôi không tìm thấy ổ cắm điện.
トイ　ホン　ティム　タイ　オー　カム　ディエン

Thay cho tôi khăn tắm.
タイ　チョー　トイ　カン　タム

Dọn phòng cho tôi.
ゾン　フォン　チョー　トイ

Đổi cho tôi phòng khác.
ドーイ　チョー　トイ　フォン　カッ(ク)

Tôi muốn gọi điện về Nhật.
トイ　ムオン　ゴイ　ディエン　ヴェー　ニャッ(ト)

Tôi muốn gọi dịch vụ collect call.
トイ　ムオン　ゴイ　ジック　ヴ　コレクトコール

関連単語

電話

| telephone | điện thoại |
| テレフォウン | ディエン トアイ |

毛布

| blanket | chăn |
| ブランキト | チャン |

ドライヤー

| hair dryer | máy sấy tóc |
| ヘア ドライア | マイ サイ トッ(ク) |

洗面所

| rest room | nhà vệ sinh |
| レスト ルーム | ニャー ヴェー シン |

水道

| water supply | đường nước |
| ウォータ サプライ | ドゥオン ヌオッ(ク) |

水

| water | nước |
| ウォータ | ヌオッ(ク) |

お湯

| hot water | nước nóng |
| ホット ウォータ | ヌオッ(ク) ノン |

浴槽

| bathtub | bồn tắm |
| バスタブ | ボン タム |

65

| ホテルの
サービス | サービスや施設については、部屋に備えてあるガイドに記載されています。それぞれ受付電話がありますから、部屋からまず電話で申し込みます。不明な点はフロントへ。 |

ルームサービスで朝食(昼食/夕食)をお願いします。

I'd like to have room service for breakfast (lunch/dinner).
アイド ライク トゥ ハヴ ルーム サーヴィス フォー ブレックファスト ランチ ディナ

Tôi muốn ăn sáng (trưa/tối) tại phòng.
トイ ムオン アン サン チュア トーイ タイ フォン

こちら472号室です。

This is room 472.
ディスィズ ルーム フォーセヴントゥー

Đây là phòng 472.
デイ ラー フォン ボンバーイハイ

日本語	英語
毛布をもう1枚持ってきてください。	Please bring me another blanket. プリーズ ブリング ミー アナダ ブランキト
栓抜きを持ってきてください。	Please bring me a bottle opener. プリーズ ブリング ミー ア ボトゥル オウプナ
頭痛薬をください。	I'd like some aspirin. アイド ライク サム アスプリン
ホテルドクターを呼んでください。	Please call the hotel doctor for me. プリーズ コール ダ ホウテル ドクタ フォー ミー
ハンガーが足りません。	Do you have any more hangers? ドゥ ユー ハヴ エニ モア ハンガズ
ランドリーサービスはありますか?	Do you have laundry service? ドゥ ユー ハヴ ローンドリ サーヴィス
洗濯物をお願いします。	I'd like to drop off some laundry. アイド ライク トゥ ドロップ オフ サム ローンドリ
仕上がりはいつですか?	When will it be ready? ウェン ウィル イト ビー レディ
モーニングコールは 電話で自動設定をしてください。	Please set a wake-up call プリーズ セッタ ウェイクアップ コール on the phone by yourself. オン ダ フォウン バイ ユアセルフ

氷とグラスをお願いします。

I'd like some ice cubes and glasses.
アイド ライク サム アイス キューブズ エン グラースィズ

Tôi muốn một ít đá và cốc.
トイ ムオン モッ イッ ダー ヴァー コッ(ク)

シャンプーがありません。

I need some shampoo.
アイ ニード サム シャンプー

Không có dầu gội đầu.
ホン コー ザウ ゴイ ダウ

ベトナム語

Cho tôi một chiếc chăn nữa.
チョー トイ モッ チエッ(ク) チャン ヌア

Cho tôi một cái mở nắp chai.
チョー トイ モッ カイ モー ナッ プ チャイ

Cho tôi thuốc đau đầu.
チョー トイ トゥオッ(ク) ダウ ダウ

Gọi cho tôi bác sĩ của khách sạn.
ゴイ チョー トイ バッ ク シー クーア カッ(ク) サン

Tôi bị thiếu móc treo quần áo.
トイ ビ ティヨウ モッ(ク) チェオ クアン アオ

Khách sạn có dịch vụ giặt là không?
カッ(ク) サン コー ジッ(ク) ヴ ザッ(ト) ラー ホン

Tôi muốn giặt một số đồ.
トイ ムオン ザッ(ト) モッ(ト) ソー ドー

Khi nào thì xong?
ヒー ナオ ティー ソン

Tôi muốn đánh thức buổi sáng.
トイ ムオン ダイン トゥ(ク) ブオイ サン

関連単語

新聞

newspaper — báo
ニューズペイパ — バオ

セッケン

soap — xà phòng
ソウプ — サー フォン

ワイシャツ

shirt — áo sơ mi
シャート — アオ ソー ミー

上着

jacket — áo khoác
ジャキト — アオ ホアッ(ク)

スーツ

suit — áo vét
スート — アオ ヴェ(ト)

ワンピース

dress — váy liền
ドレス — ヴァイ リエン

シャンプー

shampoo — dầu gội
シャンプー — ザウ ゴイ

リンス

rinse — dầu xả
リンス — ザウ サー

日本語	英語
靴を磨いておいてください。	I'd like to have my shoes polished. アイド ライク トゥ ハヴ マイ **シューズ** **ポリッシュト**
これをドンに両替してください。	Could you exchange money クジュー イクス**チェ**インジ マニ to Dong? トゥ ドン
使えるPCはありますか？	Is there a PC I could use? イズ デアラ **ピーシー** アイ クドゥ **ユー**ズ
ファクスはありますか？	Do you have a facsimile service? ドゥ ユー ハヴァ ファク**スィ**ミリ サーヴィス
日本語の話せるガイドを手配してください。	I need a Japanese-speaking アイ ニーダ ジャパニーズスピーキング guide. ガイド
日本語の通訳をお願いしたいのです。	I need a Japanise interpreter. アイ ニーダ ジャパニーズ イン**ター**プリタ

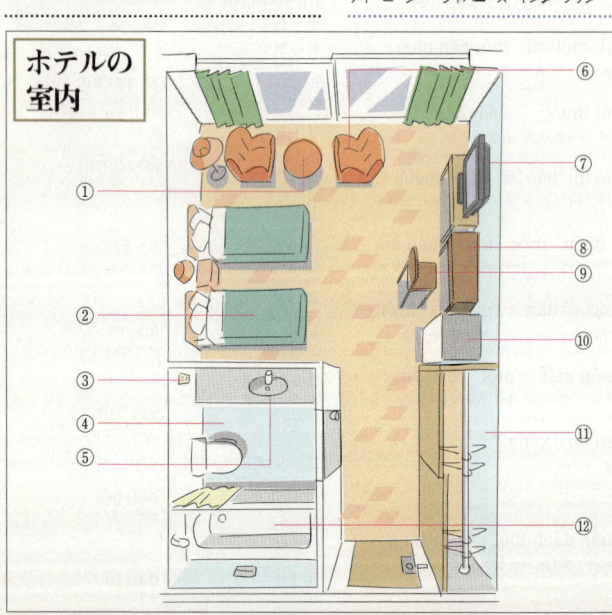

ホテルの室内

① ② ③ ④ ⑤ ⑥ ⑦ ⑧ ⑨ ⑩ ⑪ ⑫

68

ベトナム語	関連単語

Đánh thức tôi bằng điện thoại.
ダイン トゥック トイ バン ディエン トアイ

バスタオル

bath towel	khăn tắm
バス タウエル	カン タム

Đổi cho tôi sang tiền đồng.
ドーイ チョー トイ サン ティエン ドン

練り歯ミガキ

toothpaste	kem đánh răng
トゥースペイスト	ケム ダイン ザン

Có máy tính ở trong khách sạn không ?
コー マイ ティン オー チョン カッ(ク) サン ホン

歯ブラシ

toothbrush	bàn chải đánh răng
トゥースブラッシュ	バン チャーイ ダイン ザン

Khách sạn có dịch vụ gửi fax không ?
カッ(ク) サン コー ジッ(ク) ヴ グーイ ファッ(ク) ホン

くし

comb	lược
コウム	ルオッ(ク)

Sắp xếp cho tôi hướng
サッ(プ) セッ(プ) チョー トイ フォン
dẫn viên tiếng Nhật.
ザン ヴィエン ティエン ニャッ(ト)

(使い捨て)カミソリ

razor	dao cạo
レイザ	ザオ カオ

Tôi muốn nhờ phiên dịch tiếng Nhật.
トイ ムオン ニョー フィエン ジッ(ク) ティエン ニャッ(ト)

コルク抜き

corkscrew	cái mở nút chai
コークスクルー	カイ モー ヌッ(ト) チャイ

ホテル / ホテルのサービス

①テーブル

table	bàn
テイブル	バン

⑦テレビ

television	ti vi
テレヴィジョン	ティー ヴィー

②ベッド

bed	giường
ベッド	ズオン

⑧机

desk	bàn
デスク	バン

③コンセント

outlet (socket:英)	ổ cắm
アウトレト ソキト	オ カム

⑨椅子

chair	ghế
チェア	ゲー

④浴室

bathroom	phòng tắm
バスルーム	フォン タム

⑩冷蔵庫

refrigerator	tủ lạnh
リフリジレイタ	トー ライン

⑤蛇口

faucet	vòi nước
フォースィト	ヴォイ ヌオッ(ク)

⑪洋服だんす

closet/wardrobe	tủ quần áo
クロゼト ウォードロウブ	トゥー クアン アオ

⑥ソファー

sofa	so-fa
ソウファ	ソ ファ

⑫浴槽

bathtub	bồn tắm
バスタブ	ボン タム

ホテルの施設の利用

ホテルはその規模によって施設の充実度も変わってきます。宿泊客は無料で利用できるもの、割引きになるものなどもありますから、フロントで情報をキャッチしましょう。

ホテル内にはどんな施設がありますか？

What kind of facilities are there in the hotel ?
ワット カインド オヴ ファス**ィ**リティズ アー デア インダ ホウ**テ**ル

Trong khách sạn có những thiết bị nào ?
チョン カッ(ク) サン コー ニュン ティエッ(ト) ビ ナオ

午後2時に予約をお願いします。

I'd like to make an appointment for 2 p.m.
アイド ライク トゥ メイカン ア**ポ**イントメント フォー **トゥ**ー ピーエム

Tôi muốn đặt lúc 2 giờ chiều.
トイ ムオン ダッ(ト) ルッ(ク) ハイ ゾー チエウ

日本語	英語
プールは無料ですか？	Can I swim in the pool without charge ? キャナイ スウィム インダ プール ウィザウト **チャ**ージ
タオルの貸し出しはしていますか？	Can I rent a towel ? キャナイ **レ**ンタ **タ**ウエル
テニスコートはありますか？	Do you have a tennis court ? ドゥ ユー ハヴァ **テ**ニス コート
美容室はありますか？	Is there a hair salon in the hotel ? イズ デアラ ヘア サロン インダ ホウ**テ**ル
おみやげを買える店はありますか？	Do you have any gift shops ? ドゥ ユー ハヴ エニ **ギ**フト ショップス
庭で食事できますか？	Can I have a meal in the garden ? キャナイ ハヴァ ミール インダ **ガ**ードン
子供を預かってもらえますか？	Will you watch my child ? ウィル ユー **ウォ**ッチ マイ **チャ**イルド
町の中心部へ行くバスはありますか？	Is there a bus that goes downtown ? イズ デアラ バス ダット ゴウズ **ダ**ウン**タ**ウン
リムジンを1台用意してください。	Can I have a limousine ? キャナイ ハヴァ **リ**ムズィーン
この手紙を出してください。	Please send this letter ? プリーズ センド ディス **レ**タ

プールは何時から使えますか？

What time does the pool open ?
ワッタイム　ダズ　ダ　プール　オウプン

Bể bơi mấy giờ mở cửa ?
ベー　ボイ　マイ　ゾー　モー　クーア

水着は借りられますか？

Is it possible to rent swimwear ?
イズィット　ポスィブル　トゥ　レント　スウィムウェア

Ở đây có cho thuê đồ bơi không ?
オー　デイ　コー　チョー　トゥエ　ドー　ボイ　ホン

ホテル — ホテルの施設の利用

ベトナム語

Bể bơi có miễn phí không ?
ベー ボイ コー ミエン フィー ホン

Cho tôi mượn khăn tắm.
チョー トイ ムオン カン タム

Khách sạn có sân tennis không ?
カッ(ク) サン コー サン テニス ホン

Khách sạn có salon tóc không ?
カッ(ク) サン コー サロン トッ(ク) ホン

Khách sạn có quầy lưu niệm không ?
カッ(ク) サン コー クアイ リュー ニエム ホン

Tôi có thể dùng bữa ở trong vườn không ?
トイ コー テー ズン ブア オー チョン ヴオン ホン

Tôi có thể gửi con được không ?
トイ コー テー グーイ コン ドゥオッ(ク) ホン

Ở đây có xe buýt đi trung tâm thành phố không ?
オー デイ コー セー ブイッ(ト) ディー チュン タム タイン フォー ホン

Đặt cho tôi xe limousine.
ダッ(ト) チョー トイ セー リムジン

Gửi cho tôi lá thư này.
グーイ チョー トイ ラー トゥー ナイ

関連単語

絵はがき
picture postcard / bưu thiếp có hình
ピクチャ ポウストカード / ビュー ティエ(プ) コー ヒン

おみやげ
souvenir / quà lưu niệm
スーヴェニア / クア リュー ニエム

ディスコ
disco/discotheque / sàn nhảy
ディスコウ ディスコテク / サン ニャイ

駐車場
parking lot / bãi đỗ xe
パーキング ロット / バイ ドー セー

理髪店
barbershop / tiệm cắt tóc
バーバショップ / ティエ(ム) カッ(ト) トッ(ク)

シャンプー
shampoo / dầu gội
シャンプー / ザウ ゴイ

散髪
haircut / cắt tóc
ヘアカット / カッ(ト) トッ(ク)

セット
set / cài đặt
セット / カイ ダッ(ト)

71

チェックアウト

早朝に出発する場合は、前日に精算をお願いするのもよいかもしれません。金庫に預けたものを忘れずに。出発までに時間があれば、精算してから荷物を預かってもらいましょう。

これから部屋を出ます。精算の準備をお願いします。

I'm leaving now. Can I have my bill?
アイム リーヴィング ナウ キャナイ ハヴ マイ ビル

Tôi phải đi bây giờ. Chuẩn bị thanh toán cho tôi.
トイ ファーイ ディー バイ ゾー チュエン ビ タイン トアン チョー トイ

部屋に荷物を取りに来てください。

Please send someone to bring down my baggage.
プリーズ センド サムワン トゥ ブリング ダウン マイ バギジ

Cho người lên phòng mang hành lý cho tôi.
チョー グオイ レン フォン マン ハイン リー チョー トイ

日本語	英語
クレジットカードで支払できますか？	Do you accept credit cards? ドゥ ユー アクセプト クレディット カーズ
急いでください。	I'm in a hurry. アイム イン ナ ハリ
領収証をください。	Can I have the receipt? キャナイ ハヴ ダ リスィート
預けておいた貴重品を出してください。	I'd like my valuables from the safe. アイド ライク マイ ヴァリュアブルズ フロム ダ セイフ
部屋に忘れ物をしました。	I left something in my room. アイ レフト サムスィング イン マイ ルーム
出発（5時）まで荷物を預かってもらえますか？	Could you keep my baggage until my departure time (five)? クジュー キープ マイ バギジ アンティル マイ ディパーチャ タイム ファイヴ
午前10時にタクシーを呼んでください。	Please call a taxi for me at 10 a.m. プリーズ コール ア タクスィ フォー ミー アト テン エイエム
この荷物をタクシーまで運んでもらえますか？	Could you bring my baggage to the taxi? クジュー ブリング マイ バギジ トゥ ダ タクスィ

明日の早朝発つので、今晩精算しておいてください。

I'm leaving early tomorrow morning. Could you have my bill ready by tonight?
アイム リーヴィング アーリ トゥモロウ モーニング クジュー ハヴ マイ ビル レディ バイ トゥナイト

Sáng mai tôi đi sớm, cho tôi thanh toán luôn tối nay.
サン マイ トイ ディー ソム チョー トイ タイン トアン ルオン トイ ナイ

813号室です。もう１泊したいのですが。

My room number is 813. I'd like to stay one more night.
マイ ルーム ナンバ イズ エイトワンスリー アイド ライク トゥ ステイ ワン モア ナイト

Số phòng của tôi là 813, tôi muốn nghỉ thêm một đêm nữa.
ソー フォン クーア トイ ラー タムモッバー トイ ムオン ギー テム モッ デム ヌア

ホテル チェックアウト

ベトナム語

Tôi có thể trả bằng thẻ tín dụng không ?
トイ コー テー チャー バン テー ティン ズン ホン

Nhanh lên giúp tôi với.
ニャイン レン ズッ(プ) トイ ヴォーイ

Cho tôi hóa đơn.
チョー トイ ホア ドン

Cho tôi nhận lại đồ quý đã gửi.
チョー トイ ニャン ライ ドー クイ ダー グーイ

Tôi bỏ quên đồ trong phòng.
トイ ボー クエン ドー チョン フォン

Cho tôi gửi hành lý đến lúc đi (5 giờ).
チョー トイ グーイ ハイン リー デン ルッ(ク) ディー ナム ゾー

Gọi cho tôi taxi lúc 10 giờ sáng.
ゴイ チョー トイ タクシー ルッ(ク) ムオイ ゾー サン

Có thể mang hành lý ra taxi giúp tôi không ?
コー テー マン ハイン リー ザー タクシー ズップ トイ ホン

関連単語

出発する
| leave | rời đi |
| リーヴ | ゾーイ ディー |

明細書
| bill | hoá đơn chi tiết |
| ビル | ホア ドン チー ティエッ(ト) |

領収証
| receipt | hóa đơn |
| リスィート | ホア ドン |

ルームサービス料
| room service charge | tiền phòng |
| ルーム サーヴィス チャージ | ティエン フォン |

精算する
| check | thanh toán |
| チェック | タイン トアン |

会計
| cashier | kế toán |
| キャシア | ケー トアン |

滞在
| stay | nghỉ |
| ステイ | ギー |

超過料金
| extra charge | tiền trả thêm |
| エクストラ チャージ | ティエン チャー テム |

ホテルでのトラブル

ホテルでのトラブルの一番の原因はコミュニケーションの不足です。何かあったときは、はっきりと希望を伝えましょう。たいていのことは解決するものです。

カギを部屋に忘れました。

I left the key in my room.
アイ レフト ダ キー イン マイ ルーム

Tôi để quên chìa khóa trong phòng.
トイ デー クエン チア ホア チョン フォン

部屋の番号を忘れました。

I forgot my room number.
アイ フォガット マイ ルーム ナンバ

Tôi quên mất số phòng.
トイ クエン マッ(ト) ソー フォン

日本語	英語
荷物がまだ届いていません。	I haven't received my baggage yet. アイ ハヴント リスィーヴド マイ バギジ イェット
トイレの水がよく流れません。	The toilet doesn't flush well. ダ トイレト ダズント フラッシュ ウェル
水が漏れています。	The water is leaking. ダ ウォータ イズ リーキング
水道の蛇口が壊れています。	The faucet is broken. ダ フォースィト イズ ブロウクン
お湯が熱くありません。	The hot water isn't hot enough. ダ ホット ウォータ イズント ホット イナフ
隣の部屋(部屋の外)がうるさくて困ります。	It's very noisy next door (outside the room). イッツ ヴェリ ノイズィ ネクスト ドア アウトサイド ダ ルーム
廊下に不審な人がいます。	There is a strange person in the corridor. デアリザ ストレインジ パーソン イン ダ コリダ
部屋が掃除してありません。	My room hasn't been cleaned. マイ ルーム ハズント ビン クリーンド
テレビが映りません。	The TV doesn't work. ダ ティーヴィー ダズント ワーク

部屋を替えてください。

Could you give me a different room ?
クジュー　　　ギヴ　ミー　ア　**ディ**ファレント　**ルー**ム

Cho tôi đổi phòng khác.
チョー　トイ　ドーイ　フォン　カッ(ク)

すぐ修理に来てください。

Could you fix it now ?
クジュー　　　**フィ**クスィット　ナウ

Đến sửa luôn giúp tôi.
デン　スア　ルオン　ズップ　トイ

ベトナム語

Hành lý của tôi vẫn chưa đến.
ハイン　リー　クーア　トイ　ヴァン　チュア　デン

Bồn cầu không xả được nước.
ボン　カウ　ホン　サー　ドゥオッ(ク)　ヌオッ(ク)

Nước bị chảy.
ヌオッ(ク)　ビ　チャーイ

Vòi nước bị hỏng.
ヴォイ　ヌオッ(ク)　ビ　ホーン

Nước không nóng.
ヌオッ(ク)　ホン　ノン

Phòng bên cạnh
フォン　ベン　カイン
(bên ngoài phòng) ồn quá.
ベン　ゴアイ　フォン　オン　クアー

Có người lạ ở ngoài hành lang.
コー　グオイ　ラ　オー　ゴアイ　ハイン　ラン

Phòng tôi chưa được dọn.
フォン　トイ　チュア　ドゥオッ(ク)　ゾン

Ti vi không hoạt động.
ティー　ヴィー　ホン　ホアッ(ト)　ドン

ホテルでのトラブルとその注意

　5ツ星の高級ホテルならまだしも、宿泊施設のランクが下がるにつれトラブルに遭う可能性は高くなると言えるでしょう。安いホテルなどでは、部屋に入ったらまず、鍵がしっかりと掛かるかどうか、シャワーのお湯が出るかどうか等をチェックしておきます。さらに、火災時の非常口を確認することも忘れずに。また、貴重品をホテルの部屋にあるセーフティーボックスに預けたら、置き忘れには注意しましょう。フロントで預かってもらう場合には、フロントで財布等の中身を確認してから預けます。従業員に少し抜かれてしまうというトラブルも発生しているからです。その他には、ホテルの従業員と名乗る人間が、「パスポートをチェックしに来た」と部屋のドアをノックしても、決してパスポートを渡したりしないことです。渡したパスポートは二度と返ってはこないでしょう。いずれにしても、少しでも不審な点があれば、すぐにドアを開けず、まずフロントに連絡しましょう。

レストラン

RESTAURANT / NHÀ HÀNG

店を探す・予約する

ベトナムは食天国です。高級レストランで豪華にコース料理を頼むのもよし。屋台で一皿飯や麺をかきこむのもよし。地元の人に評判の店を聞きましょう。

評判の店を教えてください。

Could you recommend a popular restaurant ?
クジュー　　　レコメンダ　　　　ポピュラ　　レストラント

Giới thiệu cho tôi một nhà hàng ngon.
ゾイ　ティウ　チョー　トイ　モッ　ニャー　ハン　ゴン

この土地の名物料理が食べたいのです。

I'd like to have some local food.
アイド　ライク　トゥ　ハヴ　サム　ロウクル　フード

Tôi muốn ăn đặc sản ở đây.
トイ　ムオン　アン　ダッ(ク)　サーン　オ　デイ

日本語	英語
あまり高くないレストランを探しています。	Could you tell me the name of an inexpensive restaurant ? クジュー　　テル　ミー　ダ　ネイム　オヴ　アン　イニクスペンスィヴ　レストラント
予約は必要ですか？	Do we need a reservation ? ドゥ　ウィ　ニーダ　レザヴェイション
その店に日本語のメニューはありますか？	Does the restaurant have a menu in Japanese ? ダズ　ダ　レストラント　ハヴァ　メニュー　イン　ジャパニーズ
歩いて行けますか？	Can I get there on foot ? キャナイ　ゲッ　デア　オン　フット
今晩8時に2人予約をお願いします。	I'd like to reserve a table for two at eight this evening. アイド　ライク　トゥ　リザーヴァ　テイブル　フォー　トゥー　アト　エイト　ディス　イーヴニング
コースはいくらですか？	How much is the full-course meal ? ハウ　マッチ　イズ　ダ　フルコース　ミール

ベトナム旅行最大の楽しみのひとつである食。中国料理にフランス料理のエッセンスが加わったベトナム料理は、アジア料理の頂点にあるという人もいるほどです。ハノイとホーチミンではまったく違った料理が出てくるのも魅力です。ぜひ、本場の味を堪能してください。

ここで予約できますか？

Can we make a reservation here ?
キャン ウィ メイカ レザヴェイション ヒア

Tôi có thể đặt chỗ ở đây không ?
トイ コー テー ダッ(ト) チョー オー デイ ホン

今晩、席を予約したいのです。

I'd like to make a reservation for tonight.
アイド ライク トゥ メイカ レザヴェイション フォー トゥナイト

Tôi muốn đặt chỗ tối nay.
トイ ムオン ダッ(ト) チョー トイ ナイ

ベトナム語

Chỉ cho tôi vài nhà hàng
チー チョー トイ ヴァイ ニャー ハン
không quá đắt.
ホン クアー ダッ(ト)

Có cần đặt chỗ trước không ?
コー カン ダッ(ト) チョー チュオッ(ク) ホン

Nhà hàng đấy có menu tiếng Nhật không ?
ニャー ハン デイ コー メニュー ティエン ニャッ(ト) ホン

Có thể đi bộ đến đó không ?
コー テー ディー ボ デン ドー ホン

Tôi muốn đặt bàn hai
トイ ムオン ダッ(ト) バン ハイ
người lúc 8 giờ tối nay.
グオイ ルッ(ク) タム ゾー トイ ナイ

Giá theo course như thế nào ?
ザー テオ コース ニュー テー ナオ(ト)

関連単語

眺めがいい

| with a nice view | có view đẹp |
| ウィザ ナイス ヴュー | コー ビュー デップ |

窓際の

| by the window | cạnh cửa sổ |
| バイ ダ ウィンドウ | カイン クーア ソー |

海側の

| an ocean view | nhìn ra biển |
| アン オウシャン ヴュー | ニン ザー ビエン |

人気の店

| popular restaurant | nhà hàng nổi tiếng |
| ポピュラ レストラント | ニャー ハン ノイ ティエン |

営業時間

| business hours | giờ làm việc |
| ビズネス アウアズ | ゾー ラン ヴィエッ(ク) |

セットメニュー

| combination sets | set menu |
| コンビネイション セッツ | セッ(ト) メニュー |

レストラン 店を探す・予約する

77

店に着いて

予約を入れてある場合には、名前を告げて案内を待ちます。ベトナム料理に特別なマナーはありません。料理をそれぞれが取り分けて、おしゃべりと共に楽しく食べましょう。

予約はしていませんが、席はありますか？

I don't have a reservation. Do you have a table ?
アイ ドント ハヴァ レザ**ヴェ**イション ドゥ ユー ハヴァ **テ**イブル

Tôi chưa đặt bàn, ở đây còn chỗ không ?
トイ チュア ダッ(ト) バン オー デイ コン チョー ホン

8時に予約している者です。

I have a reservation for eight o'clock.
アイ ハヴァ レザ**ヴェ**イション フォー **エ**イト オクロック

Tôi đã đặt bàn lúc 8 giờ.
トイ ダー ダッ(ト) バン ルッ(ク) タム ゾー

日本語	英語
何名様ですか？	For how many people, please ? フォー ハウ **メ**ニ ピープル プリーズ
4人です。	(We are a party of) Four. ウィ アー ア パーティ オヴ **フォ**ー
連れが1人、あとで来ます。	One more person is coming later. ワン **モ**ア パーソン イズ カミング **レ**イタ
30分ほどで空くと思います。	It will be about 30 minutes. イト ウィル ビー アバウト **サ**ーティ ミニッツ
では、待ちます。	All right. We'll wait. **オ**ール ライト ウィル **ウェ**イト
こちらでお待ちいただけますか？	Would you like to wait here ? ウジュー ライク トゥ **ウェ**イト ヒア
では、席が空いたら呼んでください。	Then, will you call us ? デン ウィル ユー コール アス
ノンアルコールの甘くない飲み物をください。	I'd like a soft drink which is not sweet. アイド ライカ ソフト ドリンク ウィッチ イズ **ノ**ット スウィート

78

静かな奥の席をお願いします。

We'd like to have a table in a quiet corner.
ウィド ライク トゥ ハヴァ テイブル イン ナ クワイエト コーナ

Tôi muốn bàn ở chỗ yên tĩnh.
トイ ムオン バン オー チョー イエン ティン

どのくらい待ちますか？

How long do we have to wait?
ハウ ロング ドゥ ウィ ハフトゥ ウェイト

Tôi phải đợi bao lâu?
トイ ファーイ ドイ バオ ロー

ベトナム語

Anh/Chị có bao nhiêu người?
アイン チ コー バオ ニュー グオイ

Bốn người.
ボン グオイ

Một người sẽ đến sau.
モッ グオイ セー デン サウ

Khoảng 30 phút nữa sẽ có chỗ.
ホアン バームオイ フッ(ト) ヌア セー コー チョー

Vậy thì chúng tôi sẽ đợi.
ヴァイ ティ チュン トイ セー ドイ

Mời quý khách đợi ở đây.
モイ クイ カッ(ク) ドイ オー デイ

Vậy khi nào có chỗ hãy gọi chúng tôi.
ヴァイ ヒー ナオ コー チョー ハイ ゴイ チュン トイ

Tôi muốn gọi đồ soft drink nhưng không ngọt.
トイ ムオン ゴイ ドー ソフ(ト) ドリン(ク) ニュン ホン ゴッ(ト)

関連単語

バー
| bar | quán bar |
| バー | クアン バー |

ドリンクメニュー
| beverage menu | menu đồ uống |
| ベヴァリジ メニュー | メニュー ドー ウオン |

メニュー
| menu | menu |
| メニュー | メニュー |

ソフトドリンク
| soft drinks | soft drink |
| ソフト ドリンクス | ソフ(ト) ドリン(ク) |

ウエーター/ウエートレス
| waiter/waitress | người phục vụ |
| ウェイタ ウェイトレス | グオイ フッ(ク) ヴ |

テーブル
| table | bàn |
| テイブル | バン |

〜人
| ~person | ~người |
| パーソン | グオイ |

トイレ
| rest room | nhà vệ sinh |
| レスト ルーム | ニャー ヴェ シン |

レストラン　店に着いて

ベトナム料理のメニュー

ベトナム料理は、辛味が強いものがあまり多くありません。テーブルの上に用意された調味料や香草、唐辛子などを各自で加え、好みの味に整えて食べます。

麺類とご飯もの

Phở bò
フォー ボー

代表的な麺料理。牛肉をのせた米麺に牛骨スープをかける。鶏バージョンもあり。

Hủ tiếu
フー ティエウ

南部で最もポピュラーな麺料理。米麺だが、こちらはコシがある。

Bún bò Huế
ブン ボー フエ

太めのビーフンを使ったフエの麺料理。豚足や豚の血を固めたものなどがのる。

Bánh đa cua
バイン ダー クア

ハイフォン発祥。茶色い平麺に、田ガニでダシをとったスープをかけて食べる。

Cao lầu
カオ ラウ

ホイアンの郷土料理。うどんに似たコシのある麺に、甘辛いタレをかける。

Bún chả
ブン チャー

焼いた豚肉や豚のつくねと香草、ビーフンを、甘酸っぱいタレにつけて食べる。

Xôi
ソイ

おこわ。固めた豆粉を削ったものや豚の角煮、煮卵などをトッピングすることも。

Cháo
チャオ

お粥に鶏肉が入ったチャオガーや魚を一緒に煮込んだチャオカーなど。

Cơm tấm
コム タム

南部の定番朝食。細かく砕いた米を炊いたご飯の上にポークリブなどをのせる。

前菜とサラダ

Gỏi cuốn
ゴイ　クオン

生春巻き。エビやニラ、ビーフンなどをライスペーパーで包んだもの。

Nem rán
ネム　ザン

北部では、こちらの揚げ春巻きのほうがポピュラー。甘酸っぱいタレで食べる。

Nem chua
ネム　チュア

居酒屋の定番つまみ。豚肉の発酵ソーセージで、揚げて食べることもある。

Nộm đu đủ
ノム　ドゥ ドゥ

露店などで、おやつ代わりに食べる人も多い、青パパイヤのサラダ。

Nộm bưởi
ノム　ブオイ

ザボンの果肉とエビなどを和え、砕いたピーナッツをかけた後味爽やかなサラダ。

Nộm hoa chuối
ノム　ホア チュオイ

バナナのつぼみを使ったサラダ。青パパイヤや鶏肉、エビなどを加えることも。

粉ものとパン類

Bánh xèo
バイン　セオ

米粉のクレープにモヤシや豚肉などが入っている。食べる際はサラダ菜に包んで。

Bánh cuốn
バイン　クオン

ひき肉やキクラゲを、モチモチした米粉の皮で巻く。ヌックマムのタレでどうぞ。

Bánh bèo
バイン　ベオ

米粉生地を小皿に入れて蒸し、エビのすり身をのせる。ヌックマムのタレで食べる。

レストラン　ベトナム料理のメニュー

81

Bánh bột lọc
バイン ボッ ロック

タピオカ粉を溶いた中にエビと豚の脂身を入れ、バナナの葉に包んで蒸したもの。

Bánh khọt
バイン コット

米粉で作る、ベトナム版タコ焼き。ただし半球形。エビや豚肉などを入れる。

Bánh mì
バイン ミー

フランスパンに魚肉ソーセージやなますなどを挟む、ベトナム風バゲットサンド。

肉料理と豆腐料理

Bò cuốn lá lốt
ボー クオン ラー ロット

牛肉ミンチに香辛料を混ぜて筒状にし、ラーロットという葉で巻いて焼いたもの。

Cánh gà chiên nước mắm
カイン ガー チエン ヌック マム

ヌックマムに香辛料を入れたタレに漬け込み、揚げた鶏の手羽先。

Nem lụi
ネム ルイ

フエの郷土料理。レモングラスの茎に豚ひき肉を巻きつけて焼いたもの。

Thịt kho
ティッ コー

豚バラ肉を、ヌックマムでトロトロになるまで煮込んだベトナム風豚の角煮。

Đậu phụ chiên trứng muối
ダウ フー チエン チュン ムオイ

ハノイでよく食べられる、豆腐に塩漬けした卵をまぶして揚げた料理。

Đậu phụ sốt cà chua
ダウ フー ソット カー チュア

豆腐をトマトやタマリンドで甘辛く煮込んだ料理。ベトナム全土で食べられる。

魚介料理

Chả cá
チャー カー

ターメリックなどで味付けしたライギョを小鍋で揚げ、ディルやネギなどを加える。

Cá kho
カー コー

醤油やヌックマムに漬け込んだ川魚を、土鍋で煮込んだ家庭料理。

Tôm sú hấp nước dừa
トム スー ハップ ヌオック ズア

エビにココナッツの果汁をかけて蒸した料理。ココナッツの器で出す店が多い。

Cua rang me
クア ザン メ

揚げたカニにタマリンドソースをからめたもの。ソフトシェルクラブのものが美味。

Cá tai tượng chiên
カー タイ トゥオン チエン

平たく大きな象の耳のような魚を揚げた、メコン地方の名物料理。

Canh chua
カイン チュア

タマリンドやトマトの酸味を効かせたスープ。具材にライギョやシジミを使う。

デザート

Chè thập cẩm
チェー タップ カム

豆の甘煮やタピオカ、ゼリーなどにシロップをかけたベトナム版あんみつ。

Tào phớ
タオ フォー

ゆるく固めた豆腐で、いわゆる豆花。シロップやココナッツミルクをかける。

Caramen/Bánh flan
カラメン バイン フラン

昔懐かしい、卵たっぷりのプリン。仏領時代に伝わった味がそのまま残る。

レストラン ベトナム料理のメニュー

メニューを読む đọc menu

■調理法 cách nấu

xào	炒める	sống	生の
hơ nóng	あぶる	cách thủy	蒸し焼きにする
luộc	茹でる	rang muối	塩揚げにする
hấp	蒸す	hun khói	燻製にする
nướng	焼く	canh chua	酸味のあるスープ
chiên/rán	揚げる	súp không cay	辛くないスープ
hầm	煮込む	có súp	汁入り
trộn	あえる	không súp	汁なし
tái	火の通った	sốt	あんかけ

■料理の種類 các loại món ăn

bít tết	ステーキ	trứng rán	ベトナム風卵焼き
thịt lợn luộc	茹で豚	đậu phụ chiên	揚げ豆腐
gà chiên	鶏肉のフライ	ngô chiên	揚げトウモロコシ
vịt quay	アヒルの丸焼き	lẩu	鍋料理
giò	ハム	cà ri Việt Nam	ベトナム風カレー
cá chiên sốt	揚げ魚のあんかけ	salad	サラダ
sò nướng	二枚貝の網焼き	rau xào	野菜炒め

84

cơm trắng コム チャン	白いご飯	bánh ngọt バイン ゴッ(ト)	ケーキ
cơm rang/ cơm chiên コム ザン コム チエン	チャーハン	kem ケム	アイスクリーム
mì xào ミー サオ	焼きソバ	sữa chua スア チュア	ヨーグルト

食材　thực phẩm
トック　ファム

■肉類　các loại thịt
カック ロアイ ティ

thịt bò ティ ボー	牛肉	ếch エッ(ク)	カエル
thịt lợn ティ ロン	豚肉	lòng ロン	モツ
thịt gà ティ ガー	鶏肉	thịt dê ティ ゼー	ヤギ
vịt ヴィッ(ト)	アヒル	pa tê パ テ	パテ

料理の注文は指差しで

都会の食堂「コムビンザン」では、ずらりと並んだバットに入ったおかずを指差して注文するだけなので、言葉ができなくとも何とかなります。

しかし、田舎の食堂では、食材と調理法を指定し、作ってもらう必要があることも。また、生簀を備えたシーフードレストランでも、食べたい魚介類を指さし、調理法を指定するスタイルが一般的です。せっかくなので、代表的な食材や調理法のベトナム語を覚えておいて、使ってみてください。

たとえば、ガー（鶏肉）ザン（揚げる）と言えば揚げた鶏肉が、ゼー（ヤギ肉）ハップ（蒸す）なら蒸されたヤギ肉が出てくるといったぐあい。エビやシャコなら、ムオイザン（塩揚げ）がおすすめです。ぜひ試してみてください。

■魚介類 các loại cá

cá	魚
cá nước ngọt	淡水魚
cá ngừ	マグロ
cá quả	ライギョ
cá lăng	ナマズ
cá saba	サバ
cá thu ngừ	マナガツオ
mực	イカ
cua	カニ
tôm hùm	ロブスター
ghẹ	ワタリガニ
tom	エビ
bề bề	シャコ
ngao	アサリ
ốc	巻貝
hàu	カキ
sò huyết	赤貝
sò điệp	帆立
sam biển	カブトガニ
vây cá mập	フカヒレ
hải sâm	ナマコ
rong biển	海苔

■野菜類 các loại rau

hành	ネギ
hành tây	タマネギ
cần tây	セロリ
măng tây	アスパラガス
bắp cải	キャベツ
củ cải đỏ	ラディッシュ
ngô	トウモロコシ
rau chân vịt	ホウレンソウ
củ cải trắng	ダイコン
cà chua	トマト
cà tím	ナス
cải thảo	白菜

súp lơ スッ(プ) ロ	ブロッコリー	rau muống ザウ ムオン	空芯菜
ớt Đà Lạt オッ ダラット	ピーマン	ngọn su su ゴン スー スー	はやと瓜の茎
khoai tây コアイ タイ	ジャガイモ	giá đỗ ザー ドー	モヤシ
khoai môn コアイ モン	タロイモ	súp lơ trắng スッ(プ) ロ チャン	カリフラワー
nấm ナム	キノコ	mướp đắng ムオッ(プ) ダン	ニガウリ
nấm hương ナム フオン	シイタケ	quả bơ クアー ボー	アボカド
mộc nhĩ モッ(ク) ニー	キクラゲ	rau thơm ザウ トム	香菜
cà rốt カー ロッ(ト)	ニンジン	măng マン	タケノコ
bí ngô ビー ゴ	カボチャ	đậu tương ダウ トゥオン	大豆
dưa chuột ズア チュオッ(ト)	キュウリ	đậu đen ダウ デン	黒豆

ベトナムの郷土料理

南北に細長い国土を持つベトナム。料理の種類や味付けなどに地域差がかなりあります。

全体に薄味で塩気が多い、ハノイを中心とした北部は、フォーやブンチャーといった麺料理の発祥の地でもあります。春巻きは揚げたタイプが一般的。山岳部には様々な少数民族が住んでいることもあり、竹で豚肉を蒸し焼きにするなどのエスニックな料理も食べられます。

それに対しホーチミンのある南部は、甘辛く濃い味付けで、生春巻きやバインセオはこちらが本場。またベトナム風バゲットサンド「バインミー」も具材の種類が豊富なのが特徴です。

王都フエを擁する中部は宮廷文化の影響か、凝った料理が多くみられます。米粉を使ったもっちり感のある食べ物が多いことでも知られています。

ベトナム北部料理

đậu xanh ダウ サイン	緑豆	đậu Hà Lan ダウ ハー ラン	エンドウ豆
đậu đỏ ダウ ドー	小豆	lạc ラッ(ク)	ピーナッツ

■香辛料 gia vị ザ ヴィ

húng chó フン チョー	ホーリーバジル	gừng グン	ショウガ
bạc hà バッ(ク) ハー	ミント	tỏi トーイ	ニンニク
húng ngọt フン ゴッ(ト)	スイートバジル	hạt tiêu ハッ ティウ	コショウ
ớt xanh オッ サイン	緑色の小唐辛子	chanh チャイン	ライム
ớt khô オッ コ	乾燥唐辛子	lá dấp tanh ラー ザッ(プ) タイン	ドクダミ
rau mùi ザウ ムイ	パクチー	xả サー	レモングラス
nghệ ゲ	ウコン	me メ	タマリンド

■果物 hoa quả ホア クア

quả sầu riêng クア ソウ ジエン	ドリアン	đu đủ ドゥ ドゥ	パパイヤ
xoài ソアイ	マンゴー	hồng ホン	柿
măng cụt マン クッ	マンゴスチン	dưa vàng ズア ヴァン	メロン
chôm chôm チョム チョム	ランブータン	dâu tây ゾウ タイ	イチゴ
quả vải クア ヴァーイ	ライチ	nho ニョー	ブドウ
dứa ズア	パイナップル	táo タオ	リンゴ
cam カム	オレンジ	chuối チュオイ	バナナ
dưa hấu ズア ハウ	スイカ	dừa ズア	ココナツ

mít ミッ(ト)	ジャックフルーツ	chanh leo チャイン レオ	パッションフルーツ
bưởi ブオイ	ザボン	na ナ	カスタード・アップル
mơ vàng モ ヴァン	アンズ	quả phật thủ クア ファッ(ト) トゥー	仏手柑
mơ モ	梅	ổi オーイ	グアヴァ
nhãn ニャン	ロンガン	khế ケー	スターフルーツ

■その他 khác カッ(ク)

trứng チュン	卵	pho mát フォー マッ(ト)	チーズ
sữa dừa スア ズア	ココナツミルク	bơ thực vật ボ トゥッ(ク) ヴァッ(ト)	マーガリン
bột sắn ボッ サン	タピオカ	bánh đa バイン ダー	ライスペーパー
sô cô la ショ コ ラ	チョコレート	mỳ Ý ミー イー	スパゲッティー
bánh tôm バイン トム	エビせんべい	gạo nếp ガオ ネッ(プ)	もち米
mật ong マッ(ト) オン	ハチミツ	gạo ガオ	白米
sữa chua スア チュア	ヨーグルト	đậu phụ ダウ フ	豆腐
kem ケム	クリーム	tổ yến トー イエン	ツバメの巣
bơ ボ	バター	dầu salat ゾウ サラッ	サラダ油

調味料 gia vị ザー ヴィ

muối ムオイ	塩	xì dầu シー ゾウ	醤油
đường ドゥオン	砂糖	dấm ザム	酢
nước mắm ヌオッ(ク) マム	魚醤（ヌックマム）	dầu vừng/dầu mè ザウ ヴン ザウ メー	ごま油

レストラン ベトナム料理のメニュー

mỳ chính ミーチン	化学調味料	mắm tôm マムトム	マムトム(小エビ発酵調味料)

飲みもの đồ uống
ドー ウオン

■アルコール飲料 đồ có cồn
ドー コー コン

bia tươi ビア トゥオイ	生ビール	rượu vang ジウ ヴァン	ワイン
whisky ウィスキー	ウィスキー	rượu cocktail ジウ コックタイ	カクテル
rượu Nhật ジウ ニャッ(ト)	日本酒	rượu nếp ジウ ネッ(プ)	もち米酒

■その他の飲み物 đồ uống khác
ドー ウオン カッ(ク)

nước cam ヌオッ(ク) カム	オレンジジュース	nước dừa ヌオッ(ク) ズア	ココナツジュース
nước mía ヌオッ(ク) ミア	さとうきびジュース	nước chanh ヌオッ(ク) チャイン	ライムジュース

ベトナム料理の名脇役ハーブ

　ベトナム料理には、実にバリエーションに富むハーブが登場します。代表的なのはミント、パクチー、オリエンタルバジルあたりでしょうか。

　特定の料理とセットで用いるハーブもあります。揚げ豆腐とシソ、チャーカーとディル、鶏鍋とパクチーファラン、魚の発酵ソースを使ったマム鍋とリモノフィラなどです。

　ヤギ肉や豚耳など、臭みのある料理にはクセの強いハーブであるドクダミ、ヘソカズラのほか、日本人にはハーブというより木の葉としか思えないタイワンモミジなどがつきものとなっています。

　また、南部と北部でハーブの使い方が異なることも。ベトナムを代表する麺料理フォーの場合、北部では始めからネギがのって出てきますが、南部ではミントやバジル、裂いた空芯菜の茎などを入れた小鉢を添えて出し、各自が好みの量を加えながら食べます。北部では、揚げ春巻きやバインセオも、たっぷりのハーブとともにライスペーパーに包む食べ方が一般的です。

nước cà chua ヌオッ(ク) カー チュア	トマトジュース	cà phê đen カー フェー デン	ブラックコーヒー
trà チャー	紅茶	coca コカ	コーラ
trà xanh チャー サイン	緑茶	so da ソ ダー	ソーダ
cà phê kiểu Mỹ カー フェー キエウ ミー	アメリカンコーヒー	sữa スア	牛乳
cà phê đá カー フェー ダー	アイスコーヒー	nước nóng ヌオッ(ク) ノン	お湯

味の表現　vị ヴィ

cay カイ	辛い	chua チュア	酸っぱい
ngọt ゴッ(ト)	甘い	vị đậm ヴィ ダム	味が濃い
mặn マン	塩辛い	vị nhạt ヴィ ニャ(ト)	味が薄い
đắng ダン	苦い	nhiều dầu ニエウ ゾウ	脂っこい
chua ngọt チュア ゴッ(ト)	甘酸っぱい	ngon ゴン	おいしい

卓上の調味料

　ベトナム料理は、近隣のアジア諸国の料理と比べて薄味で、脂分が控えめといわれています。その分、卓上に置かれた調味料で、自分好みに味付けを調整するスタイルをとっています。

　大衆食堂でよく、テーブルにのっているのは、塩、コショウ、生唐辛子、ニンニクを漬け込んだお酢など。チリソースや「シーゾウ」と呼ばれるベトナムの醤油がある店もよく見かけます。

　あらかじめ置いてはないものの、マヨネーズや、塩にライム汁をかけたものは、頼めば無料で出してくれます。最近は、日本のワサビを常備しているレストランも増えていますが、別途、料金が必要になる店もあるのでご注意ください。

ドリンクの注文

席に着くと最初に聞かれるのは飲み物の注文です。ビールのほか、ワインやもち米から作る酒も好んで飲まれています。せっかくなので地元のお酒を試してみては？

どんな飲み物がありますか？

What kind of drinks do you have ?
ワット カインド オヴ ドリンクス ドゥ ユー ハヴ

Ở đây có đồ uống gì ?
オー デイ コー ドー ウオン ジー

メニューを見せてください。

May I have a menu please ?
メイ アイ ハヴァ メニュー プリーズ

Cho tôi xem menu.
チョー トイ セム メニュー

日本語	英語
ワインはグラスで注文できますか？	Can I order wine by the glass ? キャナイ オーダ ワイン バイ ダ グラース
もう1杯おかわりをください。	May I have another one ? メイ アイ ハヴ アナダ ワン
おいくらですか？	How much is it ? ハウ マッチ イズィット
5万ドンです。	It's 50,000 Dong, ma'am. イッツ フィフティサウザン ドン マーム
それにします。	Well, I'll try it. ウェル アイル トライ イト
大変おいしいです。	This is very good. ディスィズ ヴェリ グッド
まず冷たいビールをください。	First, I'll have a cold beer. ファースト アイル ハヴァ コウルド ビア
ミネラルウォーターをください。	I'll have a mineral water. アイル ハヴァ ミネラル ウォータ
（アルコール度は）強いですか？	Is it strong ? イズィット ストロング
コーヒーを1杯ください。	I'll have a cup of coffee. アイル ハヴァ カップ オヴ コフィ

どんなお酒ですか？

What kind of liquor is it?
ワット カインド オヴ リカ イズィット

Đây là rượu gì?
デイ ラー ジオ ジー

乾杯！

Cheers!
チアーズ

Chúc sức khỏe!
チュッ(ク) スッ(ク) ホエ

ベトナム語

Tôi muốn gọi rượu vang theo ly.
トイ ムオン ゴイ ジオ ヴァン テオ リー

Cho tôi thêm một ly nữa.
チョー トイ テム モッ リー ヌア

Bao nhiêu tiền?
バオ ニュー ティエン

50,000 đồng.
ナムオイギン ドン

Tôi sẽ lấy cái này.
トイ セー レイ カイ ナイ

Rất ngon.
ザッ(ト) ゴン

Cho tôi một bia lạnh trước.
チョー トイ モッ ビア ライン チュオッ(ク)

Cho tôi một nước suối.
チョー トイ モッ ヌオッ(ク) スオイ

Loại rượu này có mạnh không?
ロアイ ジオ ナイ コー マイン ホン

Cho tôi một cốc cà phê.
チョー トイ モッ コッ(ク) カー フェー

ベトナムのビール

ベトナムは2013年のビール消費量調査で世界第10位、東南アジアでは第1位になったビール大好き国家です。シンガポールブランドのタイガーや、オランダ発祥のハイネケンも飲まれていますが、サイゴンビール、ハノイビール、333（バーバーバー）といった国産ビールも種類が豊富です。

ベトナムならではの生ビール「ビアホイ」もお忘れなく。1杯7000ドン前後の庶民派ビールです。飲ませる店もビアホイと呼ばれ、鍋をはじめ、料理も充実。席に着くと自動的に、ビアジョッキになみなみと注がれたビアホイが運ばれてきます。料理がおいしい店も多いので、ぜひ一度経験してみてください。

レストラン　ドリンクの注文

93

料理の注文

ベトナム料理では、生春巻きやサラダといった前菜、肉などの主菜、ご飯類、スープなどをバランスよく頼むのが一般的。何もいわなければ、ご飯は最後に出てきます。

おすすめ料理はどれですか？

What do you recommend ?
ワット ドゥ ユー レコメンド

Ở đây có món gì ngon ?
オー デイ コー モン ジー ゴン

この地方の名物料理は何ですか？

What is the specialty of this region ?
ワッティズ ダ スペシャルティ オヴ ディス リージョン

Món đặc sản ở vùng này là gì ?
モン ダッ(ク) サーン オー ヴン ナイ ラー ジー

日本語	英語
メニューを見せてください。	May I have a menu, please ? メイ アイ ハヴァ メニュー プリーズ
日本語(英語)のメニューはありますか？	Do you have a menu in Japanese (English) ? ドゥ ユー ハヴァ メニュー イン ジャパニーズ イングリッシュ
注文をお願いします。	I'd like to order, please. アイド ライク トゥ オーダ プリーズ
[テーブルの料理を指して] あれと同じものをください。	The same as that, please. ダ セイム アズ ダット プリーズ
この料理を分けあって食べたいので取り皿をください。	We want to share this food. ウィ ウォント トゥ シェア ディス フード Could you bring us some small plates ? クジュー ブリングアス サム スモール プレイツ
これはどんな料理ですか？	What kind of dish is this ? ワット カインド オヴ ディッシュ イズ ディス
辛い料理はどれですか？	Which are the hot dishes ? ウィッチ アー ダ ホット ディッシズ
塩分を少なくしてください。	Do not use much salt, please. ドゥ ノット ユーズ マッチ ソールト プリーズ
注文を変えてもいいですか？	May I change my order ? メイ アイ チェインジ マイ オーダ

生春巻きはありますか？

Do you have Summer roll ?
ドゥ ユー ハヴ **サ**マー ロール

Có món nem cuốn không ?
コー モン ネム クオン ホン

[メニューを指して] これをください。

I'll have this.
アイル ハヴ ディス

Tôi gọi món này.
トイ ゴイ モン ナイ

ベトナム語

Cho tôi xem menu.
チョー トイ セム メニュー

Có menu tiếng Nhật (tiếng Anh) không ?
コー メニュー ティエン ニャッ(ト) ティエン アイン ホン

Tôi muốn gọi món.
トイ ムオン ゴイ モン

Cho tôi món giống như thế này.
チョー トイ モン ゾン ニュー テー ナイ

Chúng tôi muốn chia món này ra,
チュン トイ ムオン チア モン ナイ ザー
mang cho tôi một cái đĩa nữa.
マン チョー トイ モッ カイ ディア ヌア

Món này là món gì ?
モン ナイ ラー モン ジー

Món nào cay ?
モン ナオ カイ

Cho tôi ít mặn thôi.
チョー トイ イッ マン トーイ

Tôi có thể đổi món đã gọi không ?
トイ コー テー ドーイ モン ダー ゴイ ホン

関連単語

得意料理

| favorite cooking | món yêu thích |
| フェイヴァリト クッキング | モン イエウ ティッ(ク) |

名物料理

| specialty | món đặc sản |
| スペシャルティ | モン ダッ(ク) サーン |

辛い/辛くない

| hot/mild | cay/không cay |
| ホット マイルド | カイ ホン カイ |

注文

| order | gọi món |
| オーダ | ゴイ モン |

1人前

| for one person | một suất |
| フォー ワン パーソン | モッ スアッ(ト) |

小皿

| small plate | đĩa nhỏ |
| スモール プレイト | ディア ニョー |

英語のメニュー

| menu in English | menu tiếng Anh |
| メニュー イン イングリッシュ | メニュー ティエン アイン |

日本語のメニュー

| menu in Japanese | menu tiếng Nhật |
| メニュー イン ジャパニーズ | メニュー ティエン ニャッ(ト) |

95

食事中のフレーズ

外国人客が多い高級レストランを除き、ベトナム人は箸とスプーンを使って食べることがほとんどです。特に難しいマナーはないので、ワイワイ楽しく食べましょう。

これを下げてください。

Could you please take this away?
クジュー プリーズ テイク ディス アウェイ

Dọn bàn giúp tôi.
ゾン バン ズップ トイ

塩をもらえますか？

Could I have some salt, please?
クッダイ ハヴ サム ソールト プリーズ

Cho tôi muối.
チョー トイ ムオイ

日本語	英語
これの食べ方を教えてください。	Could you tell me how to eat this? クジュー テル ミー ハウ トゥ イート ディス
フォークを落としてしまいました。	I dropped my fork. アイ ドロップト マイ フォーク
～を追加で注文します。	I'd like to order some more ～. アイド ライク トゥ オーダ サム モア
これは材料に何を使っているのですか？	What are the ingredients for this? ワット アー ディ イングリーディエンツ フォー ディス
デザートのメニューをください。	Can I have a dessert menu? キャナイ ハヴァ ディザート メニュー
軽いデザートはどれですか？	Which is a light dessert? ウィッチ イザ ライト ディザート
残りを持ち帰りにできますか？	Can I take out the rest? キャナイ テイク アウト ダ レスト
これは注文していません。	I didn't order this. アイ ディドゥント オーダ ディス
生焼けです。	I think it is still raw. アイ シンク イティーズ スティル ロー

96

| すみません。お水をください。 |

Excuse me, can I have some water?
イクス**キュー**ズ ミー キャナイ ハヴ サム **ウォー**タ

Xin lỗi, cho tôi ít nước.
シン ローイ チョー トイ イッ ヌオッ(ク)

| 魚醬（ヌックマム）はありますか？ |

Do you have any fish sauce?
ドゥ ユー ハヴ エニ **フィッ**シュ ソース

Có nước mắm không?
コー ヌオッ(ク) マム ホン

ベトナム語

Hướng dẫn tôi cách ăn món này.
フオン ザン トイ カッ(ク) アン モン ナイ

Tôi làm rơi cái dĩa.
トイ ラム ゾイ カイ ジア

Tôi muốn gọi thêm món ~.
トイ ムオン ゴイ テム モン

Món này dùng nguyên liệu gì?
モン ナイ ズン グエン リョ ジー

Cho tôi xem menu món tráng miệng.
チョー トイ セム メニュー モン チャン ミエン

Đâu là món tráng miệng nhẹ?
ダウ ラー モン チャン ミエン ニェ

Đồ còn lại tôi mang về được không?
ドー コン ライ トイ マン ヴェー ドゥオッ(ク) ホン

Tôi không gọi món này.
トイ ホン ゴイ モン ナイ

Món này chưa chín.
モン ナイ チュア チン

関連単語

スプーン

| spoon | thìa |
| スプーン | ティア |

取り皿

| plate | đĩa |
| プレイト | ディア |

グラス

| glass | cốc / ly |
| グラース | コッ(ク) リー |

塩

| salt | muối |
| ソールト | ムオイ |

粉唐辛子

| chili pawder | ớt bột |
| チリ パウダ | オッ ボッ(ト) |

箸

| chopsticks | đũa |
| チョップスティックス | ドゥア |

小椀

| small bowl | bát con |
| スモール ボウル | バッ(ト) コン |

香菜

| herb | rau thơm |
| ハーブ | ザウ トム |

レストラン 食事中のフレーズ

97

支払い

食事が終わった後、テーブルに座ったままウエーターを呼び、勘定書を持ってきてもらいます。高級レストラン以外はカードが使えませんので現金は常に用意しておきましょう。

お勘定をお願いします。

(May I have the) Check (Bill), please.
メイ アイ ハヴ ダ チェック ビル プリーズ

Cho tôi tính tiền.
チョー トイ ティン ティエン

サービス料は含まれていますか？

Is the service charge included ?
イズ ダ サーヴィス チャージ インクルーディド

Tiền này gồm cả phí dịch vụ rồi đúng không ?
ティエン ナイ ゴム カー フィー ジッ(ク) ヴ ゾーイ ドゥン ホン

日本語	英語
私が払います。	I'll take care of the bill. アイル テイク ケア オヴ ダ ビル
支払いは別々にお願いします。	We'd like to pay separately. ウィド ライク トゥ ペイ セパレトリ
勘定が間違っているようです。	I'm afraid the check is wrong. アイム アフレイド ダ チェック イズ ロング
この料金は何ですか？	What's this charge for ? ワッツ ディス チャージ フォー
税込みですか？	Does that include tax ? ダズ ダット インクルード タクス
現金で払います。	I'd like to pay in cash. アイド ライク トゥ ペイ イン キャシュ
どこにサインをしますか？	Where should I sign ? ウェア シュダイ サイン
領収証をください。	May I have the receipt, please ? メイ アイ ハヴ ダ リスィート プリーズ
おつりが違っているようです。	I think you gave me the wrong change. アイ スィンク ユー ゲイヴ ミー ダ ロング チェインジ
とてもおいしかったです。	It was very delicious. イト ウォズ ヴェリ ディリシャス

［ホテルのレストランで］部屋に勘定を付けておいてください。

Will you charge it to my room, please ?
ウィル ユー **チャージッ** トゥ マイ **ルーム** プリーズ

Tính vào tiền phòng cho tôi.
ティン ヴァオ ティエン フォン チョー トイ

クレジットカードで支払えますか？

Do you accept credit cards ?
ドゥ ユー **アクセプト** クレディット カーズ

Tôi trả bằng thẻ tín dụng được không ?
トイ チャー バン テー ティン ズン ドゥオッ(ク) ホン

ベトナム語

Tôi sẽ trả.
トイ セー チャー

Chúng tôi trả riêng.
チュン トイ チャー ジエン

Hình như tính nhầm.
ヒン ニュー ティン ニャム

Món này bao nhiêu tiền ?
モン ナイ バオ ニュー ティエン

Đã gồm thuế chưa ?
ダー ゴム トゥエー チュア

Tôi sẽ trả bằng tiền mặt.
トイ セー チャー バン ティエン マッ(ト)

Tôi phải kí ở đâu ?
トイ ファーイ キー オー ダウ

Cho tôi hóa đơn.
チョー トイ ホア ドン

Đưa nhầm tiền trả lại cho tôi rồi.
ドゥア ニャム ティエン チャー ライ チョー トイ ゾーイ

Rất ngon.
ザッ(ト) ゴン

支払いとチップ

ベトナムでは、食後に座席で支払うのが一般的です。食べ終わったら、「エム オーイ」（男女問わず、店員が自分より年下の場合）、「チ オーイ」（店員が年上女性の場合）、「アイン オーイ」（店員が年上男性の場合）と呼びかけ、精算を意味する「ティン ティエン」と告げましょう。左手に持ったメモを右手で書くジェスチャーでも通じます。

伝票を受け取ったら、内訳のチェックを忘れずに。ベトナム語がわからない場合も、注文した料理の数だけでも確認した方が無難です。故意でなくとも、頼んでいない料理が入っていたり、ドリンクの数が間違っていることがよくあります。使っていない有料のお手拭が伝票に入っていたり、着席時に運ばれてくるピーナッツを食べなかったのに請求されたりということも。おつりの計算間違いにも気をつけましょう。

なお、チップは基本的には不要です。高級店では必要な店もありますが、たいていは、あらかじめ伝票にサービス料として加算してあります。

レストラン　支払い

カフェで

濃厚な味と香りが楽しめるベトナムコーヒー。街のあちこちにカフェがあるので、いつでもどこでも楽しむことができます。ホーチミンには屋台のカフェもたくさんあります。

[席で給仕の注意をひこうと] お願いします。

Excuse me.
イクス**キューズ** ミー

Anh/Chị ơi.
アイン チ オーイ

練乳入りの冷たいコーヒーをください。

One iced coffee with condensed milk, please.
ワン アイスト **コフィ** ウィズ コンデンスト ミルク プリーズ

Cho tôi cà phê nâu đá.
チョー トイ カー フェー ナウ ダー

日本語	英語
このテーブルは空いていますか？	Is this table free ? イズ ディス テイブル フリー
メニューをください。	May I have a menu, please ? メイ アイ ハヴァ **メニュー** プリーズ
暖かいコーヒーをください。	One hot coffee, please. ワン **ホット コフィ** プリーズ
水を付けてください。	With a glass of water, please. ウィザ グラース オヴ **ウォータ** プリーズ
何時までやっていますか？	What time do you close ? **ワッタイム** ドゥ ユー クロウズ
レモン（ミルク）ティーをください。	Tea with lemon (milk), please. ティー ウィズ レモン ミルク プリーズ
テーブル（カウンター）で飲みます。	I'll drink at the table (counter). アイル ドリンク アト ダ **テイブル カ**ウンタ
あなたが飲んでいるものは何ですか？	What are you drinking ? ワット アー ユー ド**リ**ンキング
それと同じものをください。	I'll have the same thing. アイル ハヴ ダ セイム スィング

100

何か食べるものはありますか？

Do you have any foods ?
ドゥ ユー ハヴ エニ フーズ

Ở đây có đồ ăn không ?
オー デイ コー ドー アン ホン

もう1杯ください。

Can I have another one, please ?
キャナイ ハヴ アナダ ワン プリーズ

Cho tôi thêm một cốc nữa.
チョー トイ テム モッ コッ(ク) ヌア

ベトナム語

Bàn này còn trống không ?
バン ナイ コン チョン ホン

Cho tôi xem menu.
チョー トイ セム メニュー

Cho tôi cà phê nóng.
チョー トイ カー フェー ノン

Cho tôi một cốc nước.
チョー トイ モッ コッ(ク) ヌオッ(ク)

Mấy giờ cửa hàng đóng cửa ?
マイ ゾー クーア ハン ドン クーア

Cho tôi một cốc trà với
チョー トイ モッ コッ(ク) チャー ヴォイ
chanh (sữa).
チャイン スア

Tôi sẽ uống ở bàn (counter).
トイ セー ウオン オー バン カウンター

Anh/Chị đang uống gì đấy ?
アイン チ ダン ウオン ジー デイ

Cho tôi giống như vậy.
チョー トイ ゾン ニュー ヴァイ

カフェの利用法

かつてフランス植民地だったベトナムでは、カフェがとても普及しています。ホーチミンでは路上に小さな椅子だけを並べた路上カフェも目に付くほどです。

ベトナムコーヒーは苦味と香りが強く、深めに煎った豆を、無数の穴を開けた独特のアルミ製フィルターでこしています。地元の人は練乳をたっぷり入れますが、日本人には少し甘過ぎるかもしれません。甘さ控えめにしたい人は、注文時にイッ スア（少しのミルク）と言って、練乳を減らしてもらいましょう。

ホットコーヒーを注文したいならカフェ ノン、ブラックをアイスで飲みたい場合はカフェ ダー、練乳入りアイスコーヒーはカフェ ノウ ダーとなります。カフェ ノウ ダーを注文すると、コーヒーフィルターが乗ったカップと、氷の入ったコップが一緒に運ばれてきます。抽出が終わったら、スプーンでコーヒーと練乳をしっかり混ぜ、コップへ移して飲みます。この手間と待ち時間が、ベトナムコーヒーの楽しみのひとつといえます。

レストラン カフェで

屋台で

ベトナムの庶民の味を安く味わうなら、屋台や大衆食堂がおすすめ。食堂ではずらりと並んだ惣菜を指差しで注文。お皿に盛ったご飯の上にのせて持ってきてくれます。

先払いですか？

Is it advance payment?
イズイット アドヴァンス ペイメント

Trả trước à?
チャー チュオッ(ク) アー

持ち帰りでお願いします。

To go (Take out), please.
トゥ ゴウ テイク アウト プリーズ

Cho tôi mang về.
チョー トイ マン ヴェー

日本語	英語
[指で差して]これとこれを入れてください。	Please put this and that. プリーズ プット ディス アンド ダット
辛くして（しないで）ください。	I want it hot (mild). アイ ウォンティト ホット マイルド
それは入れないでください。	Don't put that, please. ドント プット ダット プリーズ
これは何ですか？	What is that? ワッティズ ダット
どんな味ですか？	What does it taste like? ワット ダズィット テイスト ライク
箸はありますか？	Do you have chopsticks? ドゥ ユー ハヴ チョップスティックス
このフルーツ（ジュース）をください。	I want this fruit (juice). アイ ウォント ディス フルート ジュース
おかわりをください。	I want another. アイ ウォント アナダ
ココナツアイスクリームを2つください。	I'd like two coconut ice-creams. アイド ライク トゥー ココナット アイスクリームス
持って帰れるようにしてください。	I want to take out. アイ ウォント トゥ テイク アウト

[指で差して] これをください。

Give me this, please.
ギヴ ミー ディス プリーズ

Cho tôi lấy cái này.
チョー トイ レイ カイ ナイ

スープは何がありますか？

What kind of soup do you have?
ワット カインド オヴ スープ ドゥ ユー ハヴ

Có súp gì?
コー スッ(プ) ジー

ベトナム語

Làm ơn cho cái này và cái này vào.
ラム オン チョー カイ ナイ ヴァー カイ ナイ ヴァオ

Tôi muốn món này cay (không cay).
トイ ムオン モン ナイ カイ ホン カイ

Đừng cho cái này vào.
ドゥン チョー カイ ナイ ヴァオ

Đây là cái gì?
デイ ラー カイ ジー

Vị món này thế nào?
ヴィ モン ナイ テー ナオ

Có đũa không?
コー ドゥア ホン

Cho tôi quả (nước ép) này.
チョー トイ クアー ヌオッ(ク) エッ(プ) ナイ

Cho tôi thêm nữa.
チョー トイ テム ヌア

Cho tôi hai kem dừa.
チョー トイ ハイ ケム ズア

Tôi muốn mang món này đi.
トイ ムオン マン モン ナイ ディー

ベトナムの屋台

　近年、大きな道路での屋台の出店が禁止されるなど、規制が進みつつありますが、ベトナムはまだまだ屋台天国。屋台でしか味わえない料理も多く、ベトナム料理は屋台抜きにして語れないほどです。

　同じ通りでも朝と昼、夜で出ている屋台が違うことも多々あります。朝に多いのはフォーやおこわ、バイン ミー、バイン クオンといった朝食メニューを出すお店。軽めの料理が多いのが特徴です。

　昼になると、同じ麺類でも具材がたっぷりのった麺料理が目に付きます。おやつ時に見かけるのは、青パパイヤサラダのノム ドゥドゥや、ベトナム風ぜんざいチェーなど。夜ともなると、仲間や家族でわいわいがやがやと、焼き鳥やバーベキュー、鍋料理をお酒とともに楽しむ集団が、繁華街の路上にあふれます。食の国ベトナムならではの光景です。

　屋台料理を集めたフードコートもあるので、お腹に自信のない人は、そういった店で屋台気分を味わうのもおすすめです。

103

レストランでのトラブル

注文したのになかなか来ない、違うものが来たなど、レストランでもちょっとしたトラブルはつきものです。しかし苦情や希望ははっきりと伝えるようにしましょう。

テーブルの上を片づけてください。

Please clear the table.
プリーズ　クリア　ダ　テイブル

Lau bàn giúp tôi.
ラウ　バン　ズップ　トイ

次の予定がありますので急いでください。

I have to leave soon. Could you please hurry up?
アイ　ハフトゥ　リーヴ　スーン　クジュー　プリーズ　ハリ　アップ

Tôi phải đi ngay bây giờ, nhanh giúp tôi.
トイ　ファーイ　ディー　ガイ　バイ　ゾー　ニャイン　ズップ　トイ

日本語	英語
確かに予約を入れてあります。	I'm sure I had a reservation. アイム　シュア　アイ　ハダ　レザヴェィション
注文したものが来ていません。	My order hasn't come yet. マイ　オーダ　ハズント　カム　イェット
もう30分も待っています。	I've been waiting for thirty minutes. アイヴ　ビン　ウェイティング　フォー　サーティ　ミニッツ
コーヒーを2つ頼んだのですが。	I ordered two cups of coffee. アイ　オーダド　トゥー　カップス　オヴ　コフィ
注文を確かめてください。	Can you please check my order? キャニュー　プリーズ　チェック　マイ　オーダ
新しいのと取り替えてください。	Please change this for new one. プリーズ　チェインジ　ディス　フォー　ニュー　ワン
グラスが汚れています。	The glass isn't clean. ダ　グラース　イズント　クリーン
デザートの注文を取り消してもいいですか？	Could you cancel my dessert order? クジュー　キャンスル　マイ　ディザート　オーダ

104

フォークをもう1本ください。

Can I have another fork, please ?
キャナイ ハヴ ア**ナ**ダ **フォーク** プリーズ

Cho tôi một cái dĩa khác.
チョー トイ モッ カイ ジア カッ(ク)

これは注文していません。

I don't think I ordered this.
アイ ドント スィンク アイ **オー**ダド ディス

Tôi không gọi món này.
トイ ホン ゴイ モン ナイ

ベトナム語

Tôi chắc chắn đã đặt bàn trước rồi.
トイ チャク チャン ダー ダッ(ト) バーン チュオッ(ク) ゾーイ

Món tôi gọi vẫn chưa mang ra.
モン トイ ゴイ ヴァン チュア マン ザー

Tôi đã đợi 30　　phút rồi.
トイ ダー ドイ バームオイ フッ ゾーイ

Tôi đã gọi hai cốc cà phê.
トイ ダー ゴイ ハイ コッ(ク) カー フェー

Xác nhận lại gọi đồ cho tôi.
サッ(ク) ニャン ライ ゴイ ドー チョー トイ

Cho tôi đổi đồ mới.
チョー トイ ドーイ ドー モーイ

Cái cốc này bị bẩn.
カイ コッ(ク) ナイ ビ バーン

Tôi có thể hủy món tráng
トイ コー テー フイ モン チャン
miệng không ?
ミエン ホン

レストランでのマナー

ベトナムのレストランでは、注文の仕方にも食べ方にも、これといったルールはありません。また、よほどの格式の高いレストランでない限り、普段着のままで気軽に入ることができます。とはいえ、やはり、気をつけたいことがいくつかあります。

■ウエーターを呼ぶ時は、指を鳴らしたり大声で叫んだりせず、軽く手を挙げるか、近くに来たときに静かに呼び止めます。むこうもちょっとした仕草ですぐに気付いてくれます。

■タバコを吸えるレストランは比較的ありますが、欧米人が多い店では分煙が一般的なので、予約の際には確認を。

■スプーンやフォークでガチャガチャと大きな音を立てて食べたり、麺類をズルズルと音を立ててすする、食器に直接口をつけてスープを飲む、食器を持ち上げて食べることは行儀が悪いとみなされます。

レストラン　レストランでのトラブル

105

観光

SIGHTSEEING / DU LỊCH

道を尋ねる

ベトナム人に道を尋ねるとたいてい親切に教えてくれますが、観光客目当てにひと儲けしようと必要以上に親切にしてくる人もいるので要注意です。

最寄りの駅へ行く道を教えてください。

Could you tell me the way to the nearest station?
クジュー　　　テル ミー ダ　ウェイ トゥ ダ　ニアレスト　ステイション

Cho tôi hỏi đường đến ga gần nhất.
チョー トイ ホーイ ドゥオン　デン ガー ガン ニャッ(ト)

ベンタイン市場はどっちですか？

Which way to Ben Thanh Market?
ウィッチ　ウェイ トゥ ベン　タイン　マーキト

Đường nào đến chợ Bến Thành?
ドゥオン　ナオ デン チョ ベン　タイン

日本語	英語
[地図を見せて]現在位置を教えてください。	Could you show me where I am on this map? クジュー　　ショウ ミー ウェア アイ アム　オン ディス マップ
ダムセン公園はここから遠いですか？	Is Dam Sen Park far from here? イズ ダム セン パーク ファー フロム ヒア
あそこですよ。	It's over there. イッツ オウヴァ デア
左側ですか、右側ですか？	Is it on the left or right? イズィット オン ダ レフト オア ライト
道に迷ってしまいました。	I'm lost. アイム ロスト
ここは何という通りですか？	What street is this? ワット ストリート イズ ディス
この近くに公衆トイレはありますか？	Is there a public rest room near here? イズ デアラ パブリク レスト ルーム ニア ヒア

106

道を尋ねる時は、なるべくお店の人か警察官などに聞くとよいでしょう。
通りすがりの人も教えてはくれますが、全然知らないのに「あっちだ」などと教えられてしまう可能性もありますから、複数の人に確認するほうが無難です。

オペラハウスへ行くにはこの道でいいですか？

Is this the right way to Opera House ?
イズ ディス ダ ライト ウェイ トゥ オペラ ハウス

Đường này đến Nhà Hát Lớn được không ?
ドゥオン ナイ デン ニャー ハッ(ト) ロン ドゥオック ホン

チョロンまで距離はどれくらいですか？

How far is Cho Lon from here ?
ハウ ファー イズ チョ ロン フロム ヒア

Chợ Lớn cách đây bao xa ?
チョ ロン カッ(ク) デイ バオ サー

ベトナム語

Bây giờ tôi đang ở đâu ?
バイ ゾー トイ ダン オー ダウ

Công viên Đầm Sen có xa đây không ?
コン ヴィエン ダム セン コー サー デイ ホン

Ở đằng kia.
オー ダン キア

Bên trái hay bên phải ?
ベン チャイ ハイ ベン ファーイ

Tôi bị lạc.
トイ ビ ラッ(ク)

Đây là phố gì ?
デイ ラー フォー ジー

Gần đây có nhà vệ sinh công cộng không ?
ガン デイ コー ニャー ヴェ シン コン コン ホン

関連単語

〜の手前
in front of 〜 / phía trước 〜
イン フロント オヴ / フィア チュオッ(ク)

〜の隣
next to 〜 / bên cạnh〜
ネクス トゥ / ベン カイン

〜の裏
in back of 〜 / đằng sau〜
イン バック オヴ / ダン サウ

〜の正面
(be) front of 〜 / trước mặt〜
ビー フロント オヴ / チュオッ(ク) マッ(ト)

右(左)に曲がる
turn to the right (left) / rẽ phải (trái)
ターン トゥ ダ ライト レフト / ゼー ファーイ チャーイ

まっすぐに行く
go straight / đi thẳng
ゴウ ストレイト / ディー タン

観光 道を尋ねる

観光案内所で

空港や街中に小さな観光案内所はありますが、情報に乏しいことが多いので、日系旅行会社が運営するツアーデスクやホテルのフロントで情報を得るとよいでしょう。

観光地図をください。

Can I have a sightseeing map ?
キャナイ ハヴァ サイトスィーイング マップ

Cho tôi bản đồ du lịch.
チョー トイ バン ドー ズー リッ(ク)

観光ツアーのパンフレットはありますか？

Are there any brochures for sightseeing tours ?
アー デア エニ ブロウシュアズ フォー サイトスィーイング トゥアズ

Ở đây có tờ rơi hướng dẫn du lịch không ?
オー デイ コー トー ゾイ フオン ザン ズー リッ(ク) ホン

日本語	英語
日本語のガイドが付くツアーはありますか？	Are there any tours with Japanese-speaking guides ? アー デア エニ トゥアズ ウィズ ジャパニーズスピーキング ガイズ
ディナークルーズの付いたツアーはありますか？	Do you have a tour that includes a dinner cruise ? ドゥ ユー ハヴァ トゥア ダット インクルーズ ア ディナ クルーズ
国立歴史博物館は何時に開館（閉館）しますか？	What time does the National Museum of Histry open (close) ? ワッタイム ダズ ダ ナショヌル ミューズィアム オヴ ヒストリ オウプン クロウズ
ここでチケットが買えますか？	Can I get a ticket here ? キャナイ ゲッタ ティキト ヒア
割引チケットはありますか？	Do you have some discount tickets ? ドゥ ユー ハヴ サム ディスカウント ティキツ
ショッピングセンターはどこですか？	Where is the shopping center ? ウェアリズ ダ ショッピング センター
このあたりに市場はありますか？	Is there a market around here ? イズ デアラ マーキト アラウンド ヒア

バスの路線図はありますか？

Do you have a bus route map ?
ドゥ ユー ハヴァ バス ルート マップ

Ở đây có bản đồ lộ trình xe buýt không ?
オー デイ コー バーン ドー ロ チン セー ブイッ ホン

ここの見どころを教えてください。

Could you recommend some interesting places ?
クジュー レコメンド サム インテレスティング プレイスィズ

Chỉ cho tôi vài điểm tham quan.
チー チョー トイ ヴァイ ディエム タム クアン

ベトナム語

Có tour hướng dẫn viên
コー トゥア フオン ザン ヴィエン
nói tiếng Nhật không ?
ノイ ティエン ニャッ(ト) ホン

Ở đây có tour bao gồm
オー デイ コー トゥア バオ ゴム
ăn tối trên tàu không ?
アン トイ チェン タウ ホン

Mấy giờ Bảo Tàng Lịch Sử
マイ ゾー バオ タン リッ(ク) スー
quốc gia mở (đóng) cửa ?
クオッ(ク) ザー モー ドン クーア

Mua vé ở đây được không ?
ムア ヴェー オー デイ ドゥオッ(ク) ホン

Ở đây có phiếu giảm giá không ?
オー デイ コー フィエウ ザーム ザー ホン

Trung tâm thương mại ở đâu ?
チュン タム トゥオン マイ オー ダウ

Có chợ nào ở quanh đây không ?
コー チョー ナオ オー クアイン デイ ホン

関連単語

観光パンフレット

| sightseeing brochure | tờ hướng dẫn du lịch |
| サイトスィーイング ブロウシュア | トー フオン ザン ズー リッ(ク) |

観光ツアー

| sightseeing tour | tour du lịch |
| サイトスィーイング トゥア | トゥア ズー リッ(ク) |

個人

| individual | khách lẻ |
| インディヴィジュアル | カッ(ク) レー |

団体

| group | khách đoàn |
| グループ | カッ(ク) ドアン |

チケット

| ticket | vé |
| ティキト | ヴェー |

入場料

| admission fee | phí vào cửa |
| アドミッション フィー | フィー ヴァオ クーア |

無料

| free of charge | miễn phí |
| フリー オヴ チャージ | ミエン フィー |

開館(閉館)時刻

| opening (closing) times | giờ mở (đóng) cửa |
| オウプニング クロウズィング タイムズ | ゾー モー ドン クーア |

観光 観光案内所で

109

ツアーに参加

観光地を効率良く見てまわりたい時には、ツアーが便利です。特に交通の便が悪い所や、女性1人だけで行きにくい所を楽しみたい場合などは、ツアーの方が経済的です。

観光ツアーに参加したいのです。

I'd like to go on a sightseeing tour.
アイド ライク トゥ ゴウ オン ア サイトスィーイング トゥア

Tôi muốn đi theo tour ghép.
トイ ムオン ディー テオ トゥア ゲッ(プ)

出発は何時ですか？

What time do you leave ?
ワッタイム ドゥ ユー リーヴ

Mấy giờ xuất phát ?
マイ ゾー スアッ(ト) ファッ(ト)

日本語	英語
半日のコースにはどんなものがありますか？	What kind of half-day tours do you have ? ワット カインド オヴ ハーフデイ トゥアズ ドゥ ユー ハヴ
食事は付いていますか？	Is lunch included ? イズ ランチ インクルーディド
このツアーは毎日ありますか？	Do you have this tour everyday ? ドゥ ユー ハヴ ディス トゥア エヴリデイ
別のツアーはありますか？	Do you have any other tours ? ドゥ ユー ハヴ エニ アダ トゥアズ
博物館を見る時間はどれくらいありますか？	How much time do we have at the museum ? ハウ マッチ タイム ドゥ ウィ ハヴ アト ダ ミューズィアム
ベンタイン市場で自由時間はありますか？	Do we have any free time at Ben Thanh Market ? ドゥ ウィ ハヴ エニ フリー タイム アト ベン タイン マーキト
料金はいくらですか？	How much is it ? ハウ マッチ イズィット
日本語のガイドは付きますか？	Do we have a Japanese-speaking guide ? ドゥ ウィ ハヴァ ジャパニーズスピーキング ガイド
ホテルまで迎えに来てもらえますか？	Can you pick me up at the hotel ? キャニュー ピック ミー アップ アト ダ ホウテル

どこから出発しますか？

Where does it start?
ウェア　ダズィット　スタート

Xuất phát ở đâu?
スアッ(ト)　ファッ(ト)　オー　ダウ

何時に戻りますか？

What time will we come back?
ワッタイム　ウィル　ウィ　カム　バック

Mấy giờ sẽ quay lại?
マイ　ゾー　セー　クアイ　ライ

ベトナム語

Có những loại tour nửa ngày nào?
コー　ニュン　ロアイ　トゥア　ヌア　ガイ　ナオ

Có bao gồm ăn trưa không?
コー　バオ　ゴム　アン　チュア　ホン

Hàng ngày có tour này không?
ハン　ガイ　コー　トゥア　ナイ　ホン

Có tour nào khác không?
コー　トゥア　ナオ　カッ(ク)　ホン

Ở bảo tàng được bao lâu?
オー　バオ　タン　ドゥオッ(ク)　バオ　ロー

Có thời gian tự do
コー　トイ　ザン　トゥ　ゾー
ở chợ Bến Thành không?
オー　チョ　ベン　タイン　ホン

Bao nhiêu tiền?
バオ　ニュー　ティエン

Có hướng dẫn viên tiếng Nhật không?
コー　フオン　ザン　ヴィエン　ティエン　ニャッ(ト)　ホン

Có thể đón tôi ở khách sạn không?
コー　テー　ドン　トイ　オー　カッ(ク)　サン　ホン

関連単語

旅行代理店

travel agency　　đại lý du lịch
トラヴェル　エイジェンスィ　ダイ　リー　ズー　リッ(ク)

ツアー料金

tour fare　　giá tour
トゥア　フェア　　ザー　トゥア

ガイド料

guide fee　　phí hướng dẫn
ガイド　フィー　　フィー　フオン　ザン

ガイド付きツアー

guided tour　　tour có hướng dẫn
ガイディド　トゥア　　トゥア　コー　フオン　ザン

観光クルーズ

sightseeing cruise　　tàu du lịch
サイトスィーイング　クルーズ　タウ　ズー　リッ(ク)

日本語のガイド

Japanese-speaking guide　　hướng dẫn tiếng Nhật
ジャパニーズスピーキング　ガイド　　フオン　ザン　ティエン　ニャッ(ト)

夜のツアー

night tour　　tour đêm
ナイト　トゥア　　トゥア　デム

食事込み

meal included　　bao gồm ăn
ミール　インクルーディド　　バオ　ゴム　アン

観光　ツアーに参加

111

観光地で

博物館などは休館日や開館時間が季節によって変わるところもあるので事前に調べておくことが大切です。展示品を見るときはマナーを守って静かに見学しましょう。

入場は有料ですか？

Is there a charge for admission ?
イズ デアラ **チャージ** フォー アドミッション

Có mất phí vào cửa không ?
コー マッ(ト) フィー ヴァオ クーア ホン

入場料はいくらですか？

How much is the admission fee ?
ハウ **マッチ** イズ ディ アドミッション フィー

Phí vào cửa bao nhiêu tiền ?
フィー ヴァオ クーア バオ ニュー ティエン

日本語	英語
チケットはどこで買えますか？	Where can I buy a ticket ? ウェア キャナイ バイ ア ティキト
無料のパンフレットはありますか？	Do you have a free brochure ? ドゥ ユー ハヴァ フリー ブロウシュア
日本語のパンフレットはありますか？	Do you have a brochure in Japanese ? ドゥ ユー ハヴァ ブロウシュア イン ジャパニーズ
その荷物は持ち込みできません。	You can't take that baggage with you. ユー **キャント** テイク ダット バギジ ウィズ ユー
荷物を預かってください。	I'd like to check this baggage. アイド ライク トゥ **チェック** ディス バギジ
内部は見学できますか？	Can I take a look inside ? キャナイ テイカ ルック インサイド
入ってもいいですか？	Can I get in ? キャナイ **ゲッティン**
出口はどこですか？	Where is the exit ? **ウェアリズ** ディ **エグズィット**
トイレはどこですか？	Where is the rest room ? **ウェアリズ** ダ レスト ルーム
おみやげ店はどこですか？	Where is the gift shop ? **ウェアリズ** ダ **ギフト** ショップ

112

大人2枚(学生1枚)ください。

Two adults (One student), please.
トゥー アダルツ ワン ステューデント プリーズ

Cho tôi hai vé người lớn (một sinh viên).
チョー トイ ハイ ヴェー グオイ ロン モッ シン ヴィエン

閉館時刻は何時ですか？

What time do you close ?
ワッタイム ドゥ ユー クロウズ

Mấy giờ thì đóng cửa ?
マイ ゾー ティー ドン クーア

ベトナム語

Tôi có thể mua vé ở đâu ?
トイ コー テー ムア ヴェー オー ダウ

Có tờ rơi miễn phí không ?
コー トー ゾーイ ミエン フィー ホン

Có tờ rơi bằng tiếng Nhật không ?
コー トー ゾーイ バン ティエン ニャッ(ト) ホン

Không được mang hành lý theo.
ホン ドゥオッ(ク) マン ハイン リー テオ

Cho tôi gửi hành lý.
チョー トイ グーイ ハイン リー

Tôi xem bên trong được không ?
トイ セム ベン チョン ドゥオッ(ク) ホン

Tôi vào được không ?
トイ ヴァオ ドゥオッ(ク) ホン

Lối ra ở đâu ?
ロイ ザー オー ダウ

Nhà vệ sinh ở đâu ?
ニャー ヴェ シン オー ダウ

Cửa hàng lưu niệm ở đâu ?
クア ハン リュー ニエム オー ダウ

関連単語

入場料

| admission fee | phí vào cửa |
| アドミッション フィー | フィー ヴァオ クーア |

休憩所

| resting place | chỗ nghỉ chân |
| レスティング プレイス | チョー ギー チャン |

入口

| entrance | cửa vào |
| エントランス | クーア ヴァオ |

出口

| exit | cửa ra |
| エグズィット | クーア ザー |

世界遺産

| world heritage | di sản thế giới |
| ワールド ヘリテイジ | ジー サーン テー ゾーイ |

年代

| age/period | niên đại/thời kì |
| エイジ ピリオド | ニエン ダイ トイ キー |

美術

| art | mỹ thuật |
| アート | ミー トゥアッ(ト) |

建築

| architecture | kiến trúc |
| アーキテクチャ | キエン チュッ(ク) |

観光　観光地で

113

写真・ビデオ

カメラやビデオは旅の必需品です。ところがカメラ好きで有名な日本人は、少々マナーが悪いと言われているのも事実です。TPO、文化習慣、プライバシーに配慮しましょう。

ここで写真を撮ってもいいですか？

May I take a picture here ?
メイ アイ テイカ ピクチャ ヒア

Tôi chụp ảnh ở đây được không ?
トイ チュッ(プ) アイン オー デイ ドゥオッ(ク) ホン

ビデオ撮影してもいいですか？

May I take a video ?
メイ アイ テイカ ヴィディオウ

Tôi quay video được không ?
トイ クアイ ヴィデオ ドゥオッ(ク) ホン

日本語	英語
私の写真を撮ってもらえますか？	Could you please take my picture ? クジュー プリーズ テイク マイ ピクチャ
シャッターを押すだけです。	Just push the button. ジャスト プッシュ ダ バトゥン
あなたの写真を撮ってもいいですか？	May I take your picture ? メイ アイ テイク ユア ピクチャ
一緒に写ってください。	Would you pose with me ? ウジュー ポウズ ウィズ ミー
もう1枚お願いします。	One more, please. ワン モア プリーズ
あとで写真を送ります。	I'll send you the picture. アイル センド ユー ダ ピクチャ
写真はメールで送れますか？	Can I send my photos via email ? キャナイ センド マイ フォウトズ ヴィア イメイル
メールアドレスを教えてください。	Please tell me your email address. プリーズ テル ミー ユア イメイル アドレス
電池はありますか？	Do you have any batteries ? ドゥ ユー ハヴ エニ バテリズ
充電用アダプターはありますか？	Do you have a power adapter ? ドゥ ユー ハヴァ パワ アダプタ

これと同じバッテリーはありますか？

Do you have any batteries like this one ?
ドゥ ユー ハヴ エニ バテリズ ライク ディス ワン

Có pin giống thế này không ?
コー ピン ゾン テー ナイ ホン

電池はどこで買えますか？

Where can I buy a battery ?
ウェア キャナイ バイ ア バテリ

Tôi có thể mua pin ở đâu ?
トイ コー テー ムア ピン オー ダウ

ベトナム語

Chụp ảnh giúp tôi được không ?
チュッ(プ) アイン ズッ(プ) トイ ドゥオッ(ク) ホン

Chỉ cần bấm nút này.
チー カン バム ヌッ(ト) ナイ

Tôi chụp ảnh bạn được không ?
トイ チュッ(プ) アイン バン ドゥオッ(ク) ホン

Chụp ảnh cùng tôi nhé.
チュッ(プ) アイン クン トイ ニェー

Thêm một tấm nữa.
テム モッ タム ヌアー

Tôi sẽ gửi ảnh sau.
トイ セー グーイ アイン サウ

Tôi gửi ảnh qua mail được không ?
トイ グーイ アイン クア メール ドゥオッ(ク) ホン

Cho tôi địa chỉ mail đi.
チョー トイ ディア チー メウ ディー

Có pin không ?
コー ピン ホン

Có sạc cho pin sạc không ?
コー サッ(ク) チョー ピン サッ(ク) ホン

写真・ビデオの注意

■最近はデジタルカメラが一般的ですが、もしもフィルムカメラでの撮影をするなら、日本製の質の高いフィルムを持参してください。もうひとつ注意するべきことは、空港の手荷物検査のX線です。超高感度フィルムは係員に直接手渡してください。

■政府や軍の関連施設、空港、港は撮影禁止。ハノイのホーチミン廟は、カメラの持ち込みも許されていないので気をつけて。博物館は、撮影料が入場料と別に必要なケースが多いです。

■むやみに人にカメラを向けることが無作法なのは、どこの国でも同じことです。撮らせてもらいたい時は一声かけてからにしましょう。

■日本のカメラは性能にすぐれ高価なため、よく狙われます。シャッターを押してくれるよう頼んだ時や、建築物にみとれ、カメラを入れたバッグを置きっぱなしにして盗まれたケースがたびたびあるので気をつけましょう。

リラクセーションへ行く

ベトナムでは伝統療法を取り入れたマッサージなど、様々なメニューを揃えたスパやエステが充実。観光に疲れたら、是非、身体をほぐしてもらってください。

トラディショナルマッサージをしたいのですが。

I'd like a traditional massage.
アイド ライカ トラディショヌル マサージ

Tôi muốn đi massage kiểu truyền thống.
トイ ムオン ディー マッサー キエウ チュエン トン

どんなコースがありますか？

Are there several courses?
アー デア セヴァラル コースィズ

Có những gói dịch vụ nào ?
コー ニュン ゴイ ジッ(ク) ヴ ナオ

日本語	英語
おすすめのコースはどれですか？	Which couse do you recommend ? ウィッチ コース ドゥ ユー レコメンド
トリートメントマッサージをお願いします。	I'd like a treatment massage. アイド ライカ トリートメント マサージ
どのくらい待ちますか？	How long do I need to wait? ハウ ロング ドゥ アイ ニード トゥ ウェイト
シーツを替えてください。	I'd like a new sheet. アイド ライカ ニュー シート
服はどうしたらいいですか？	Should I take off my clothes? シュダイ テイク オフ マイ クロウズ
全部脱ぎますか？	Should I take off all? シュダイ テイク オフ オール
これを履けばいいのですか？	Should I put this on? シュダイ プット ディス オン
少し痛いです。	It hurts a little. イト ハーツ ア リトル
弱く(強く)してください。	Please make it softer (stronger). プリーズ メイキット ソフタ ストロンガ
とても気持ちがいいです。	That feels very good. ダット フィールズ ヴェリ グッド

美顔（痩身）コースはありますか？

Do you have a facial (slim body) course?
ドゥ ユー ハヴァ フェイシュル スリム ボディ コース

Ở đây có massage mặt (giảm mỡ bụng) không ?
オー デイ コー マッサー マッ(ト) ザーム モー ブン ホン

このコースをお願いします。

I'd like to take this course.
アイド ライク トゥ テイク ディス コース

Tôi dùng gói dịch vụ này.
トイ ズン ゴーイ ジッ(ク) ヴ ナイ

ベトナム語

Gói dịch vụ nào tốt ?
ゴーイ ジック ヴ ナオ トッ(ト)

Tôi muốn treatment massage.
トイ ムオン チッ(ト) メント マッサー

Tôi cần đợi bao lâu ?
トイ カン ドイ バオ ロー

Thay ga khác cho tôi.
タイ ガー カッ(ク) チョー トイ

Tôi có cần cởi quần áo không ?
トイ コー カン コーイ クアン アオ ホン

Có cần cởi hết không ?
コー カン コーイ ヘッ(ト) ホン

Tôi mặc cái này được không ?
トイ マッ(ク) カイ ナイ ドゥオッ(ク) ホン

Hơi đau.
ホイ ダウ

Nhẹ hơn (Mạnh lên).
ニェ ホン マイン レン

Rất dễ chịu.
ザッ(ト) ゼー チウ

関連単語

タオル
towel	khăn tắm
タウエル	カン タム

足ツボ
foot points	huyệt chân
フット ポインツ	フエッ(ト) チャン

指圧
finger pressure therapy	bấm huyệt
フィンガー プレッシャ テラピー	バム フエッ(ト)

按摩
massage	xoa bóp
マサージ	ソア ボッ(プ)

パック
pack	đắp mặt nạ
パック	ダッ(プ) マッ(ト) ナ

エステ
aesthetic treatment	chăm sóc sắc đẹp
エステティク トリートメント	チャム ソッ(ク) サッ(ク) デッ(プ)

スパ
spa	spa
スパー	スパ

ズボン
pants	quần
パンツ	クアン

観光 リラクセーションへ行く

117

観光地でのトラブル

観光地には旅行客を専門に狙う泥棒や詐欺師がいます。自己防衛を心掛けましょう。いらないものを売りつけられそうな時は、きっぱり断ってください。

チケット代はすでに払ってあります。

I've already paid for the ticket.
アイヴ オーレディ ペイド フォー ダ ティキト

Tôi trả tiền vé rồi.
トイ チャー ティエン ヴェー ゾーイ

ホテルにチケットを置き忘れてしまいました。

I left my ticket at the hotel.
アイ レフト マイ ティキト アト ダ ホウテル

Tôi để quên vé ở khách sạn.
トイ デー クエン ヴェー オー カッ(ク) サン

日本語	英語
お願いがあります。	Could you do me a favor? クジュー ドゥ ミー ア フェイヴァ
先を急いでいます。	I don't have time. アイ ドント ハヴ タイム
気分が悪くなってしまいました。	I feel sick. アイ フィール スィック
休憩できる所はありますか？	Are there any places to rest? アー デア エニ プレイスィズ トゥ レスト
中にバッグを置き忘れてしまいました。	I left my bag inside. アイ レフト マイ バッグ インサイド
もう一度入場してもいいですか？	Can I go back in? キャナイ ゴウ バック イン
払い戻しはできますか？	Can you refund my ticket? キャニュー リファンド マイ ティキト
チケットをなくしてしまいました。	I've lost my ticket. アイヴ ロスト マイ ティキト
友人とはぐれました。	I've lost my friend. アイヴ ロスト マイ フレンド
警察を呼んでください。	Call the police, please. コール ダ ポリース プリーズ

いいえ、結構です。興味ありません。

No, thank you. I'm not interested.
ノウ サンキュー アイム ノット インテレスティド

Không, cảm ơn, tôi không thích.
ホン カム オン トイ ホン ティッ(ク)

私に触らないでください。

Don't touch me.
ドント タッチ ミー

Đừng động vào tôi !
ドゥン ドン ヴァオ トイ

ベトナム語

Tôi muốn nhờ một việc.
トイ ムオン ニョー モッ ヴィエッ(ク)

Tôi không có thời gian.
トイ ホン コー トイ ザン

Tôi thấy không khỏe.
トイ タイ ホン ホエ

Ở đây có chỗ nào nghỉ không ?
オー デイ コー チョー ナオ ギー ホン

Tôi để quên túi bên trong rồi.
トイ デー クエン トゥイ ベン チョン ゾーイ

Cho tôi vào một lần nữa.
チョー トイ ヴァオ モッ ラン ヌア

Có thể hoàn lại tiền vé cho tôi được không ?
コー テー ホアン ライ ティエン ヴェー チョー トイ ドゥオッ(ク) ホン

Tôi làm mất vé rồi.
トイ ラム マッ(ト) ヴェー ゾーイ

Tôi bị lạc bạn rồi.
トイ ビ ラッ(ク) バン ゾーイ

Gọi công an giúp tôi.
ゴイ コン アン ズッ(プ) トイ

トラブルを避けるために

　観光中のトラブルで一番多いのは、落とし物、忘れ物とスリ、ひったくり。落とし物、忘れ物は自分で注意していれば避けられますが、スリやひったくりはいつ被害に遭ったのか気づかないことすらあります。そこで、これらの被害に遭わないための注意点をまとめてみましょう。

■いかにも観光客らしく見えるようなおしゃれのしすぎは禁物。ただ観光するだけなら普段着で充分です。

■高級ブランド店のショッピングバッグなどを持ち歩かないように。買ったばかりの商品だけでなく、バッグの中身まで狙われます。

■パスポートやクレジットカードなど、絶対になくして困るものはバッグの中でなく、服の内側に入れます。

■バイクで後ろから近づいてきてバッグをひったくる手口には、バッグを車道側に持たないようにして防ぐこと。ただし力ずくでひったくられそうになった時、無理に抵抗するとケガをすることもあるので、注意してください。

観光　観光地でのトラブル

ショッピング

SHOPPING / MUA SẮM

店を探す

ベトナムではショッピングセンターやみやげ専門店、市場など多様なショッピングを楽しめます。特に刺繍や陶器といった雑貨には素敵なアイテムがたくさんあります。

バッチャン焼きの食器を買いたいのです。

I'd like to buy some Bat Trang tableware.
アイド ライク トゥ バイ サム バッ チャン テイブルウェア

Tôi muốn mua bát đĩa gốm Bát Tràng.
トイ ムオン ムア バッ(ト) ディア ゴム バッ チャン

ヴィンコムセンターはどこですか？

Where is Vincom Center ?
ウェアリズ ヴィンコム センタ

Vincom Center ở đâu ?
ヴィンコム センタ オー ダウ

日本語	英語
ショッピングガイドはありますか？	Do you have a shopping guide ? ドゥ ユー ハヴァ ショッピング ガイド
その店は今日開いていますか？	Is that shop open today ? イズ ダット ショップ オウプン トゥデイ
この近くのスーパーマーケットを教えてください。	Could you tell me the nearest supermarket ? クジュー テル ミー ダ ニアレスト スーパマーキト
陶磁器を買うのにいい店を紹介してください。	Please tell me a nice chinaware shop. プリーズ テル ミー ア ナイス チャイナウェア ショップ
どのあたりに行けばいいですか？	Where is a good area ? ウェアリザ グッド エァリア
ここから遠いですか？	Is that far from here ? イズ ダット ファー フロム ヒア
何時に開店(閉店)しますか？	What time do you open (close) ? ワッタイム ドゥ ユー オウプン クロウズ
骨董屋を探しています。	I'm looking for some antique shops. アイム ルッキング フォー サム アンティーク ショップス

120

お店や市場で買い物をしていると店員が声をかけてきますが、無視したり聞こえないふりをしたりするのは失礼です。言葉が十分に通じなくても希望や好みを伝える方法はあります。お店の人とのコミュニケーションも楽しみ、いい思い出を持って帰ってください。

おみやげはどこで買えますか？

Where can I buy some souvenirs?
ウェア　キャナイ　バイ　サム　スーヴェニアズ

Tôi có thể mua quà lưu niệm ở đâu?
トイ　コー　テー　ムア　クア　リュー　ニエム　オー　ダウ

免税店はありますか？

Is there a duty-free shop?
イズ　デアラ　デューティフリー　ショップ

Đây có phải cửa hàng miễn thuế không?
デイ　コー　ファーイ　クーア　ハン　ミエン　トゥエ　ホン

ベトナム語

Có cuốn hướng dẫn mua sắm không?
コー　クオン　フオン　ザン　ムア　サム　ホン

Hôm nay cửa hàng có mở cửa không?
ホム　ナイ　クーア　ハン　コー　モー　クーア　ホン

Chỉ cho tôi siêu thị gần đây.
チー　チョー　トイ　シエウ　ティ　ガン　デイ

Tôi muốn mua đồ gốm, giới thiệu cho tôi cửa hàng tốt với.
トイ　ムオン　ムア　ドー　ゴム　ゾイ　テウ　チョー　トイ　クーア　ハン　トッ(ト)　ヴォーイ

Tôi đi đến khu vực nào thì tốt?
トイ　ディー　デン　フー　ヴッ(ク)　ナオ　ティ　トッ(ト)

Có xa đây không?
コー　サー　デイ　ホン

Mấy giờ mở (đóng) cửa?
マイ　ゾー　モー　ドン　クーア

Tôi đang tìm cửa hàng đồ cổ.
トイ　ダン　ティム　クーア　ハン　ドー　コー

関連単語

デパート

department store	trung tâm thương mại
ディパートメント　ストア	チュン　タム　トゥオン　マイ

スーパーマーケット

supermarket	siêu thị
スーパーマーケット	シエウ　ティ

ショッピングセンター

shopping center	trung tâm mua sắm
ショッピング　センタ	チュン　タム　ムア　サム

開店時刻

opening time	giờ mở cửa
オープニング　タイム	ゾー　モー　クーア

閉店時刻

closing time	giờ đóng cửa
クロウズィング　タイム	ゾー　ドン　クーア

本日休業

closed today	hôm nay nghỉ
クロウズド　トゥデイ	ホム　ナイ　ギー

ショッピング　店を探す

店内基本フレーズ

試着の際に相談したり、店員にアドバイスをしてもらえばショッピングの幅も広がります。特に買いたい品物がない場合は「ちょっと見ているだけです」と言いましょう。

これを見せてください。

Please show me this.
プリーズ ショウ ミー ディス

Cho tôi xem cái này.
チョー トイ セム カイ ナイ

試着してもいいですか？

May I try this on ?
メイ アイ トライ ディス オン

Tôi thử cái này được không ?
トイ トゥー カイ ナイ ドゥオッ(ク) ホン

日本語	英語
何かお探しですか？	What are you looking for ? ワット アー ユー ルッキング フォー
ちょっと見ているだけです。	I'm just looking. Thank you. アイム ジャスト ルッキング サンキュー
あれを見せてください。	Could you show me that ? クジュー ショウ ミー ダット
履いてみてもいいですか？	Can I try them on ? キャナイ トライ デム オン
これは何に使うのですか？	What is this used for ? ワッティズ ディス ユーズド フォー
ここに出ているだけですか？	Is this all ? イズ ディス オール
試着室はありますか？	Do you have a fitting room ? ドゥ ユー ハヴァ フィッティング ルーム
似合いますか？	How do I look ? ハウ ドゥ アイ ルック
とてもよくお似合いです。	You look very nice in it. ユー ルック ヴェリ ナイス イニット
ちょっと考えさせてください。	Let me think for a moment. レット ミー スィンク フォー ア モウメント

122

手に取ってみてもいいですか？

Can I pick it up ?
キャナイ ピッキト アップ

Tôi cầm cái này lên xem được không ?
トイ カム カイ ナイ レン セム ドゥオッ(ク) ホン

これをください。

I'll take it.
アイル テイキット

Tôi lấy cái này.
トイ レイ カイ ナイ

ベトナム語

Anh/Chị đang tìm gì ?
アイン チ ダン ティム ジー

Tôi chỉ xem một chút thôi.
トイ チー セム モッ チュッ トーイ

Cho tôi xem cái kia.
チョー トイ セム カイ キア

Tôi thử cái này được không ?
トイ トゥー カイ ナイ ドゥオッ(ク) ホン

Cái này dùng làm gì ?
カイ ナイ ズン ラム ジー

Chỉ ở đây thôi đúng không.
チー オー デイ トイ ドゥン ホン

Ở đây có phòng thử đồ không ?
オー デイ コー フォン トゥー ドー ホン

Nhìn có hợp không ?
ニン コー ホッ(プ) ホン

Rất hợp.
ザッ(ト) ホップ

Cho tôi nghĩ đã.
チョー トイ ギー ダー

関連単語

プレゼント
gift	quà
ギフト	クアー

特売商品
sale goods	hàng giảm giá/khuyến mại
セイル グッズ	ハン ザーム ザー クエン マイ

ブランド
brand	nhãn hiệu
ブランド	ニャン ヒウ

メーカー
maker	nhà sản xuất
メイカ	ニャー サン スアッ(ト)

ベトナム製品
Vietnamese product	hàng Việt Nam
ヴィエトナミーズ プロダクト	ハン ヴィエッ(ト) ナム

紙袋
paper bag	túi giấy
ペイパ バッグ	トゥイ ザイ

値引き
discount	giảm giá
ディスカウント	ザーム ザー

店員
clerk	nhân viên
クラーク	ニャン ヴィエン

品物を探す

お店に入ったら、気軽に店員に尋ねてみましょう。いいみやげ品が見つかれば、それだけいい思い出が残るはず。物価の安いベトナムで、思わぬ掘り出し物があるかもしれません。

他のものを見せてもらえますか？

Could you show me another one ?
クジュー ショウ ミー アナダ ワン

Cho tôi xem cái khác được không ?
チョー トイ セム カイ カッ(ク) ドゥオッ(ク) ホン

スカーフを探しているのです。

I'm looking for a scarf for me.
アイム ルッキング フォー ア スカーフ フォー ミー

Tôi đang tìm một chiếc khăn.
トイ ダン ティム モッ チエッ(ク) カン

日本語	英語
おみやげを探しています。	I'm looking for a souvenir. アイム ルッキング フォー ア スーヴェニア
(誕生日の)プレゼントにします。	This is for a (birthday) present. ディスイズ フォー ア バースデイ プレゼント
50万ドンくらいのシャツはありますか？	Do you have a shirt for about ドゥ ユー ハヴァ シャート フォー アバウト 500,000 Dong ? ファイヴハンドレッドサウズン ドン
5万ドンくらいのものがいいのです。	I'd like something for about アイド ライク サムスィング フォー アバウト 50,000 Dong. フィフティサウズン ドン
手頃な値段の陶器を買いたいのです。	I want pottery for a reasonable price. アイ ウォント ポテリ フォー ア リーズナブル プライス
母へのおみやげです。	It's for my mother. イッツ フォー マイ マダ
かさばらなくて、おみやげにぴったりのものはありますか？	Do you have anything nice for a ドゥ ユー ハヴ エニスィング ナイス フォー ア small gift ? スモール ギフト

124

シルクのバッグを売る店はありますか？

Where can I buy a silk bag?
ウェア　キャナイ　バイ　ア　**スィルク**　バッグ

Tôi có thể mua túi lụa ở đâu?
トイ　コー　テー　ムア　トゥイ　ルア　オー　ダウ

スニーカーを買いたいのです。

I want a pair of sneakers.
アイ　ウォンタ　ペア　オヴ　スニーカズ

Tôi muốn mua một đôi giày buộc dây.
トイ　ムオン　ムア　モッ　ドイ　ザイ　ボッ(ク)　ザイ

ベトナム語

Tôi đang tìm quà lưu niệm.
トイ　ダン　ティム　クア　リュー　ニエム

Quà (sinh nhật).
クアー　シン　ニャッ(ト)

Có áo sơ mi giá khoảng
コー　アオ　ソー　ミー　ザー　ホアン
500,000 đồng không?
ナムチャムギン　ドン　ホン

Tôi muốn món gì đó giá khoảng
トイ　ムオン　モン　ジー　ドー　ザー　ホアン
50,000 đồng.
ナムムオイギン　ドン

Tôi muốn mua đồ gốm giá hợp lý.
トイ　ムオン　ムア　ドー　ゴム　ザー　ホッ(プ)　リー

Quà cho mẹ tôi.
クアー　チョー　メ　トイ

Có đồ gì làm quà lưu
コー　ドー　ジー　ラム　クア　リュー
niệm nhỏ không?
ニエム　ニョー　ホン

関連単語

民芸品
folk-art articles　đồ thủ công mỹ nghệ
フォーク　アート　アーティクルズ　ドー　トゥー　コン　ミー　ゲ

アクセサリー店
accessory shop　cửa hàng phụ kiện trang sức
アクセサリ　ショップ　クーア　ハン　フ　キエン　チャン　スッ(ク)

宝石
jewel　đá quý
ジューエル　ダー　クイ

日用雑貨
convenience goods　cửa hàng tạp hóa
コンヴィーニエンス　グッズ　クーア　ハン　タッ(プ)　ホアー

文房具
stationery　văn phòng phẩm
ステイショネリ　ヴァン　フォン　ファム

食料品店
grocery store　cửa hàng thực phẩm
グロウスリ　ストア　クーア　ハン　トゥック　ファム

市場
market　chợ
マーキト　チョ

レジ
cashier　thu ngân
キャシア　トゥー　ガン

色・デザイン・素材

ベトナムならではの色使いやデザインがあります。基本的な単語レベルで十分ですので、希望をきちんと伝えるようにしたいものです。

青い色のはありますか？

Do you have a blue one ?
ドゥ ユー ハヴァ ブルー ワン

Có cái màu xanh da trời không ?
コー カイ マウ サイン ザー チョイ ホン

他の型はありますか？

Do you have any other models ?
ドゥ ユー ハヴ エニ アダ モデルズ

Có mẫu khác không ?
コー マウ カッ(ク) ホン

日本語	英語
他の色はありますか？	Do you have another color ? ドゥ ユー ハヴ アナダ カラ
同じ形で違う色はありますか？	Do you have the same thing in any other colors ? ドゥ ユー ハヴ ダ セイム スィング イン エニ アダ カラズ
この靴と色が合うハンドバッグを探しています。	I'm looking for a handbag that matches with these shoes. アイム ルッキング フォー ア ハンドバッグ ダット マッチズ ウィズ ディーズ シューズ
形は好きですが、色があまり好きではありません。	I like this design, but I don't like the color. アイ ライク ディス ディザイン バット アイ ドント ライク ダ カラ
ちょっと派手(地味)すぎます。	It is a little flashy (plain). イティーズ ア リトル フラッシ プレイン
これはベトナム製ですか？	Is this made in Viet Nam ? イズ ディス メイド イン ヴィエト ナム
もう少しきちんとしたものはありますか？	Do you have anything a bit more formal ? ドゥ ユー ハヴ エニスィング ア ビット モア フォームル

どんなデザインが流行していますか？

What kind of style is now in fashion?
ワット カインド オヴ スタイル イズ ナウ イン ファション

Kiểu nào đang được yêu thích?
キエウ ナオ ダン ドゥオッ(ク) イエウ ティッ(ク)

素材は何ですか？

What is this made of?
ワッティズ ディス メイド オヴ

Làm bằng chất liệu gì?
ラム バン チャッ(ト) リェウ ジー

ベトナム語

Có màu khác không?
コー マウ カッ(ク) ホン

Có cái giống thế này nhưng
コー カイ ゾン テー ナイ ニュン
khác màu không?
カッ(ク) マウ ホン

Tôi tìm một chiếc túi xách
トイ ティム モッ チエッ(ク) トゥイ サッ(ク)
hợp màu với đôi giày này.
ホッ(プ) マウ ヴォーイ ドイ ザイ ナイ

Tôi thích kiểu này nhưng
トイ ティッ(ク) キエウ ナイ ニュン
không thích màu này.
ホン ティッ(ク) マウ ナイ

Màu này lòe loẹt (trầm) quá.
マウ ナイ ロエ ロエッ チャム クアー

Đây có phải hàng Việt Nam không?
デイ コー ファーイ ハン ヴィエッ(ト) ナム ホン

Có cái nào trông lịch sự hơn một chút không?
コー カイ ナオ チョン リッ(ク) スー ホン モッ チュッ ホン

関連単語

色柄
pattern / hoa văn/họa tiết
パタン / ホア ヴァン ホア ティエッ(ト)

型
model / mẫu/kiểu
モデル / マウ キエウ

派手な
flashy / lòe loẹt
フラッシ / ロエ ロエッ

地味な
plain / trầm
プレイン / チャム

流行の
trendy / mốt/ trào lưu
トレンディ / モッ チャオ ルー

高級な
luxurious / cao cấp
ラグジュリアス / カオ カッ(プ)

素材
material / chất liệu
マティアリアル / チャッ(ト) リウ

色
color / màu sắc
カラ / マウ サッ(ク)

ショッピング 色・デザイン・素材

サイズ

帰国して着てみたらサイズが合わなかった、などということのないよう、店できちんとサイズを確認し、試着をしてから買うようにしましょう。

もっと小さい(大きい)サイズはありますか？

Do you have anything smaller (larger)?
ドゥ ユー ハヴ エニスィング スモーラ ラージャ

Có size nhỏ (to) hơn không?
コー サイ ニョー トー ホン ホン

このスカートのサイズはいくつですか？

What size is this skirt?
ワット サイズ イズ ディス スカート

Cái chân váy này size bao nhiêu?
カイ チャン ヴァイ ナイ サイ バオ ニュー

日本語	英語
大き(小さ)すぎます。	This is too big (small). ディスィズ トゥー ビッグ スモール
サイズはぴったりです。	This is just my size. ディスィズ ジャスト マイ サイズ
サイズが合いません。	It doesn't fit. イト ダズント フィット
自分のサイズがわからないのです。	I don't know what my size is. アイ ドント ノウ ワット マイ サイズ イズ
では、測ってみましょう。	Let me measure you. レット ミー メジャ ユー
ウエストのあたりがきつい(ゆるい)ようです。	It feels tight (loose) around the waist. イト フィールズ タイト ルース アラウンド ダ ウェイスト
この靴はきつい(大きい)です。	These shoes are tight (loose). ディーズ シューズ アー タイト ルース
サイズは何号ですか？	What is your size? ワッティズ ユア サイズ
36です。	36. サーティスィクス

寸法をつめて（伸ばして）もらえますか？

Will you shorten (lengthen) this ?
ウィル ユー ショートゥン レングスン ディス

Cắt ngắn (nới dài) cái này giúp tôi.
カッ(ト) ガン ノイ ザイ カイ ナイ ズッ(プ) トイ

サイズを測ってください。

Please measure my size.
プリーズ メジャ マイ サイズ

Đo size giúp tôi.
ドー サイ ズッ(プ) トイ

ベトナム語

Cái này to (nhỏ) quá.
カイ ナイ トー ニョー クアー

Cái này vừa khít với tôi.
カイ ナイ ヴア キッ(ト) ヴォーイ トイ

Không vừa.
ホン ヴア

Tôi cũng không biết size của mình.
トイ クン ホン ビエッ(ト) サイ クーア ミン

Được rồi, để tôi đo.
ドゥオッ(ク) ゾーイ デー トイ ドー

Tôi thấy eo hơi chật (rộng).
トイ タイ エオ ホイ チャッ(ト) ゾン

Giầy này chật (rộng) quá.
ザイ ナイ チャッ(ト) ゾン クアー

Anh/Chị size bao nhiêu ?
アイン チ サイ バオ ニュー

Size 36.
サイ バーサウ

ベトナムのオーダーメイド

ベトナムではオーダーメイドが盛ん。短期間で仕上げてくれる店も多いので、旅の記念にいかがでしょうか。

特におすすめなのは民族衣装アオザイ。身体にフィットさせて仕上げるので、しっかり採寸して作ってもらってください。ローカルの仕立て店を利用すると1週間以上かかることもありますが、外国人観光客の利用が多い店なら、朝注文すると夜までに仕上げてホテルへ届けてくれるところもあります。でも、おすすめはお店での受け取り。その場で試着して、お直ししてもらえるのが利点です。

ハノイやホーチミンには、アオザイ風の刺繍が入ったドレスや、ちょっとしたワンピースを即日で仕上げてくれるお店もあります。

中部の古都ホイアンも、オーダーメイドの服や靴の店が多いことで有名です。好みのものを選び、自分のサイズで作ってくれます。即日仕上げも可能ですが、翌日か翌々日の受け取りにした方が、仕上がりがきれいといわれています。

129

支払い

大きなホテルやデパート、中級以上のレストランやショップでは、クレジットカードが使えます。VISA、マスター、JCBと多様なカードが使える店も多くあります。

(全部で)いくらですか？

How much is it (all together)?
ハウ マッチ イズイット オール トゥゲダ

Tổng cộng bao nhiêu tiền?
トン コン バオ ニュー ティエン

会計はどちらですか？

Where is the cashier?
ウェアリズ ダ キャシア

Tính tiền ở đâu?
ティン ティエン オー ダウ

日本語	英語
領収証をください。	Can I have a receipt, please? キャナイ ハヴァ リスィート プリーズ
明細書をください。	Can I have a bill, please? キャナイ ハヴァ ビル プリーズ
税金は含まれた額ですか？	Does it include tax? ダズィット インクルード タクス
どこにサインしますか？	Where should I sign? ウェア シュダイ サイン
日本円で支払いできますか？	Can I pay in Japanese yen? キャナイ ペイ イン ジャパニーズ イェン
ドンで払って足りない分はカードで払えますか？	I pay in Dong and if it is not アイ ペイ イン ドン エン イフ イティーズ ノット enough, can I pay the rest by card? イナフ キャナイ ペイ ダ レスト バイ カード
このおつりで買えるものはありますか？	Is there anything that I can buy イズ デア エニスィング ダット アイ キャン バイ with this change? ウィズ ディス チェインジ
両替はできますか？	Can I exchange here? キャナイ イクスチェインジ ヒア

おつりをドンでもらえますか？

Can I have the change in Dong ?
キャナイ ハヴ ダ **チェインジ** イン ドン

Trả lại tôi bằng đồng được không ?
チャー ライ トイ バン ドン ドゥオッ(ク) ホン

このクレジットカードは使えますか？

Do you accept this card ?
ドゥ ユー アクセプト ディス **カード**

Thẻ này dùng được không ?
テー ナイ ズン ドゥオッ(ク) ホン

ベトナム語

Cho tôi hóa đơn.
チョー トイ ホア ドン

Cho tôi hóa đơn chi tiết.
チョー トイ ホア ドン チー ティエッ(ト)

Giá đã bao gồm thuế chưa ?
ザー ダー バオ ゴム トゥエ チュア

Tôi phải kí ở đâu ?
トイ ファーイ キー オー ダウ

Tôi trả bằng tiền Yên được không ?
トイ チャー バン ティエン イエン ドゥオッ(ク) ホン

Tôi trả bằng đồng nếu thiếu
トイ チャー バン ドン ネウ ティエウ
thì trả bằng thẻ được không?
ティー チャー バン テー ドゥオッ(ク) ホン

Tiền trả lại có đủ
ティエン チャー ライ コー ドゥー
mua gì không ?
ムア ジー ホン

Ở đây có đổi tiền không ?
オー デイ コー ドーイ ティエン ホン

支払いの方法

高級店では現金のほかにクレジットカードで支払うことができますが、一般のお店では現金しか使えないことがほとんどです。

ベトナムではおつりを用意していないお店も多いので、小額紙幣を常に多めに財布に残すようにするのがおすすめです。スーパーマーケットでは、1000ドン程度のおつりなら、お金の代わりに飴玉を渡してくることもよくあります。

また、店員が計算を間違えることがあるので、トラブルのないよう、おつりを受け取ったら目の前で確認してください。破損した紙幣が混じっていた場合も、その場で換えてもらいましょう。

旅行者がよく利用するみやげ物店や有名店ではアメリカドルも受け取りますが、厳密には違法行為にあたり、レートもあまりよくありません。面倒でも買い物の前に、銀行や両替所などで両替しておきましょう。

市場で買う

市場での買い物は、交渉が前提です。言い値で買うと損することもしばしば。電卓を片手に、まずは話してみましょう。交渉はまず言い値の半額くらいから始めます。

これは何ですか？

What is this?
ワッティズ ディス

Đây là cái gì ?
デイ ラー カイ ジー

いくらですか？

How much is it?
ハウ マッチ イズィット

Bao nhiêu tiền ?
バオ ニュー ティエン

日本語	英語
10万ドンで売ってください。	I'll pay 100,000 Dong. アイル ペイ アハンドレッドサウズン ドン
その値段なら要りません。	No thank you. ノウ サンキュー
4つ買うので安くしてください。	I'll buy four, so please lower the price. アイル バイ フォー ソー プリーズ ロワー ダ プライス
もう少し安くしてください。	Will you lower the price a little ? ウィリュー ロワー ダ プライス ア リトル
これ以上まけられません。	I cannot lower the price any more. アイ キャノット ロワー ダ プライス エニ モア
その値段で買います。	I'll buy at that price. アイル バイ アト ダット プライス
10個ください。	I want ten. アイ ウォント テン
袋を個数分ください。	I need the same number of bags. アイ ニード ダ セイム ナンバ オヴ バッグズ
袋は要りません。	I don't need a bag. アイ ドント ニーダ バッグ
やっぱりやめます。	Sorry, I will not buy it after all. ソーリー アイ ウィル ノット バイ イト アフタ オール

高いです。

That's too much.
ダッツ　トゥー　マッチ

Đắt quá.
ダッ(ト)　クアー

安くしてください。

Please lower the price.
プリーズ　ロワー　ダ　プライス

Giảm giá cho tôi.
ザーム　ザー　チョー　トイ

ベトナム語

100,000 đồng nhé ?
モッチャムギン　ドン　ニェー

Giá đấy thì tôi không mua.
ザー　デイ　ティー　トイ　ホン　ムア

Tôi sẽ mua bốn cái nên giảm giá đi.
トイ　セー　ムア　ボン　カイ　ネン　ザーム　ザー　ディー

Giảm giá chút nữa.
ザーム　ザー　チュッ　ヌア

Tôi không thể giảm giá hơn nữa.
トイ　ホン　テー　ザーム　ザー　ホン　ヌア

Nếu giá đấy tôi sẽ mua.
ネウ　ザー　デイ　トイ　セー　ムア

Tôi lấy 10 cái.
トイ　レイ　ムオイ　カイ

Cho tôi mấy cái túi.
チョー　トイ　マイ　カイ　トゥイ

Tôi không cần túi.
トイ　ホン　カン　トゥイ

Xin lỗi, tôi không mua.
シン　ローイ　トイ　ホン　ムア

ナイトマーケット

ハノイの旧市街では、毎週末、金曜から日曜の夜7時から11時まで、ナイトマーケットが開催されます。ホアンキエム湖の北あたりからドンスアン市場にかけてのエリアが歩行者天国となり、ずらりと夜店が並びます。観光客向けというより地元の人向けで、衣類やアクセサリー、日用雑貨などの店がほとんど。ドンスアン市場の横手では、民族芸能を披露するミニ舞台があることも。スリや引ったくりが多いことでも有名なので、最低限のお金以外の荷物は持ってこない方が安全かもしれません。

また、ナイトマーケットが開催されるエリアのホテルに泊まる場合、タクシーを玄関前に横付けできません。出発や到着がこの時間帯になりそうな場合は注意が必要です。

ホーチミンでも、ベンタイン市場周辺でナイトマーケットが開かれます。こちらは毎日、市場が終了する夕方5時頃から夜中の12時頃まで。ハノイと違い、食べ物屋台が多いのが特徴です。

紳士服 — men's clothes / quần áo nam

スーツ
suit / áo vest

ジャケット
jacket / áo jacket

ズボン
trousers / quần

ベスト
vest / áo gi-lê

ワイシャツ
shirt / áo sơ mi

ネクタイ
tie/cravat / cà vạt

婦人服 — women's clothes / quần áo nữ

スカート
skirt / chân váy

アオザイ
ao dai / áo dài

ミニスカート
short skirt / váy ngắn

ロングスカート
long skirt / váy dài

テイラードスーツ
tailored suit / bộ vest may đo

ブラウス
blouse / áo sơ mi nữ

ワンピース
dress / váy liền

袖なしシャツ
sleeveless shirts / áo sát nách

ウェディングドレス
wedding dress / váy cưới

水着
swimwear / đồ bơi

レインコート
raincoat / áo mưa

セーター
sweater / áo len

下着 — underwear / đồ lót

パンティ／ショーツ
panty/shorts / quần lót

ブラジャー
bra/brassiere / áo lót

パンティストッキング		靴下	
panty hose パンティ ホウズ	áo hai dây アオ ハイ ザイ	socks ソックス	tất タッ(ト)

シャツ		パジャマ	
shirt シャート	áo sơ mi アオ ソー ミー	pajamas パジャーマズ	quần áo ngủ クアン アオ グー

その他 others / khác
アダーズ / カツ(ク)

ベルト		手袋	
belt ベルト	thắt lưng タッ(ト) ルン	gloves グラヴズ	găng tay ガン タイ

マフラー		ハンカチ	
muffler マフラ	khăn quàng cổ カン クアン コー	handkerchief ハンカチーフ	khăn tay カン タイ

すげ笠		マスク	
sedge hat セッジ ハット	nón ノン	mask マスク	khẩu trang コウ チャン

帽子		スカーフ	
hat ハット	mũ ムウ	scarf スカーフ	khăn カン

腕時計		眼鏡	
wristwatch リストウォッチ	đồng hồ đeo tay ドン ホー デオ タイ	glasses グラースィズ	kính キン

Tシャツ		ジーンズ	
T-shirt ティーシャート	áo phông アオ フォン	denim デニム	quần bò クアン ボー

服の部位 clothing parts / may đo
クロウディング パーツ / マイ ドー

バスト		ウェスト	
bust バスト	ngực グッ(ク)	waist ウェイスト	eo エオ

ヒップ		背丈	
hip ヒップ	hông ホン	height ハイト	cao カオ

袖		袖丈	
sleeve スリーヴ	tay áo タイ アオ	sleeve length スリーヴ レングス	dài tay áo ザイ タイ アオ

半袖		長袖	
short sleeve	áo cộc tay	long sleeve	áo dài tay

肩		すそ	
shoulder	vai	hem	gấu

襟		レース	
collar	cổ bẻ	lace	ren

裏地		ファスナー	
lining cloth	vải lót	zipper	khóa kéo

ポケット		ボタン	
pocket	túi	button	cúc

肩パッド		仮縫い	
shoulder pad	đệm vai	basting	khâu lược

柄 pattern — hoa văn

水玉		ストライプの	
dots	chấm bi	striped	kẻ sọc

花柄の		動物柄	
floral	hoa	animal design	hoa văn động vật

素材 material — chất liệu

生地		麻	
materials	vải	linen	linen

木綿		絹	
cotton	cotton	silk	lụa

サテン		革	
satin	sa tanh	leather	da

色 color / màu sắc

白
white / trắng

赤
red / đỏ

黒
black / đen

青
blue / xanh da trời

紺
navy blue / xanh tím than

ピンク
pink / hồng

オレンジ
orange / cam

茶色
brown / nâu

靴 shoes / giày

婦人靴
women's shoes / giày nữ

紳士靴
men's shoes / giày nam

ハイヒール
high-heeled shoes / giày cao gót

ビーチサンダル
beach sandals / dép tông

カバン bag / túi

ハンドバッグ
handbag / túi xách

ショルダーバッグ
shoulder bag / túi đeo vai

リュック
backpack / ba lô

スーツケース
suitcase / va li

その他の革製品 other leather goods / đồ da khác

革バック
Leather bag / túi da

ベルト
belt / thắt lưng

137

札入れ

billfold — ví

小銭入れ

purse — ví đựng tiền xu

革素材 — leather types — chất liệu da

牛革

cowhide — da bò

ヘビ革

snake skin — da rắn

ヤギ革

goat skin — da dê

ワニ革

alligator skin — da cá sấu

アクセサリー — accessory — đồ trang sức

ネックレス

necklace — vòng cổ

リボン

ribbon — nơ

イヤリング

earrings — hoa tai

ペンダント

pendant — dây chuyền

ブローチ

brooch — ghim gài áo

ブレスレット

bracelet — vòng tay

指輪

ring — nhẫn

カフスボタン

cuff links — khuy măng séc

アンクレット

anklets — vòng đeo chân

ヘアピン

hair pin — cặp tóc

その他の装飾具 — other accessories — đồ trang sức khác

眼鏡

glasses — kính

サングラス

sunglasses — kính râm

ネクタイ

tie/cravat — cà vạt

傘

umbrella — ô

食器 tableware / テイブルウェア / đồ trên bàn ăn / ドー チェン バン アン

スプーン
spoon / スプーン / thìa / ティア

フォーク
fork / フォーク / dĩa / ジア

箸置き
chopsticks rest / チョップスティックス レスト / gác đũa / ガッ(ク) ドゥア

塩入れ
salt shaker / ソールト シェイカ / lọ muối / ロ ムオイ

箸
chopstick / チョップスティック / đũa / ドゥア

ウィスキーグラス
whisky glass / ウィスキ グラース / ly rượu wisky / リー ジオ ウィスキー

コーヒーカップ
coffee cup / コフィ カップ / tách cà phê / タッ(ク) カー フェー

スープ皿
soup plate / スープ プレイト / đĩa soup / ディア スッ(プ)

デザート用皿
dessert plate / デザート プレイト / đĩa đựng đồ tráng miệng / ディア ドゥン ドー チャン ミエン

紅茶カップ
teacap / ティーカップ / tách trà / タッ(ク) チャー

コショウ入れ
pepper caster / ペパ キャスタ / lọ hạt tiêu / ロ ハッ ティエウ

ワイングラス
wine glass / ワイン グラース / ly rượu vang / リー ジオ ヴァン

ワインのコルク抜き
corkscrew / コークスクルー / mở nút chai / モー ヌッ チャイ

栓抜き
bottle opener / ボトゥル オウプナ / mở bia / モー ビア

ナイフ knife / ナイフ / dao / ザオ

魚用ナイフ
fish knife / フィッシュ ナイフ / dao làm cá / ザオ ラム カー

フルーツ用ナイフ
fruit knife / フルーツ ナイフ / dao gọt hoa quả / ザオ ゴッ ホア クア

肉用ナイフ
meat knife / ミート ナイフ / dao thái thịt / ザオ ターイ ティ

バターナイフ
butter knife / バタ ナイフ / dao phết bơ / ザオ フェッ(ト) ボ

その他のテーブルウェア other tableware / アダ テイブルウェア / đồ trên bàn ăn khác / ドー チェン バン アン カッ(ク)

ナプキン
napkin / ナプキン / khăn giấy / カン ザイ

テーブルクロス
tablecloth / テイブルクロース / khăn trải bàn / カン チャーイ バン

139

ふきん		ランチョンマット	
cloth クロス	khăn lau カン ラウ	placemat プレイスマット	miếng lót đồ ăn ミン ロッ(ト) ドー アン

コースター		キャンドル立て	
coaster コウスタ	lót cốc ロッ(ト) コッ(ク)	candlestick キャンドルスティック	giá nến ザー ネン

キッチン用品 kitchen utensils / đồ trong bếp
キチン ユーテンスルス / ドー チョン ベッ(プ)

包丁		コーヒーミル	
kitchen knife キチン ナイフ	dao làm bếp ザオ ラム ベッ(プ)	coffee mill コフィ ミル	máy xay cà phê マイ セイ カー フェー

ピーラー		水筒	
peeler ピーラー	dao gọt vỏ ザオ ゴッ(ト) ヴォー	canteen キャンティーン	bình đựng nước ビン ドゥン ヌオッ(ク)

まな板		ベトナムコーヒードリッパー	
cutting board カッティング ボード	thớt トオッ(ト)	vietnamese coffee dripper ヴィエトナミーズ コフィ ドリッパー	phin pha cà phê フィン ファ カー フェー

食料品 groceries / món ăn
グロウサリズ / モン アン

ジュース		ヨーグルト	
juice ジュース	nước ép hoa quả ヌオッ(ク) エッ(プ) ホア クア	yogurt ヨウグート	sữa chua スア チュア

ビスケット		チョコレート	
biscuit ビスキト	bánh quy バイン クイ	chocolate チョコリト	sô cô la ショ コ ラ

キャンディー		プリン	
candy キャンディ	kẹo ケオ	pudding プディング	caramen/bánh flan カラメン バイン フラン

ピーナッツ		アーモンド	
peanut ピーナット	lạc ラッ(ク)	almond アーモンド	hạnh nhân ハイン ニャン

ドライフルーツ		ごま	
dried fruit ドライド フルーツ	hoa quả sấy ホア クア サイ	sesame セサミ	vừng ヴン

コーヒー		紅茶	
coffee コフィ	cà phê カー フェー	tea ティー	trà チャー

ハス茶		コショウ	
lotus tea ロータス ティー	trà sen チャー セン	pepper ペパ	hạt tiêu ハッ ティエウ

塩		ジャム	
salt ソールト	muối ムオイ	jam ジャム	mứt ムッ(ト)

日用品 daily goods đồ dùng hàng ngày
ディリ グッズ ドー ズン ハン ガイ

練り歯ミガキ		歯ブラシ	
toothpaste トゥースペイスト	kem đánh răng ケム ダイン ザン	toothbrush トゥースブラッシュ	bàn chải đánh răng バン チャーイ ダイン ザン

ヘアーブラシ		ヘアースプレー	
hairbrush ヘアブラシッシュ	lược ルオッ(ク)	hair spray ヘア スプレイ	xịt tóc シィ トッ(ク)

洗顔フォーム		化粧水	
face foam フェイス フォーム	sữa rửa mặt スア スア マッ	skin lotion スキン ローション	tẩy trang ターイ チャン

リップクリーム		化粧品	
lip cream リップ クリーム	son dưỡng ソン ズオン	cosmetics カズメティクス	mỹ phẩm ミー ファム

ファンデーション		口紅	
foundation ファウンデイション	foundation ファンデーション	lipstick リップスティク	son ソン

文房具 stationary văn phòng phẩm
ステイショネリ ヴァン フォン ファム

ボールペン		鉛筆	
ball-point pen ボールポイント ペン	bút bi ブッ(ト) ビ	pencil ペンスル	bút chì ブッ(ト) チー

シャープペンシル		消しゴム	
mechanical pencil メカニクル ペンスル	bút chì kim ブッ(ト) チー キム	eraser イレイザ	tẩy タイ

色鉛筆		ノート	
colored pencil カラド ペンスル	bút chì màu ブッ(ト) チー マウ	notebook ノウトブック	sổ ソー

便箋		封筒	
letter paper レタ ペイパ	giấy viết thư ザイ ビエッ(ト) トゥ	envelope エンヴェロウプ	phong bì フォン ビー

ショッピングのトラブル

楽しいはずのショッピングで嫌な思いをしないためにも、慎重に品物を選んでください。万一不良品が入っていた場合のため、レシートは必ず受け取るようにしましょう。

返品したいのですが。

I'd like to return this.
アイド ライク トゥ リターン ディス

Tôi muốn trả lại cái này.
トイ ムオン チャー ライ カイ ナイ

返金してもらえますか？

Can I have a refund ?
キャナイ ハヴァ リーファンド

Tôi có được hoàn tiền không ?
トイ コー ドゥオック ホアン ティエン ホン

日本語	英語
買った物がまだ届きません。	I haven't got what I bought yet. アイ ハヴント ガット ワット アイ ボート イェット
まだ使っていません。	I haven't used it at all. アイ ハヴント ユーズディット アト オール
領収証はこれです。	Here is the receipt. ヒアリズ ダ リスィート
昨日買いました。	I bought it yesterday. アイ ボーティット イェスタデイ
ここに汚れがありました。	I found a stain here. アイ ファウンダ ステイン ヒア
ひび割れがあります。	There is a crack. デアリザ クラック
勘定が間違っているようです。	I think your calculation is wrong. アイ スィンク ユア カルキュレイション イズ ロング
代金はもう払いました。	I already paid. アイ オーレディ ペイド
おつりが間違っているようです。	I think the change is wrong. アイ スィンク ダ チェインジ イズ ロング
勘定をもう一度調べてください。	Could you check the bill again ? クジュー チェック ダ ビル アゲン

箱から取り出したら壊れていました。

This was broken when I took it out of the box.
ディス ウォズ ブロウクン ウェン アイ トッキット アウト オヴ ダ ボックス

Lúc lấy ra khỏi hộp nó đã hỏng rồi.
ルッ(ク) レイ ザー ホーイ ホッ(プ) ノー ダー ホーン ゾイ

買った物と違っています。

This is different from what I bought.
ディスィズ ディファレント フロム ワット アイ ボート

Cái này khác với cái tôi đã mua.
カイ ナイ カッ(ク) ヴォーイ カイ トイ ダー ムア

ベトナム語

Tôi chưa nhận được hàng đã mua.
トイ チュア ニャン ドゥオッ(ク) ハン ダー ムア

Tôi chưa dùng.
トイ チュア ズン

Đây là hóa đơn.
デイ ラー ホア ドン

Tôi mua hôm qua.
トイ ムア ホム クア

Ở đây có vết bẩn.
オー デイ コー ヴェッ(ト) バン

Ở đây có vết nứt.
オー デイ コー ヴェッ(ト) ヌッ(ト)

Hình như tính tiền sai rồi.
ヒン ニュー ティン ティエン サイ ゾーイ

Tôi đã trả tiền rồi.
トイ ダー チャー ティエン ゾーイ

Tiền trả lại bị nhầm rồi.
ティエン チャー ライ ビ ニャム ゾーイ

Kiểm tra hóa đơn một lần nữa cho tôi.
キエム チャー ホア ドン モッ(ト) ラン ヌア チョー トイ

購入時のチェックポイント

ポイントは、信用と質で選ぶか、安さで選ぶかの2点でしょう。

前者の場合は日本で買い物するのと同じ要領で買い物すればいいです。有名店や、外国人観光客がよく利用する店、デパートなどが安心です。ただし、値段の設定がかなり高めで、値引き交渉も不可能という欠点があります。

次に、後者の場合。安さ重視なら、やはりローカルの市場や、路上の露店がいいでしょう。異国情緒あふれた民芸品や、観光客目当てのベトナムっぽいおみやげ品などがたくさんあり、見ているだけでも楽しめます。しかし、値段があってないも同然で、慣れない旅行者とみると、かなりふっかけてくる場合もあるので、駆け引きが上手くできないと、買い物を楽しむどころではなくなってしまいます。そして、何とか値切って納得いく価格で手に入れることができたとしても、実は使い物にならないガラクタだったという結末が待っている可能性もあるので気をつけましょう。

通信・郵便

PHONE&MAIL-SERVICE / DỊCH VỤ GỌI ĐIỆN THOẠI – GỬI EMAIL

電話

空港で、SIMカードを購入し現地の番号を取得することができます。街中の小さな商店でもSIMカードを販売しているところが多いです。

公衆電話はどこですか？

Where can I find a public telephone?
ウェア　キャナイ　ファインダ　パブリク　テレフォウン

Điện thoại công cộng ở đâu?
ディエン　トアイ　コン　コン　オー　ダウ

もしもし、そちらはパークロイヤルホテルですか？

Hello, is this the Park Royal Hotel?
ヘロウ　イズ　ディス　ダ　パーク　ロイヤル　ホウテル

A lô, đây có phải là khách sạn Park Royal không?
ア　ロー　デイ　コー　ファーイ　ラー　カッ(ク)　サン　パーク　ロイヤル　ホン

日本語	英語
ベトナム航空ホーチミン支店の電話番号を教えてください。	Can I have the number for Vietnam Airlines at Ho Chi Minh. キャナイ　ハヴ　ダ　ナンバ　フォー　ヴィエトナム　エアラインズ　アト　ホー　チ　ミン
もっとゆっくり話してもらえますか？	Could you speak a little slower? クジュー　スピーク　ア　リトル　スロウア
日本語を話せる人はいますか？	Is there a Japanese-speaking person? イズ　デアラ　ジャパニーズスピーキング　パーソン
しばらくお待ちください。	Just a moment, please. ジャスタ　モウメント　プリーズ
～さんは外出中です。	Mr. (Ms.) ～ is out now. ミスター　ミズ　イズ　アウト　ナウ
岡野から電話があったとお伝えください。	Please tell him that Okano called. プリーズ　テル　ヒム　ダット　オカノ　コールド
SIMカードをください。	Can I have a SIM card? キャナイ　ハヴァ　スィム　カード

144

日本へ国際電話をかける場合は、00をプッシュし、国番号の81、ゼロを外した市外局番を続けます。ベトナムのホテルやカフェでは、無料でWi-Fiを利用できる場所が多いため日本への連絡はネット回線を利用することもできます。かさばる荷物は、郵便局のEMSや日系の宅配業者を利用するのがよいでしょう。

501号室の野本さんをお願いします。

I'd like to speak to Ms. Nomoto, in room 501.
アイド ライクトゥ スピーク トゥ ミズ ノモト イン ルーム **ファイヴオウワン**

Tôi muốn nói chuyện với cô Nomoto ở phòng 501.
トイ ムオン ノイ チュエン ヴォーイ コー ノモト オー フォン ナムリンモッ

こちらは北野と申します。

This is Kitano speaking.
ディスィズ キタノ スピーキング

Tôi là Kitano.
トイ ラー キタノ

ベトナム語

Tôi muốn xin số điện thoại của Vietnam
トイ ムオン シン ソー ディエン トイア クーア ヴィエッ(ト) ナム
Airlines tại TP Hồ Chí Minh.
エアライン タイ タインフォー ホー チ ミン

Anh/Chị nói chậm lại một chút được không?
アイン チ ノイ チャム ライ モッ チュッ(ト) ドゥオッ(ク) ホン

Ở đây có ai nói được tiếng Nhật không?
オー デイ コー アイ ノイ ドゥオック ティエン ニャッ(ト) ホン

Xin đợi một chút.
シン ドイ モッ チュッ

Anh/Chị ~đang ra ngoài.
アイン チ ダン ザー ゴアイ

Làm ơn nói lại là Okano đã gọi đến.
ラム オン ノイ ライ ラー オカノ ダー ゴイ デン

Cho tôi mua SIM.
チョー トイ ムア シム

関連単語

充電
| charge | sạc pin |
| チャージ | サッ(ク) ピン |

公衆電話
| public telephone | điện thoại công cộng |
| パブリック テレフォウン | ディエン トアイ コン コン |

受話器
| handset | ống nghe |
| ハンドセット | オン ゲー |

携帯電話
| cellular phone | điện thoại di động |
| セルラー フォウン | ディエン トアイ ジー ドン |

市内通話
| local call | điện thoại nội hạt |
| ロウクル コール | ディエン トアイ ノイ ハッ(ト) |

長距離電話
| long-distance call | điện thoại đường dài |
| ロングディスタンス コール | ディエン トアイ ドゥオン ザーイ |

通信・郵便

電話

インターネット

ベトナムはインターネットが普及しているので、旅行者が多いエリアならインターネットカフェも簡単に見つかります。

宿泊客が使えるPCはありますか？

Is there a PC the guests can use ?
イズ デアラ ピーシー ダ ゲスツ キャン ユーズ

Ở đây có máy tính cho khách sử dụng không ?
オー デイ コー マイ ティン チョー カッ(ク) スー ズン ホン

インターネットカフェはどこにありますか？

Where can I find an Internet café ?
ウェア キャナイ ファインド アン インタネット カフェ

Tôi có thể tìm thấy quán cà phê Internet ở đâu ?
トイ コー テー ティム タイ クアン カー フェー インターネッ(ト) オー ダウ

日本語	英語
料金は1時間いくらですか？	Is the fee for one hour ? イズ ダ フィー フォー ワン ナウア
日本語が打てるPCはありますか？	Is there a PC with イズ デアラ ピーシー ウィズ Japanese language input ? ジャパニーズ ランゲージ インプット
@はどのように打つのですか？	Where is the "at mark" on this keyboard ? ウェアリズ ディ アト マーク オン ディス キーボード
添付ファイルが開きません。	I can't open an attached file. アイ キャント オウプン アン アタッチト ファイル
ファクスもありますか？	Is there a fax machine as well ? イズ デアラ ファクス マシーン アズ ウェル
ファクスを受け取ってもらえますか？	Would you receive a fax for me ? ウジュー リスィーヴ ア ファクス フォー ミー
印刷は1枚いくらですか？	How much is printing per page ? ハウ マッチ イズ プリンティング パー ペイジ
何か飲むものは注文できますか？	Can I order something to drink ? キャナイ オーダ サムスィング トゥ ドリンク
終わりました、料金を計算してください。	I've finished, so I'd like to pay please. アイヴ フィニッシュト ソウ アイド ライク トゥ ペイ プリーズ

部屋でインターネットは使えますか？

Can I use the Internet in my room?
キャナイ ユーズ ディ インタネット イン マイ ルーム

Phòng tôi có internet không?
フォン トイ コー インターネッ(ト) ホン

ここはWi-Fi環境は整っていますか？

Is there Wifi in here?
イズ デア ワイファイ イン ヒア

Ở đây có wifi không?
オー デイ コー ワイファイ ホン

ベトナム語

Một tiếng bao nhiêu tiền?
モッ ティエン バオ ニュー ティエン

Có máy tính gõ được
コー マイ ティン ゴー ドゥオッ(ク)
tiếng Nhật không?
ティエン ニャッ(ト) ホン

Tôi gõ a như thế nào?
トイ ゴー アー ニュー テー ナオ

Tôi không mở được file đính kèm.
トイ ホン モー ドゥオッ(ク) ファイル ディン ケム

Ở đây có máy fax không?
オー デイ コー マイ ファッ(ク) ホン

Nhận fax giúp tôi được không?
ニャン ファッ(ク) ズッ(プ) トイ ドゥオッ(ク) ホン

In 1 trang bao nhiêu tiền?
イン モッ チャン バオ ニュー ティエン

Tôi gọi đồ uống được không?
トイ ゴイ ドー ウオン ドゥオッ(ク) ホン

Tôi xong rồi, cho tôi trả tiền.
トイ ソン ゾーイ チョー トイ チャー ティエン

関連単語

コンピューター

| computer | máy tính |
| コンピュータ | マイ ティン |

インターネット

| Internet | internet |
| インタネット | インターネッ(ト) |

インターネットカフェ

| Internet café | cà phê internet |
| インタネット カフェ | カー フェー インターネッ(ト) |

メール

| email | email |
| イメイル | イーメウ |

送信する

| send | gửi |
| センド | グーイ |

メールアドレス

| email address | địa chỉ email |
| イメイル アドレス | ディア チー イーメウ |

ホームページ

| homepage | trang chủ |
| ホウムペイジ | チャン チュー |

147

郵便

切手は郵便局で購入が可能です。また、はがきや封書などを投函したい時はホテルのレセプションに頼むか、直接郵便局で出します。

9000ドンの切手を3枚お願いします。

Can I have three 9000 Dong stamps ?
キャナイ ハヴ スリー **ナ**インサウズン ドン スタンプス

Cho tôi ba cái tem giá 9000 đồng.
チョー トイ バー カイ テム ザー チンギン ドン

絵はがきを3枚ください。

Three picture postcard, please.
スリー ピクチャ ポウストカード プリーズ

Cho tôi 3 tờ bưu thiếp có hình.
チョー トイ バー トー ビュー ティエッ(プ) コー ヒン

日本語	英語
最寄りの郵便局はどこですか？	Where is the nearest post office ? ウェアリズ ダ ニアレスト ポウスト オフィス
これを日本に出したいのです。	I'd like to send this to Japan. アイド ライク トゥ センド ディス トゥ ジャパン
[ホテルのフロントで] ここで切手を売っていますか？	Can I get stamps here ? キャナイ ゲット スタンプス ヒア
ポストはどこにありますか？	Where is the mailbox ? ウェアリズ ダ メイルボックス
切手はどこで売っていますか？	Where can I get some stamps ? ウェア キャナイ ゲット サム スタンプス
記念切手をください。	Can I have commemorative stamps ? キャナイ ハヴ コメモラティヴ スタンプス
速達(書留)にしてください。	Express (Registered) mail, please. イクスプレス レジスタド メイル プリーズ
この小包を日本に送りたいのです。	I'd like to send this parcel to Japan. アイド ライク トゥ センド ディス パースル トゥ ジャパン
小包に保険をかけます。	I'd like to have this parcel insured. アイド ライク トゥ ハヴ ディス パースル インシュアド

148

この郵便料金はいくらですか？

How much is the postage for this?
ハウ マッチ イズ ダ ポウスティジ フォー ディス

Gửi cái này hết bao nhiêu tiền?
グーイ カイ ナイ ヘッ(ト) バオ ニュー ティエン

航空便（船便）でお願いします。

By airmail (sea mail), please.
バイ エアメイル スィー メイル プリーズ

Cho tôi gửi đường hàng không (đường biển).
チョー トイ グーイ ドゥオン ハン ホン ドゥオン ビエン

ベトナム語

Bưu điện gần nhất ở đâu?
ブー ディエン ガン ニャッ(ト) オー ダウ

Tôi muốn gửi cái này sang Nhật.
トイ ムオン グーイ カイ ナイ サン ニャッ(ト)

Ở đây có bán tem không?
オー デイ コー バン テム ホン

Thùng thư ở đâu?
トゥン トゥー オー ダウ

Ở đâu bán tem?
オー ダウ バン テム

Bán cho tôi tem ki niệm.
バン チョー トイ テム キー ニエム

Cho tôi gửi chuyển phát
チョー トイ グーイ チュエン ファッ(ト)
nhanh (thư bảo đảm).
ニャイン トゥー バーオ ダー(ム)

Tôi muốn gửi kiện hàng nhỏ này tới Nhật.
トイ ムオン グーイ キエン ハン ニョー ナイ トーイ ニャッ(ト)

Tôi muốn gửi đảm bảo cái này.
トイ ムオン グーイ ダー(ム) バーオ カイ ナイ

郵便物の出し方

郵便物の上書き

はがきや封書等に書く宛名は、日本語で書きます。そして、ベトナムの郵便局でチェックする国名（日本＝JAPAN）と郵送の種別（航空便＝AIR MAILか、船便＝SEA MAIL）をアルファベットで書きます。また、差出人の名前や宿泊先ホテルの住所等をローマ字、英文字で書いておいた方がいいですが、紛失して困るような郵便物には、差出人の日本の住所も併記しておくと安心です。

小包を送る

日本へ小包を送る場合は、直接郵便局へ出向くことになります。重量は30kgまでで、到着は航空便でも3週間前後、船便だと早くて1カ月、3カ月以上かかることも。

郵便局の営業時間は、月～土曜の午前8時から午後5時が一般的で、地方だと昼休みがあったり、土曜は午前で閉まるところも。ハノイとホーチミンの中央郵便局は原則無休で、午後7時頃まで開いています。

通信・郵便
郵便

銀行

ベトナムの銀行の営業時間は、一般的に月〜金曜の午前8時半から11時半までと、午後1時半から3時半まで。土曜に午前のみ営業の銀行もあります。

日本円をドンに換金してください。

Please change these Japanese yen for Dong.
プリーズ　チェインジ　ディーズ　ジャパニーズ　イェン　フォー　ドン

Cho tôi đổi tiền Yên sang đồng.
チョー　トイ　ドーイ　ティエン　イエン　サン　ドン

小額紙幣を混ぜてください。

I need some small bills, please.
アイ　ニード　サム　スモール　ビルス　プリーズ

Cho tôi cả tiền lẻ và tiền chẵn.
チョー　トイ　カー　ティエン　レー　ヴァー　ティエン　チャン

日本語	英語
銀行は何時に開き(閉まり)ますか？	What time does the bank open (close)? ワッタイム　ダズ　ダ　バンク　オウプン　クロウズ
この小切手を現金にしてください。	I'd like to cash this personal check. アイド　ライクトゥ　キャシュ　ディス　パーソヌル　チェック
手数料はいくらですか？	How much is the commission? ハウ　マッチ　イズ　ダ　コミッション
両替カウンターはどこですか？	Where is the exchange counter? ウェアリズ　ディ　イクスチェインジ　カウンタ
現金自動支払機は何時まで使えますか？	How late are the ATM's open? ハウ　レイト　アー　ディ　エイティーエムズ　オウプン
5万ドン紙幣でください。	I need a 50,000 Dong bill. アイ　ニーダ　フィフティサウズン　ドン　ビル
日本からの送金を受けられますか？	Can I receive a remittance from Japan? キャナイ　リスィーヴァ　リミッタンス　フロム　ジャパン
今日のレートはいくらですか？	What's today's exchange rate? ワッツ　トゥデイズ　イクスチェインジ　レイト

両替証明書をください。

Can I have a certificate of exchange ?
キャナイ ハヴァ サティフィキト オヴ イクスチェインジ

Cho tôi hóa đơn đổi tiền.
チョー トイ ホア ドン ドーイ ティエン

現金自動支払機はどこにありますか？

Where is the ATM ?
ウェアリズ ディ エイティーエム

Cây ATM ở đâu ?
カイ エーティーエム オー ダウ

ベトナム語

Mấy giờ ngân hàng mở (đóng) cửa ?
マイ ゾー ガン ハン モー ドン クーア

Đổi séc này ra tiền mặt cho tôi.
ドーイ セッ(ク) ナイ ザー ティエン マッ(ト) チョー トイ

Phí là bao nhiêu tiền ?
フィー ラー バオ ニュー ティエン

Quầy đổi tiền ở đâu ?
クアイ ドーイ ティエン オー ダウ

Cây ATM mở đến mấy giờ ?
カイ エーティーエム モー デン マイ ゾー

Cho tôi tờ 50,000 đồng.
チョー トイ トー ナムマンオイギン ドン

Tôi có thể nhận tiền
トイ コー テー ニャン ティエン
chuyển từ Nhật không ?
チュエン トゥー ニャッ(ト) ホン

Tỷ giá hôm nay là bao nhiêu ?
ティー ザー ホム ナイ ラー バオ ニュー

ベトナムでのキャッシング

海外で便利なキャッシュパスポート

トラベレックスのキャッシュパスポートは、プリペイドタイプの海外専用トラベルマネーカード。事前に日本でお金を入金しておくと、ATMで現地通貨を引き出すことができ、Master Card加盟店では、デビットカードのように利用もできます。銀行口座を開設する必要がなく、銀行口座とリンクしていないので、万一盗難に遭っても安心です。（緊急時は無料のアシスタントサービスあり。）帰国後は、次の旅行に使用することも、残金を全額精算することもできます。
http://www.jpcashpassport.jp

クレジットカードでの引き出し

緊急時はクレジットカードを使って現地通貨での引き出しができますが、金利がかかることを忘れないように。あくまでも緊急時の手段と考えましょう。

通信・郵便 銀行

帰国

RETURNING TO JAPAN / VỀ NHẬT

帰国便

多少とも緊張していた旅行も、帰国となると急に気が抜けます。空港には早めに、忘れ物のないように、最後まで気を抜かないでください。

なるべく早く出発しなければなりません。

I have to leave as soon as possible.
アイ ハフトゥ リーヴ アズ スーン アズ ポスィブル

Tôi phải đi sớm nhất có thể.
トイ ファーイ ディー ソム ニャッ(ト) コー テー

チェックインは何時からですか？

What time do you start check-in?
ワッタイム ドゥ ユー スタート チェックイン

Mấy giờ bắt đầu check-in?
マイ ゾー バッ(ト) ダウ チェックイン

日本語	英語
今日の便に乗れますか？	Can I get on today's flight? キャナイ ゲット オン トゥデイズ フライト
東京で予約してあります。	I made a reservation in Tokyo. アイ メイダ レザヴェイション イン トウキョウ
出発時刻の確認をお願いします。	I'd like to confirm the departure time. アイド ライク トゥ コンファーム ダ ディパーチャ タイム
何時までにチェックインすればいいですか？	By what time should we check-in? バイ ワッタイム シュド ウィ チェックイン
明日の便に変更したいのです。	I'd like to change my flight for アイド ライク トゥ チェインジ マイ フライト フォー tomorrow. トゥモロウ
いつの便なら取れますか？	What flight is available? ワット フライト イズ アヴェイラブル
キャンセル待ちするしかありませんか？	Do I have to be on the waiting list? ドゥ アイ ハフトゥ ビー オン ダ ウェイティング リスト

旅のしめくくり、帰国には次の点に注意してください。チェックインする荷物が重量超過していませんか？ 免税の書類は揃っていますか？ 免税品を手荷物に入れてありますか？ 空港までの交通費と出国税はベトナムドンで残っていますか？

予約のキャンセルはできますか？

Could you cancel my reservation ?
クジュー　　　　キャンスル マイ　レザヴェイション

Tôi muốn hủy đặt chỗ.
トイ　ムオン　フイ　ダッ(ト)　チョー

フライトの変更をお願いします。

I'd like to change my flight, please.
アイド ライク トゥ　チェインジ マイ フライト　プリーズ

Tôi muốn đổi chuyến bay.
トイ　ムオン　ドーイ　チュエン　バイ

ベトナム語

Tôi bay chuyến hôm nay được không ?
トイ バイ チュエン ホン ナイ ドゥオッ(ク) ホン

Tôi đã đặt ở Tokyo.
トイ ダー ダッ(ト) オー トーキョー

Cho tôi xác nhận giờ xuất phát.
チョー トイ サッ(ク) ニャン ゾー スアッ(ト) ファッ(ト)

Check in đến mấy giờ ?
チェック イン デン マイ ゾー

Tôi muốn đổi chuyến
トイ ムオン ドーイ チュエン
bay sang ngày mai.
バイ サン ガイ マイ

Chuyến nào thì có thể đặt được ?
チュエン ナオ ティー コー テー ダッ(ト) ドゥオッ(ク)

Chỉ được vào danh sách chờ thôi à ?
チー ドゥオック ヴァオ ザイン サッ(ク) チョー トーイ アー

関連単語

予約

reservation đặt phòng
レザヴェイション　　　　ダッ(ト) フォン

帰る

return về nước
リターン　　　　ヴェー ヌオッ(ク)

フライトナンバー

flight number số chuyến bay
フライト ナンバ　　　ソー チュエン バイ

出発時刻

departure time giờ xuất phát
ディパーチャ　タイム　　ゾー スアッ(ト) ファッ(ト)

航空券

airline ticket vé máy bay
エアライン ティキト　ヴェー マイ バイ

空席

vacant seat ghế trống
ヴェイカント スィート　ゲー チョン

帰国　帰国便の変更

搭乗と出国

空港には2時間前には到着しておきましょう。万一トラブルがあっても余裕をもって対処できます。免税手続きが必要な場合は、さらに余裕をもつようにしましょう。

ベトナム航空のカウンターはどこですか？

Where is the Vietnam Airlines counter?
ウェアリズ ダ ヴィエトナム エアラインズ カウンタ

Quầy vé của Vietnam Airlines ở đâu?
クアイ ヴェー クーア ヴィエッ(ト) ナム エアライン オー ダウ

窓側（通路側）にしてください。

A window (An aisle) seat, please.
ア ウィンドウ アン アイル スィート プリーズ

Cho tôi ghế cạnh cửa sổ (cạnh lối đi).
チョー トイ ゲー カイン クーア ソー カイン ロイ ディー

日本語	英語
最終目的地まで通しで荷物を預けます。	Check it to my final destination. チェキット トゥ マイ ファイナル デスティネイション
これを機内に持ち込めますか？	Can I bring this on the plane? キャナイ ブリング ディス オン ダ プレイン
預ける荷物はありません。	I have no baggage to check. アイ ハヴ ノウ バギジ トゥ チェック
荷物は全部で2つです。	I have two pieces of baggage. アイ ハヴ トゥー ピースィズ オヴ バギジ
これは割れ物です。	This is fragile. ディスィズ フラジャイル
搭乗口番号を教えてください。	What is the gate number? ワッティズ ダ ゲイト ナンバ
この便は定刻発ですか？	Will this flight leave on schedule? ウィル ディス フライト リーヴ オン スケジュール
どれくらい遅れて出発しますか？	How much later will departure be? ハウ マッチ レイタ ウィル ディパーチャ ビー

空港税は必要ですか？

Do I have to pay an airport tax ?
ドゥ アイ **ハフトゥ** ペイ アン **エ**アポート タクス

Tôi có phải trả lệ phí sân bay không ?
トイ コー ファーイ チャー レ フィー サン バイ ホン

このバッグは機内持ち込みにします。

This is a carry-on bag.
ディスィザ **キャリオン** バッグ

Tôi xách túi này lên máy bay.
トイ サッ(ク) トゥイ ナイ レン マイ バイ

ベトナム語

Tôi gửi hành lý đến điểm cuối.
トイ グーイ ハイン リー デン ディエム クオイ

Tôi mang cái này lên máy bay được không ?
トイ マン カイ ナイ レン マイ バイ ドゥオッ(ク) ホン

Tôi không có hành lý gửi.
トイ ホン コー ハイン リー グーイ

Tôi có hai kiện hành lý.
トイ コー ハイ キエン ハイン リー

Đây là đồ dễ vỡ.
デイ ラー ドー ゼー ヴォー

Cửa ra máy bay số mấy ?
クーア ザー マイ バイ ソー マイ

Chuyến bay có bay đúng giờ không ?
チュエン バイ コー バイ ドゥン ゾー ホン

Giờ bay bị delay bao lâu ?
ゾー バイ ビ ディレイ バオ ロー

関連単語

乗客
passenger / hành khách
パセンジャ / ハイン カッ(ク)

出発ロビー
departure lobby / sảnh đi
ディパーチャ ロビ / サイン ディー

搭乗口
boarding gate / cửa ra máy bay
ボーディング ゲイト / クーア ザー マイ バイ

搭乗時刻
boarding time / giờ lên máy bay
ボーディング タイム / ゾー レン マイ バイ

搭乗カウンター
boarding counter / quầy ra máy bay
ボーディング カウンタ / クアイ ザー マイ バイ

出発空港
departure airport / sân bay đi
ディパーチャ **エ**アポート / サン バイ ディー

免税店
duty-free shop / cửa hàng miễn thuế
デューティフリー ショップ / クーア ハン ミエン トゥエ

超過手荷物
excess baggage / hành lý gửi thêm
エクセス バギジ / ハイン リー グーイ テム

帰国　搭乗と出国

155

免税範囲、規制品

日本入国時の免税範囲

旅行者が携帯、もしくは別送（6カ月以内に輸入）する品物で、個人的に使用するものに関しては、以下の範囲内で免税措置がとられます。携帯品と別送品の両方がある場合は両者を合算します。

ただし未成年の場合には酒類、タバコ類は免税とはなりません。

免税範囲を越えた場合には、税金がかかります。酒類のように関税と消費税等を合わせた簡易税率が適用される品目と、一般の関税率がかかる品目（1つの課税価格が10万円を超えるもの、食用のりやパイナップル製品等）、腕時計や書画のように関税がかからず消費税のみ課税の場合があります。

品名	数量または価格	備考
1 酒類	3本 （1本760cc相当）	クォートびん(950cc)は950÷760＝1.25本換算
2 タバコ類 　紙巻きタバコのみ 　葉巻きのみ 　その他タバコ	 200本 50本 250グラム	2種類以上の品目のタバコの場合には、総重量で250グラム
3 香水	2オンス	約50グラム（1オンスは約28cc）
4 その他	同じ種類の品目の合計が1万円以下	例：1本5000円のネクタイ2本なら無税、3本なら課税
5 上記1～4以外	合計20万円	合計で20万円を超えた場合は、超えた額のみが課税対象。1品で20万円を超える品物はその全額が課税対象。 例：25万円のバッグであれば5万円分ではなく25万円分が対象。

日本への持ち込みが禁止の品
①麻薬、覚醒剤
②銃砲、銃砲弾等
③コピー商品（偽ブランド品）
④わいせつ物（ビデオテープ、雑誌等）
⑤偽造通貨、偽装証券、変造品、模造品

日本への持ち込みが規制される品
①ワシントン条約に記載されている野生動植物とその製品（ハンドバッグ、毛皮、ベルト、はく製、象牙製品など）
主なもの：アフリカゾウ、クロサイ、マウンテンゴリラ、ヒョウ、チータ、チンパンジー、マレーバク、ベンガルトラ、テングザル、コビトカバ、アイアイ、ウミイグアナ、タイマイ、ジャイアントパンダ、ジュゴン、ハクトウワシ、ヤシオウム、アオサンゴ
②植物：果物、切花、野菜など。
　動物：ハムや香辛料などの加工品を含む。これらは税関検査前に検疫を受ける。
③土のついた植物：持ち込み禁止。
④猟銃、空気銃、刀剣。
⑤個人の医薬品、化粧品：数量に制限あり。ベトナムの薬局で売られている薬の中には、日本に持ち帰れないものもあるので注意。

đồ thất lạc ở đâu? / Tôi bỏ quên ví trên tàu (trong phòng). / ... m mất chìa khóa phòng. / Anh/chị thấy cái máy ảnh nào ở ... hổng? / Đứng lại! / Trả ví cho tôi! / Cứu tôi với! / Tôi không ... n. / Có thể cho tôi giấy chứng nhận bị tai nạn (bị cướp) ... ? / Tôi muốn liên hệ với đại sứ quán Nhật Bản. / Tôi bị mất ... tôi bị mất trộm hành lý. / Tôi muốn xin cấp lại hộ chiếu. / ... mất thẻ tín dụng. / Tôi đến đâu để được cấp lại? / Tôi muốn ... hẻ tín dụng. / Làm ơn gọi xe cấp cứu. / Nhanh lên. / Tôi bị ... n. / Ở phố Đồng Khởi. / Tôi thấy không khỏe. / Tôi bị ... g. / Gọi bác sĩ (xe cấp cứu) cho tôi. / Hãy đưa tôi đến bệnh ... Tôi muốn gặp bác sỹ. / Đây là cấp cứu. / Đến ngay giúp tôi ... y là đơn thuốc của tôi, cho tôi mua thuốc ...

困った時に

盗難

THEFT / TRỘM CẮP

忘れ物・盗難

ホテルなどで忘れ物をしてしまったら、まず忘れた場所に電話を入れましょう。スマートホンを出しっぱなしにしておくと、知らない間に盗難に遭っていることも。

遺失物係はどこですか？

Where is the lost and found ?
ウェアリズ　ダ　ロスト　エン　ファウンド

Quầy đồ thất lạc ở đâu ?
クアイ　ドー　タッ(ト)　ラッ(ク)　オー　ダウ

列車内(部屋)に財布を忘れました。

I left my wallet on the train (in the room).
アイ　レフト　マイ　ウォレット　オン　ダ　トレイン　イン　ダ　ルーム

Tôi bỏ quên ví trên tàu (trong phòng).
トイ　ボー　クエン　ヴィ　チェン　タウ　チョン　フォン

日本語	英語
中にパスポートが入っています。	My passport is in it. マイ　パスポート　イズ　イニット
至急調べてください。	Could you check right away ? クジュー　チェック　ライタウェイ
もう一度よく探してください。	Could you check one more time, please ? クジュー　チェック　ワン　モア　タイム　プリーズ
警察に連絡してください。	Call the police, please. コール　ダ　ポリース　プリーズ
どこでなくしたかよく覚えていません。	I'm not sure where I lost it. アイム　ノット　シュア　ウェア　アイ　ロスティット
見つかり次第部屋に電話してください。	Please call my room as soon as you find it. プリーズ　コール　マイ　ルーム　アズ　スーン　ナズ　ユー　ファインディット
見つかったら日本に送ってくれませんか？	Could you please send it to Japan クジュー　プリーズ　センディット　トゥ　ジャパン when you find it ? ウェン　ユー　ファインディット

158

事故やトラブルに備えて、必ず海外旅行傷害保険に入っておきましょう。保険請求には事故証明書や盗難証明書が必要です。警察で発行してもらいますが、多少の語学力が必要です。できればベトナム語に堪能な人に立ち会ってもらいましょう。

部屋のカギをなくしました。

I've lost my room key.
アイヴ ロスト マイ ルーム キー

Tôi làm mất chìa khóa phòng.
トイ ラム マッ(ト) チア ホアー フォン

ここでカメラを見ませんでしたか？

Did you see a camera here?
ディジュー スィー ア キャメラ ヒア

Anh/Chị thấy cái máy ảnh nào ở đây không?
アイン チ タイ カイ マイ アイン ナオ オー デイ ホン

ベトナム語

Trong đó có hộ chiếu của tôi.
チョン ドー コー ホ チエウ クーア トイ

Kiểm tra ngay giúp tôi.
キエム チャー ガイ ズッ(プ) トイ

Làm ơn kiểm tra lại một lần nữa.
ラム オン キエム チャー ライ モッ ラン ヌア

Gọi công an giúp tôi.
ゴイ コン アン ズッ(プ) トイ

Tôi không nhớ đã làm rơi ở đâu.
トイ ホン ニョー ダー ラム ゾーイ オー ダウ

Làm ơn gọi lên phòng cho tôi nếu tìm thấy.
ラム オン ゴイ レン フォン チョー トイ ネウ ティム タイ

Nếu tìm thấy gửi sang Nhật cho tôi được không?
ネウ ティム タイ グーイ サン ニャッ(ト) チョー トイ ドゥオック ホン

関連単語

パスポート

| passport | hộ chiếu |
| パスポート | ホ チエウ |

クレジットカード

| credit card | thẻ tín dụng |
| クレディット カード | テー ティン ズン |

財布

| purse | ví |
| パース | ヴィー |

警察

| police | công an |
| ポリース | コン アン |

盗難届け

| theft report | thông báo mất trộm |
| セフト リポート | トン バオ マッ(ト) チョ(ム) |

紛失届け

| lost report | báo cáo mất đồ |
| ロスト リポート | バオ カオ マッ(ト) ドー |

159

盗難・その他

万が一、強盗などに遭った場合は、抵抗しないこと。貴重品は一箇所にまとめて持たず、パスポートやクレジットカードの番号はコピーして控えを取っておくようにします。

動くな！

Dont' move!
ドン ムーヴ

Đứng lại !
ドゥン ライ

財布を出せ！

Gimme your wallet!
ギミ ユア ウォレット

Trả ví cho tôi !
チャー ヴィー チョー トイ

日本語	英語
やめてください！	Stop it! スタッピット
これで全部です。	That's all. ダッツ オール
泥棒！	Robber ! ロバ
その人を捕まえて！	Catch him (her) ! キャッチ ヒム ハー
警察を呼んで！	Call the police ! コール ダ ポリース
救急車を呼んで！	Call an ambulance ! コール アン アンビュランス
日本語の通訳を呼んでください。	Please get me a Japanese interpreter. プリーズ ゲット ミー ア ジャパニーズ インタープリタ
つきまとわないで！	Don't follow me ! ドント フォロウ ミー
要りません。	I don't need it. アイ ドント ニーディト
迷惑です。	Don't bother me. ドント バダ ミー

160

助けてください！

Help me!
ヘルプ　ミー

Cứu tôi với !
キュー　トイ　ヴォーイ

お金は持っていません。

I have no money.
アイ　ハヴ　ノー　マニ

Tôi không có tiền.
トイ　ホン　コー　ティエン

ベトナム語

Dừng lại !
ズン　ライ

Đây là tất cả.
デイ　ラー　タッ(ト)　カー

Cướp !
クオッ(プ)

Bắt lấy nó !
バッ(ト)　レイ　ノー

Gọi công an đi !
ゴイ　コン　アン　ディー

Gọi xe cấp cứu đi !
ゴイ　セー　カッ(プ)　キュー　ディー

Gọi cho tôi người phiên dịch tiếng Nhật.
ゴイ　チョー　トイ　グオイ　フィエン　ジッ(ク)　ティエン　ニャッ(ト)

Đừng theo tôi !
ドゥン　テオ　トイ

Tôi không cần.
トイ　ホン　カン

Đừng làm phiền tôi.
ドゥン　ラム　フィエン　トイ

警戒心を忘れずに！！

基本的にはベトナムは安全な国ですが、年々治安が悪化しているのも事実。外国人旅行者が強盗や殺人、レイプといった凶悪犯罪に巻き込まれるケースも増えていますので、注意は怠らないようにしてください。

最も巻き込まれやすいのはみやげ物店やレストラン、タクシーでのぼったくり被害です。特にハノイはタクシートラブルが目立つので、定評のある会社を利用するようにしましょう。バイクでのひったくりも要注意です。バッグは歩道側に持つ、常に周囲に気を配る、などの注意が必要です。また、街中で共犯者が物売りを装って注意をひきつけている隙に、貴重品をする事件も目立つので気をつけてください。

万一被害に遭った際は警察に届けることになりますが、半日は時間をとられるうえ、日本の警察のような初動捜査は期待できません。被害に遭わないよう自衛することが、最重要課題といえます。

盗難　盗難・その他

161

警察で

盗難や事故に巻き込まれたら、保険申請用に警察で証明書を発行してもらいます。盗まれた場所を管轄する警察に行かないと対応してくれないこともあるので注意が必要です。

事故証明書（盗難証明書）をください。

May I have an accident (a theft) certificate ?
メイ アイ ハヴァン アクスィデント ア セフト サティフィキト

Có thể cho tôi giấy chứng nhận bị tai nạn (bị cướp) không ?
コー テー チョー トイ ザイ チュン ニャン ビ タイ ナン ビ クオッ(プ) ホン

日本大使館に連絡したいのです。

I'd like to contact the Japanese Embassy.
アイド ライク トゥ コンタクト ダ ジャパニーズ エンバスィ

Tôi muốn liên hệ với đại sứ quán Nhật Bản.
トイ ムオン リエン ヘ ヴォーイ ダイ スー クアン ニャッ(ト) バーン

日本語	英語
ハンドバッグをひったくられました。	Someone snatched my handbag. サムワン スナッチ マイ ハンドバッグ
部屋に戻ったらカメラがなくなっていました。	When I came back to my room, my camera was gone. ウェン アイ ケイム バック トゥ マイ ルーム マイ キャメラ ウォズ ゴゥン
財布をすられたようです。	My wallet must have been taken by a pickpocket. マイ ウォレット マスト ハヴ ビン テイクン バイ ア ピックポキト
どんな財布ですか？	What kind of wallet is it ? ワット カインド オヴ ウォレット イズイット
茶色のフェラガモです。	It's a brown Ferragamo's. イッツァ ブラウン フェッラガーモズ
いくら入っていましたか？	How much money were you carrying ? ハウ マッチ マニ ワー ユー キャリイング
現金が50万ドン、それにクレジットカードです。	500,000 Dong ファイヴハンドレッドサウズン ドン in cash, and my credit cards. イン キャシュ エン マイ クレディット カーズ
保険会社用に盗難証明書を書いてください。	Could you make a theft report for クジュー メイカ セフト リポート フォー my insurance company ? マイ インシュアランス カンパニ

財布を盗まれました。

My wallet was stolen.
マイ **ウォ**レット ウォズ スト**ゥ**ルン

Tôi bị mất ví.
トイ ビ マッ(ト) ヴィー

荷物の置き引きに遭いました。

My baggage was stolen.
マイ バギジ ウォズ スト**ゥ**ルン

Tôi bị mất trộm hành lý.
トイ ビ マッ(ト) チョ(ム) ハイン リー

ベトナム語	関連単語

泥棒

burglar	kẻ trộm
バーグラ	ケー チョ(ム)

Tôi bị cướp túi xách.
トイ ビ クオッ(プ) トゥイ サッ(ク)

泥棒(行為)

theft	trộm
セフト	チョ(ム)

Khi tôi về phòng, máy ảnh đã bị mất rồi.
ヒー トイ ヴェー フォン マイ アイン ダー ビ マッ(ト) ゾーイ

Tôi bị móc ví.
トイ ビ モッ(ク) ヴィー

すり(人)

pickpocket	kẻ móc túi
ピックポキト	ケー モッ(ク) トゥイ

Đó là loại ví nào?
ドー ラー ロアイ ヴィー ナオ

すり(行為)

pocket picking	móc túi
ポキト ピッキング	モッ(ク) トゥイ

Nó là một cái ví nâu hiệu Ferragamo.
ノー ラー モッ カイ ヴィー ノウ ヒエウ フェラガモ

Bên trong có bao nhiêu tiền?
ベン チョン コー バオ ニュー ティエン

強盗(人)

robber	kẻ cướp
ロバ	ケー クオッ(プ)

Có 500,000 đồng
コー ナムチャムギン ドン
và các loại thẻ tín dụng.
ヴァー カッ(ク) ロアイ テー ティン ズン

強盗(行為)

holdup	cướp
ホウルドアップ	クオッ(プ)

ひったくり(人)

snatcher	kẻ cướp/ giật
スナッチャ	ケー クオッ(プ) ザッ(ト)

Làm giúp tôi giấy xác nhận bị
ラム ズッ(プ) トイ ザイ サッ(ク) ニャン ビ
trộm cho công ty bảo hiểm.
チョ(ム) チョー コン ティー バオ ヒエム

ひったくり(行為)

snatch	cướp/ giật
スナッチ	クオッ(プ) ザッ(ト)

再発行

パスポートを紛失した場合には、速やかに再発行の手続きをします。クレジットカードの場合には、使われないよう発行元に連絡して無効にします。

パスポートを再発行してください。

I'd like to have my passport reissued.
アイド ライク トゥ ハヴ マイ パスポート リーイシュード

Tôi muốn xin cấp lại hộ chiếu.
トイ ムオン シン カッ(プ) ライ ホ チエウ

クレジットカードをなくしてしまいました。

I've lost my credit card.
アイヴ ロスト マイ クレディット カード

Tôi bị mất thẻ tín dụng.
トイ ビ マッ(ト) テー ティン ズン

日本語	英語
日本大使館はどこですか？	Where is the Japanese Embassy? ウェアリズ ダ ジャパニーズ エンバスィ
日本大使館に電話してください。	Please call the Japanese Embassy. プリーズ コール ダ ジャパニーズ エンバスィ
日本大使館にはどうやって行くのですか？	How can I get to the Japanese ハウ キャナイ ゲットゥ ダ ジャパニーズ Embassy? エンバスィ
カード番号は1010-5832です。	The number is one zero one ダ ナンバ イズ ワン ズィーロウ ワン zero five eight three two. ズィーロウ ファイヴ エイト スリー トゥー
いつ再発行してもらえますか？	When can I have it reissued? ウェン キャナイ ハヴィット リーイシュード
最後にカードを使ったのは昨日です。	I last used the card yesterday. アイ ラスト ユーズド ダ カード イエスタデイ
新たに航空券を購入しなくてはなりませんか？	Do I have to buy a new airline ticket? ドゥ アイ ハフトゥ バイ ア ニュー エアライン ティキト

どこで再発行できますか？

Where can I have them reissued?
ウェア　キャナイ　ハヴ　デム　リーイシュード

Tôi đến đâu để được cấp lại?
トイ　デン　ダウ　デー　ドゥオッ(ク)　カッ(プ)　ライ

[なくした]クレジットカードを無効にしてください。

I'd like to cancel my card.
アイド　ライク　トゥ　キャンスル　マイ　カード

Tôi muốn khóa thẻ tín dụng.
トイ　ムオン　ホア　テー　ティン　ズン

ベトナム語

Đại sứ quán Nhật Bản ở đâu?
ダイ　ス　クアン　ニャッ(ト)　バーン　オー　ダウ

Gọi Đại sứ quán Nhật Bản cho tôi.
ゴイ　ダイ　ス　クアン　ニャッ(ト)　バーン　チョー　トイ

Làm thế nào để đến được
ラム　テー　ナオ　デー　デン　ドゥオック
Đại sứ quán Nhật Bản?
ダイ　ス　クアン　ニャッ(ト)　バーン

Số thẻ của tôi là một
ソー　テー　クーア　トイ　ラー　モッ
không một không năm tám ba hai.
ホン　モッ　ホン　ナム　タム　バー　ハイ

Khi nào tôi được cấp lại?
ヒー　ナオ　トイ　ドゥオック　カップ　ライ

Lần cuối tôi dùng thẻ tín dụng là hôm qua.
ラン　クオイ　トイ　ズン　テー　ティン　ズン　ラー　ホム　クア

Tôi có phải mua lại vé máy bay không?
トイ　コー　ファイ　ムア　ライ　ヴェー　マイ　バイ　ホン

関連単語

日本大使館
Japanese Embassy | đại sứ quán Nhật Bản
ジャパニーズ　エンバスィ | ダイ　ス　クアン　ニャッ(ト)　バーン

日本領事館
Japanese Consulate | lãnh sự quán Nhật Bản
ジャパニーズ　カンスレト | ライン　ス　クアン　ニャッ(ト)　バーン

再発行
reissue | cấp lại
リーイシュー | カッ(プ)　ライ

再発行する
reissue | cấp lại
リーイシュー | カッ(プ)　ライ

身分証明証
ID card | chứng minh thư
アイディー　カード | チュン　ミン　トゥー

航空券
airline ticket | vé máy bay
エアライン　ティキト | ヴェー　マイ　バイ

届け出る
report | báo cáo
リポート | バオ　カオ

手数料
charge | lệ phí
チャージ | レ　フィー

盗難　再発行

165

パスポートをなくしたら

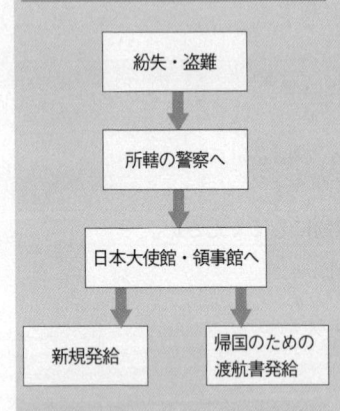

```
紛失・盗難
   ↓
所轄の警察へ
   ↓
日本大使館・領事館へ
   ↓            ↓
新規発給    帰国のための
            渡航書発給
```

警察へ届ける
警察へ届けて、パスポートの紛失・盗難証明書を作成してもらいます。

新規発給の手続き
在外日本大使館もしくは領事館で新規発給手続きをします。
必要なものは以下の通りです。
■現地警察署発行の紛失・盗難証明書
■紛失一般旅券等届出書：1通（大使館にあります）
■一般旅券発給申請書：1通（大使館にあります）
■写真（タテ4.5×ヨコ3.5cm）：2枚
■戸籍謄（抄）本：1通
■手数料：3,080,000ドン（10年有効旅券）

帰国のための渡航書
早急に帰国する必要がある場合には「帰国のための渡航書」を申請します。これは1～2日で発給されますが、一時的なもので継続して使えません。必要なものは以下の通りです。
■現地警察署発行の紛失・盗難証明書
■紛失一般旅券等届出書：1通（大使館にあります）
■一般旅券発給申請書：1通（大使館にあります）
■写真（タテ4.5×ヨコ3.5cm）：2枚
■戸籍謄（抄）本：1通（または日本国籍があることを確認できる書類）
■航空券、予約確認書、旅行日程表等
■手数料：480,000ドン

航空券をなくしたら

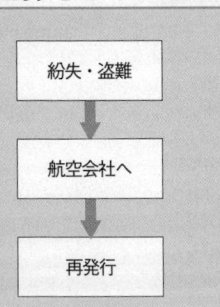

```
紛失・盗難
   ↓
航空会社へ
   ↓
再発行
```

手続き
■いまやほとんどの航空券がeチケット。航空会社のコンピュータでデータを管理しているので、たとえ控えを紛失しても、パスポートを提示すれば無料で再発行してくれます。時間がかかる場合もあるので早めに手続きを。

空港のチェックインカウンターでも再発行してもらえますが、セキュリティの厳しい空港だと、航空券(eチケット)を見せないと、カウンターに到達できない場合があります。市中の航空会社支店窓口などでの手続きが無難です。

狙われやすい服装・行動

ズボンの尻ポケットに財布を入れたままで別のことに気を取られると、スリの格好の標的となる。

ハイヒールはいざという時に走れないので、狙われやすい。

ハンドバッグの口を外側に向けるとスリに狙われる。格好悪くても内側に向け、手でバッグを押さえる。

列車の中で居眠りをしていると、置き引きに狙われやすい。

通りでは、車道側の肩にバッグをかけない。バイクでのひったくり防止になる。

書類の記入中や説明を受けている時などは、置き引きに狙われやすい。荷物を置いて両足でしっかり挟むなどする。

デイパックは両手が使えて便利だが、後ろから簡単に切り裂くことができる。貴重品は入れないこと。

両手にいっぱいの買い物袋はスリやひったくりの標的。荷物が多い時はタクシーや配達を利用する。

ケガ・病気

INJURY & ILLNESS / BỊ THƯƠNG – BỊ ỐM

車に関わるトラブル

交通事故でケガをしたら、病院へ行くことが先決。ベトナムの救急車は有料で、呼んでも来るのが遅いので、緊急の場合はタクシーを利用してもいいでしょう。

救急車を呼んでください。

Call the ambulance, please.
コール ディ **ア**ンビュランス プリーズ

Làm ơn gọi xe cấp cứu.
ラム オン ゴイ セー カッ(プ) キュー

急いでください。

I'm in a hurry.
アイム イン ナ **ハ**リ

Nhanh lên.
ニャイン レン

日本語	英語
ケガ人がいます。	There is an injured person here. デアリズ アン **イ**ンジュド パーソン ヒア
私を病院に連れて行ってください。	Could you take me to a hospital? クジュー テイク ミー トゥ ア **ホ**スピトゥル
応急処置をお願いします。	Please give me first aid. プリーズ ギヴ ミー **ファ**ースト エイド
動けません。	I can't move. アイ **キャ**ント ムーヴ
私の血液型はA型です。	My blood type is A. マイ ブラッド タイプ イズ **エ**イ
道路標識の意味がわかりませんでした。	I didn't know what that sign said. アイ ディドント ノウ **ワ**ット ダット サイン セッド
私に責任はありません。	I'm not responsible for it. アイム **ノ**ット リスポンスィブル フォー イト
状況はよく覚えていません。	I don't remember what happened. アイ ドント リメンバ **ワ**ット ハプンド

168

もしも交通事故に巻き込まれたら、まずは落ち着いて、ケガをしていないかどうか確認を。食あたりや食中毒を起こしたら、ホテルに応急処置をお願いするか、病院へ。原因は水や生ものであることが多いので、氷が入った飲み物や火が通っていない料理には特に注意が必要です。

追突されました。

I was in a collision.
アイ ウォズ イン ナ コリジョン

Tôi bị tai nạn.
トイ ビ タイ ナン

場所はドンコイ通りです。

It's on Dong Khoi Road.
イッツ オン ドン コーイ ロウド

Ở phố Đồng Khởi.
オー フォー ドン コーイ

ベトナム語

Ở đây có người bị thương.
オー デイ コー グオイ ビ トゥオン

Hãy đưa tôi đến bệnh viện.
ハイ ドゥア トイ デン ベン ヴィエン

Cấp cứu cho tôi.
カッ(プ) キュー チョー トイ

Tôi không cử động được.
トイ ホン クー ドン ドゥオッ(ク)

Tôi nhóm máu A.
トイ ニョム マウ アー

Tôi không hiểu biển báo.
トイ ホン ヒエウ ビエン バオ

Tôi không chịu trách nhiệm.
トイ ホン チウ チャッ(ク) ニエム

Tôi không nhớ chuyện gì xảy ra.
トイ ホン ニョー チュエン ジー サイ ザー

関連単語

警察
police / công an
ポリース / コン アン

交通事故
traffic accident / tai nạn giao thông
トラフィク アクスィデント / タイ ナン ザオ トン

救急車
ambulance / xe cấp cứu
アンビュランス / セー カッ(プ) キュー

ケガ
injury / bị thương
インジュリ / ビ トゥオン

保険会社
insurance company / công ty bảo hiểm
インシュアランス カンパニ / コン ティー バオ ヒエム

連絡先
contact address / địa chỉ liên lạc
コンタクト アドレス / ディア チー リエン ラッ(ク)

169

具合が悪くなったら

飛行機や高級ホテルでは、応急処置を受けられます。体調に無理を感じたら我慢せずに申し出てください。ホテルによっては特定のドクターと契約している場合もあります。

具合が悪くなりました。

I feel sick.
アイ フィール スィック

Tôi thấy không khỏe.
トイ タイ ホン ホエ

ケガをしました。

I'm hurt.
アイム ハート

Tôi bị thương.
トイ ビ トゥオン

日本語	英語
ホテルドクターはいますか？	Do you have the hotel doctor? ドゥ ユー ハヴ ダ ホウテル ドクタ
誰かをすぐに寄こしてください。	Please send someone to help soon. プリーズ センド サムワン トゥ ヘルプ スーン
緊急です。	It's an emergency. イッツァン イマージェンスィ
病院を紹介してください。	Could you suggest a hospital? クジュー サジェスタ ホスピトゥル
日本語のわかる医師はいますか？	Is there a doctor who understands Japanese? イズ デアラ ドクタ フー アンダスタンド ジャパニーズ
ひどく歯が痛みます。	I have a very bad toothache. アイ ハヴァ ヴェリ バッド トゥーセイク
薬をください。	Can I have some medicine? キャナイ ハヴ サム メディスン
処方箋なしで薬を買えますか？	Can I buy some medicine without prescription? キャナイ バイ サム メディスン ウィザウト プリスクリプション
歩けません。	I can't walk. アイ キャント ウォーク
ここが痛みます。	I feel pain here. アイ フィール ペイン ヒア

医師(救急車)を呼んでください。

Please call a doctor (an ambulance).
プリーズ　コール　ア　ドクタ　アン　アンビュランス

Gọi bác sĩ (xe cấp cứu) cho tôi.
ゴイ　バック　シー　セー　カッ(プ)　キュー　チョー　トイ

病院に連れて行ってください。

Please take me to the hospital.
プリーズ　テイク　ミー　トゥ　ダ　ホスピトゥル

Hãy đưa tôi đến bệnh viện.
ハイ　ドゥア　トイ　デン　ベン　ヴィエン

ベトナム語

Khách sạn có bác sĩ không ?
カッ(ク)　サン　コー　バッ(ク)　シー　ホン

Gọi ai giúp tôi.
ゴイ　アイ　ズッ(プ)　トイ

Cấp cứu.
カッ(プ)　キュー

Giới thiệu cho tôi một bệnh viện.
ゾイ　テウ　チョー　トイ　モッ　ベン　ヴィエン

Có bác sĩ biết tiếng Nhật không ?
コー　バック　シー　ビッ(ト)　ティエン　ニャッ(ト)　ホン

Tôi bị đau răng.
トイ　ビ　ダウ　ザン

Cho tôi thuốc.
チョー　トイ　トゥオッ(ク)

Tôi có thể mua thuốc mà không cần đơn của bác sĩ không ?
トイ　コー　テー　ムア　トゥオッ(ク)　マー　ホン　カン　ドン　クーア　バッ(ク)　シー　ホン

Tôi không đi được.
トイ　ホン　ディー　ドゥオッ(ク)

Tôi đau chỗ này.
トイ　ダウ　チョー　ナイ

関連単語

薬局
| pharmacy | hiệu thuốc |
| ファーマスィ | ヒエウ　トゥオッ(ク) |

病院
| hospital | bệnh viện |
| ホスピトゥル | ベン　ヴィエン |

医師
| doctor | bác sĩ |
| ドクタ | バック　シー |

薬
| medicine | thuốc |
| メディスン | トゥオッ(ク) |

処方箋
| prescription | đơn thuốc |
| プリスクリプション | ドン　トゥオッ(ク) |

診断書
| medical certificate | giấy khám bệnh |
| メディクル　サティフィキト | ザイ　カム　ベン |

高血圧
| high blood pressure | cao huyết áp |
| ハイ　ブラッド　プレッシャ | カオ　フエッ(ト)　アッ(プ) |

低血圧
| low blood pressure | huyết áp thấp |
| ロウ　ブラッド　プレッシャ | フエッ(ト)　アッ(プ)　タッ(プ) |

ケガ・病気　具合が悪くなったら

病院・薬局で

医師に症状を説明するのは難しいことなので、できるだけ保険会社のアシスタント・サービスを利用しましょう。治療後は、保険請求用に診断書と領収証をもらいます。

医師に診察してもらいたいのです。

I'd like to see a doctor.
アイド ライク トゥ スィー ア ドクタ

Tôi muốn gặp bác sĩ.
トイ ムオン ガッ(プ) バッ(ク) シー

急患です。

It's an emergency case.
イッツ アン イマージェンスィ ケイス

Đây là cấp cứu.
デイ ラー カッ(プ) キュー

日本語	英語
吐き気がします。	I feel nauseous. アイ フィール ノーシャス
めまいがします。	I feel dizzy. アイ フィール ディズィ
貧血を起こしました。	I have anemia. アイ ハヴ アニーミア
息が苦しいのです。	I'm having trouble breathing. アイム ハヴィング トラブル ブリーディング
動悸がします。	I have heart palpitations. アイ ハヴ ハート パルピテイションズ
頭痛がします。	I have a headache. アイ ハヴァ ヘデイク
激しい腹痛がします。	I have a very bad stomachache. アイ ハヴァ ヴェリ バッド スタマケイク
寒気がします。	I feel chilly. アイ フィール チリ
熱っぽいのです。	I feel feverish. アイ フィール フィーヴァリッシュ
ひどく咳き込みます。	I have a terrible cough. アイ ハヴァ テリブル コーフ

できるだけ早くお願いします。

| As soon as possible, please.
アズ スーン ナズ ポスィブル プリーズ |
|---|

| Đến ngay giúp tôi.
デン ガイ ズッ(プ) トイ |
|---|

処方箋です。薬をください。

| Here is my prescription. Please fill it.
ヒアリズ マイ プリスクリプション プリーズ フィル イト |
|---|

| Đây là đơn thuốc của tôi, cho tôi mua thuốc.
デイ ラー ドン トゥオッ(ク) クーア トイ チョー トイ ムア トゥオッ(ク) |
|---|

ベトナム語

Tôi thấy buồn nôn.
トイ タイ ブオン ノン

Tôi thấy chóng mặt.
トイ タイ チョン マッ(ト)

Tôi bị tụt huyết áp.
トイ ビ トゥ(ト) フエッ(ト) アッ(プ)

Tôi thấy khó thở.
トイ タイ コー トー

Tim tôi đập nhanh.
ティム トイ ダッ(プ) ニャイン

Tôi bị đau đầu.
トイ ビ ダウ ダウ

Tôi bị đau bụng dữ dội.
トイ ビ ダウ ブン ズー ゾイ

Tôi bị cảm lạnh.
トイ ビ カム ライン

Tôi bị sốt.
トイ ビ ソッ(ト)

Tôi bị ho rất nặng.
トイ ビ ホー ザッ(ト) ナン

関連単語

持病

chronic disease	bệnh mãn tính
クロニク ディズィーズ	ベン マン ティン

糖尿病

diabetes	tiểu đường
ダイアビーティーズ	ティエウ ドゥオン

心臓病

heart disease	bệnh tim
ハート ディズィーズ	ベン ティム

腎臓病

kidney disease	bệnh thận
キドニ ディズィーズ	ベン タン

盲腸炎

appendicitis	viêm ruột thừa
アペンディサイティス	ヴィエム ズオッ(ト) トゥア

ぜんそく

asthma	hen suyễn
エズマ	ヘン スエン

じんましん

hives	nổi mề đay
ハイヴズ	ノイ メー デイ

食あたり

food poisoning	ngộ độc thức ăn
フード ポイズニング	ゴー ドッ(ク) トゥッ(ク) アン

日本語	英語
便秘です。	I'm constipated. アイム カンステペイティド
下痢です。	I have diarrhea. アイ ハヴ ダイアリーア
身体がだるいのです。	I feel weak. アイ フィール ウィーク
生理痛が重いのです。	I have cramps. アイ ハヴ クランプス
かゆくてたまりません。	The itching is unbearable. ディ イッチング イズ アンベアラブル
耳鳴りがします。	I have a ringing in my ears. アイ ハヴァ リンギング イン マイ イアズ
目が痛みます。	My eyes hurt. マイ アイズ ハート
生理中です。	I'm having my period. アイム ハヴィング マイ ピリオド
妊娠しています。	I'm pregnant. アイム プレグナント
血液型はO型です。	My blood type is O. マイ ブラッド タイプ イズ オウ
風邪薬をください。	Can I have some medicine for a cold? キャナイ ハヴ サム メディスン フォー ア コウルド
どのようにして飲めばいいですか？	How should I take this? ハウ シュダイ テイク ディス
これと同じ薬をください。	I'd like to have the same medicine as this. アイド ライク トゥ ハヴ ダ セイム メディスン アズ ディス
旅行を続けてもかまいませんか？	Can I continue my trip? キャナイ コンティニュー マイ トリップ
保険用に診断書と領収証をください。	May I have a medical certificate and receipt for my insurance? メイ アイ ハヴァ メディクル サティフィキト エン リスィート フォー マイ インシュアランス

174

ベトナム語

Tôi bị táo bón.
トイ ビ タオ ボン

Tôi bị ia chảy.
トイ ビ イーア チャイ

Tôi bị mỏi người.
トイ ビ モーイ グオイ

Tôi bị đau bụng kinh.
トイ ビ ダウ ブン キン

Ngứa không chịu được.
グア ホン チウ ドゥオッ(ク)

Tôi bị ù tai.
トイ ビ ウー タイ

Tôi bị đau mắt.
トイ ビ ダウ マッ(ト)

Tôi bị kinh nguyệt.
トイ ビ キン グエッ(ト)

Tôi có bầu.
トイ コー バウ

Tôi nhóm máu O.
トイ ニョム マウ オー

Cho tôi thuốc cảm.
チョー トイ トゥオッ(ク) カーム

Tôi nên uống như thế nào?
トイ ネン ウオン ニュー テー ナオ

Cho tôi thuốc giống thế này.
チョー トイ トゥオッ(ク) ゾン テー ナイ

Tôi tiếp tục đi du lịch được không?
トイ ティエッ(プ) トゥ(ク) ディー ズー リッ(ク) ドゥオッ(ク) ホン

Cho tôi giấy khám bệnh và
チョー トイ ザイ カム ベン ヴァー
hóa đơn cho bảo hiểm.
ホア ドン チョー バオ ヒエム

関連単語

捻挫

bruise	bong gân
ブルーズ	ボン ガン

骨折

fracture	gãy xương
フラクチャ	ガイ スオン

鎮痛剤

painkiller	thuốc giảm đau
ペインキラ	トゥオッ(ク) ザーム ダウ

睡眠薬

sleeping pill	thuốc ngủ
スリーピング ピル	トゥオッ(ク) グー

解熱剤

antipyretic	thuốc hạ sốt
アンティパイレティク	トゥオッ(ク) ハ ソッ(ト)

咳止め

cough medicine	thuốc ho
コーフ メディスン	トゥオッ(ク) ホー

風邪薬

cold medicine	thuốc cảm
コウルド メディスン	トゥオッ(ク) カーム

胃腸薬

stomach medicine	thuốc đau dạ dày
スタムク メディスン	トゥオッ(ク) ダウ ザ ザーイ

服用法

directions	cách dùng
ディレクションズ	カッ(ク) ズン

体温計

thermometer	cặp nhiệt độ
サマメタ	カッ(プ) ニエッ(ト) ド

絆創膏

adhesive bandage	băng cá nhân/urgo
アヒースィヴ バンディッジ	バン カー ニャン アーゴ

包帯

bandage	băng
バンディンジ	バン

アレルギー

allergy	dị ứng
アラジ	ジ ウン

ケガ・病気 病院・薬局で

身体の各部の名称

① 頭 head ヘッド / đầu ダウ
② ひたい forehead フォアヘッド / trán チャン
③ 目 eye アイ / mắt マッ(ト)
④ 耳 ear イア / tai タイ
⑤ 鼻 nose ノウズ / mũi ムイ
⑥ 口 mouth マウス / miệng ミエン
⑦ あご jaw ジョー / hàm ハム
⑧ のど throat スロウト / họng ホン
⑨ 首 neck ネック / cổ コー
⑩ 肩 shoulder ショウルダ / vai ヴァイ
⑪ 背中 back バック / lưng ルン
⑫ 胸部 chest チェスト / ngực グッ(ク)
⑬ 腹部 abdomen アブドメン / bụng ブン
⑭ 脇の下 armpit アームピット / nách ナッ(ク)
⑮ ひじ elbow エルボウ / khuỷu tay ヒュータイ
⑯ 下腹部 lower abdomen ロウア アブドメン / bụng dưới ブン ズオイ
⑰ 腰 waist ウェイスト / thắt lưng タッ(ト) ルン
⑱ 腕 arm アーム / cánh tay カイン タイ
⑲ 手首 wrist リスト / cổ tay コー タイ
⑳ 手 hand ハンド / tay タイ
㉑ 指 finger フィンガ / ngón tay ゴーン タイ
㉒ 脚部 leg レッグ / chân チャン
㉓ 太もも thigh サイ / đùi ドゥイ
㉔ 足 foot フット / bàn chân バン チャン
㉕ ひざ knee ニー / đầu gối ダウ ゴーイ
㉖ むこうずね shin シン / cẳng chân カーン チャン
㉗ 足首 ankle アンクル / cổ chân コー チャン
㉘ かかと heel ヒール / gót chân ゴッ(ト) チャン
㉙ アキレス腱 Achilles' tendon アキリーズ テンドン / gân chân ガン チャン
㉚ 足の指 toe トゥ / ngón chân ゴーン チャン

áo jacket / áo khoác / áo khoác ní / ba lô du lịch / bắc / bác
sỹ khoa mắt / cà phê / cà phê internet / cà phê việt nam /
dép đi trong nhà / dép xăng đan / di sản thế giới / di tích
/ đá quý / đặc sản / đại lý du lịch / đại sứ quán nhật bản /
giá hướng dẫn / giá tour / giá vận chuyển / giá vé tàu cao
cảnh / hải quan / hải sản / hãng hàng khôn / két sắt / khách
khách lẻ / khách sạn / làng / lãnh sự quán nhật bản / lầu / lệ
ã số bưu điện / massage mặt / masage toàn thân / máy ảnh
nem cuốn / nem rán / ngã tư / ổ cắm / phải / phí dịch vụ
cứ phở / quà lưu niệm / quà tặng / quán bar / quần dài / rẽ
ẽ trái / rừng / rừng / sách / sách hướng dẫn / sân bay / sân
chí / tất / tàu ăn tối / tàu cao tốc / vạch sang đường cho
đi bộ / vải / văn phòng phẩm / váy dạ hội / xác nhận đặt
/ xe bán đồ ăn / xe bán đồ ăn / xe buýt / y tá / yên nhật

レファレンス

必須単語

時刻・日

日本語	英語	ベトナム語	日本語	英語	ベトナム語
時刻	time タイム	thời gian トイ ザン	1時間	one hour ワン ナウア	một tiếng モッ ティエン
分	minute ミニット	phút フッ(ト)	秒	second セカンド	giây ザイ
~時	o'clock オクロック	~ giờ ゾー	午前1時	one a.m. ワン エイエム	1 giờ sáng モッ ゾー サーン
午前5時	five a.m. ファイヴ エイエム	5 giờ sáng ナ(ム) ゾー サーン	午後1時	one p.m. ワン ピーエム	1 giờ chiều モッ ゾー チエウ
午後5時	five p.m. ファイヴ ピーエム	5 giờ chiều ナム ゾー チエウ	午後7時	seven p.m. セヴン ピーエム	7 giờ tối バイ ゾー トイ
午後8時	eight p.m. エイト ピーエム	8 giờ tối タム ゾー トイ	午前0時	twelve o'clock midnight トゥウェルヴ オクロック ミッドナイト	12 giờ đêm ムオイハイ ゾー デム
15分	quarter クウォータ	15 phút ムオイラム フッ(ト)	~時半	half ハーフ	~rưỡi ズオイ
~分前	before~ ビフォー	kém~phút ケム フッ(ト)	3時5分	three five スリー ファイヴ	3 giờ 5 phút バー ゾー ナム フッ(ト)
4時15分	four quarter フォー クウォータ	4 giờ 15 phút ボン ゾー ムオイラム フッ(ト)	6時半	half past six ハーフ パスト スィクス	6 rưỡi サオ ズオイ
6時45分	quarter before seven クウォータ ビフォー セヴン	6 giờ 45 phút サオ ゾー ボンラム フッ(ト)	午後9時	nine p.m. ナイン ピーエム	9 giờ tối チン ゾー トイ
日付	date デイト	ngày ガイ	朝/午前	morning モーニング	sáng サーン
正午	noon ヌーン	trưa チュア	午後	afternoon アフタヌーン	chiều チエウ
夕方	evening イーヴニング	tối トイ	夜	night ナイト	đêm デム
今日	today トゥデイ	hôm nay ホム ナイ	明日	tomorrow トゥモロウ	ngày mai ガイ マイ
明後日	the day after tomorrow ダ デイ アフタ トゥモロウ	ngày kia ガイ キア	一昨日	the day before yesterday ダ デイ ビフォー イエスタデイ	hôm kia ホム キア
昨日	yesterday イエスタデイ	hôm qua ホム クア	祝日	holiday ホリデイ	ngày nghỉ ガイ ギー

178

日本語	英語	ベトナム語	日本語	英語	ベトナム語
平日	weekday	ngày thường	今朝	this morning	sáng nay
今日の午後	this afternoon	chiều nay	今晩	this evening	tối nay
明日の朝	tomorrow morning	sáng mai	昨晩	last evening	tối qua

月

日本語	英語	ベトナム語	日本語	英語	ベトナム語
1月	January	tháng 1/Tháng giêng	2月	February	tháng 2
3月	March	tháng 3	4月	April	tháng 4
5月	May	tháng 5	6月	June	tháng 6
7月	July	tháng 7	8月	August	tháng 8
9月	September	tháng 9	10月	October	tháng 10
11月	November	tháng 11	12月	December	tháng 12
今月	this month	tháng này	来月	next month	tháng sau
先月	last month	tháng trước	3月3日	March third	ngày 3 tháng 3

曜日

日本語	英語	ベトナム語	日本語	英語	ベトナム語
日曜日	Sunday	chủ nhật	金曜日	Friday	thứ sáu
月曜日	Monday	thứ hai	土曜日	Saturday	thứ bảy
火曜日	Tuesday	thứ ba	今週	this week	tuần này
水曜日	Wednesday	thứ tư	来週	next week	tuần sau
木曜日	Thursday	thứ năm	先週	last week	tuần trước

季節

日本語	英語	ベトナム語	日本語	英語	ベトナム語
春	spring	mùa xuân	夏	summer	mùa hè
秋	fall/ autumn	mùa thu	冬	winter	mùa đông

日本語	英語	ベトナム語	日本語	英語	ベトナム語

年

今年	this year ディス イヤ	năm nay ナム ナイ	来年	next year ネクスト イヤ	năm sau ナム サオ
昨年	last year ラスト イヤ	năm ngoái ナム ゴアイ	仏暦2545年	2545 トゥーサウザンドファイブハンドレッドフォーティファイヴ in the buddhist calendar イン ザ ブディスト カレンダ	năm 2545 ナム ハイガンナムチャムボンムオイナム phật lịch ファッ(ト) リッ(ク)
2002年	2002 トゥーサウズンドトゥー	Năm 2002 ナム ハイギンリンハイ			

数字

0	zero ズィーロウ	không ホン	1	one ワン	một モッ
2	two トゥー	hai ハイ	3	three スリー	ba バー
4	four フォー	bốn ボン	5	five ファイヴ	năm ナム
6	six スィクス	sáu サオ	7	seven セヴン	bảy バイ
8	eight エイト	tám タム	9	nine ナイン	chín チン
10	ten テン	mười ムオイ	11	eleven イレヴン	mười một ムオイ モッ
12	twelve トゥエルヴ	mười hai ムオイ ハイ	13	thirteen サーティーン	mười ba ムオイ バー
14	fourteen フォーティーン	mười bốn ムオイ ボン	15	fifteen フィフティーン	mười lăm ムオイ ラム
16	sixteen スィクスティーン	mười sáu ムオイ サオ	17	seventeen セヴンティーン	mười bảy ムオイ バイ
18	eighteen エイティーン	mười tám ムオイ タム	19	nineteen ナインティーン	mười chín ムオイ チン
20	twenty トゥエンティ	hai mươi ハイ ムオイ	21	twenty one トゥエンティ ワン	hai mươi mốt ハイ ムオイ モッ
22	twenty two トゥエンティ トゥー	hai mươi hai ハイ ムオイ ハイ	23	twenty three トゥエンティ スリー	hai mươi ba ハイ ムオイ バー
24	twenty four トゥエンティ フォー	hai mươi tư ハイ ムオイ トゥ	25	twenty five トゥエンティ ファイヴ	hai mươi lăm ハイ ムオイ ラム
26	twenty six トゥエンティ スィクス	hai mươi sáu ハイ ムオイ サオ	27	twenty seven トゥエンティ セヴン	hai mươi bảy ハイ ムオイ バイ
28	twenty eight トゥエンティ エイト	hai mươi tám ハイ ムオイ タム	29	twenty nine トゥエンティ ナイン	hai mươi chín ハイ ムオイ チン
30	thirty サーティ	ba mươi バー ムオイ	31	thirty one サーティ ワン	ba mươi mốt バー ムオイ モッ

	日本語	英語	ベトナム語		日本語	英語	ベトナム語
40		forty フォーティ	bốn mươi ボン ムオイ	50		fifty フィフティ	năm mươi ナム ムオイ
60		sixty スィクスティ	sáu mươi サオ ムオイ	70		seventy セヴンティ	bảy mươi バイ ムオイ
80		eighty エイティ	tám mươi タム ムオイ	90		ninety ナインティ	chín mươi チン ムオイ

10（ムオイ）を基準にして、20は2（ハイ）×10（ムオイ）＝ハイ ムオイ、30は3（バー）×10（ムオイ）＝バー ムオイ…だが、この時の声調に注意。19までの10はmười（下がる声調）、20以上のムオイはmươi（フラットな声調）。また1（モッ（ト））はmột（落ちる声調）だが、11以上の1（1の位）はmốt（上がる声調）になる。

100	hundred ハンドレッド	một trăm モッ チャム	200	two hundred トゥー ハンドレッド	hai trăm ハイ チャム
300	three hundred スリー ハンドレッド	ba trăm バー チャム	400	four hundred フォー ハンドレッド	bốn trăm ボン チャム
1,000	thousand サウザンド	một nghìn モッ ギン	1,500	fifteen hundred フィフティーン ハンドレッド	một nghìn năm trăm モッ ギン ナム チャム
967	nine hundred ナイン ハンドレッド (and) sixty seven エン スィクスティ セヴン	chín trăm sáu mươi bảy チン チャム サオ ムオイ バイ	1,687	sixteen (and) スィクスティーン エン eighty seven エイティ セヴン	một nghìn sáu trăm tám mươi bảy モッ ギン サオ チャム タム ムオイ バイ

100の位が0ならkhông trămホン チャムだが、省略しても可。10の位が0の時はlêレーまたはlinhリンと読む。1万、10万は、千を単位にしてそれぞれ10倍、100倍にした数え方をする。千の1000倍がtriệuチュー（百万）という単位になり、この百万の1000倍がtỷティー（10億）という単位になる。

2,000	two thousand トゥー サウザンド	hai nghìn ハイ ギン	10,000	ten thousand テン サウザンド	mười nghìn ムオイ ギン
25,000	twenty five トゥエンティ ファイヴ thousand サウザンド	hai mươi ハイ ムオイ lăm nghìn ラム ギン	100,000	a hundred ア ハンドレッド thousand サウザンド	một trăm モッ チャム nghìn ギン
1,000,000	million ミリオン	một triệu モッ チウ	20,000,000	twenty million トゥエンティ ミリオン	hai mươi triệu ハイ ムオイ チウ
1番目の	first ファースト	thứ nhất トゥー ニャッ（ト）	2番目の	second セカンド	thứ hai トゥー ハイ
3番目の	third サード	thứ ba トゥー バー	4番目の	fourth フォース	thứ tư トゥー トゥ
5番目の	fifth フィフス	thứ năm トゥー ナム	6番目の	sixth スィクスス	thứ sáu トゥー サオ

必須単語

日本語	英語	ベトナム語	日本語	英語	ベトナム語
7番目の	seventh セヴンス	thứ bảy トゥー バイ	8番目の	eighth エイス	thứ tám トゥー タム
9番目の	ninth ナインス	thứ chín トゥー チン	10番目の	tenth テンス	thứ mười トゥー ムオイ

「～番目、～目」を表すには、序数詞thứトゥー＋数字。例外として、「1」はmộtモッだが「1番目」はthứ nhấtトゥー ニャッ（ト）、「4」はbốnボンだが「4番目」はthứ tưトゥー トゥになる。「～番目の人、～日目」等、名詞と合わせて使う場合は名詞＋序数詞thứトゥー＋数字の語順になる。

| 2倍 | twice トゥワイス | gấp đôi ガッ(プ) ドイ | 3倍 | three times スリー タイムズ | gấp ba ガッ(プ) バー |
| 半分 | half ハーフ | một nửa モッ ヌア | 4分の1 | quarter クウォータ | một phần tư モッ ファン トゥ |

入国書類

姓	Family Name ファミリ ネイム	họ ホ	名	First Name ファースト ネイム	tên テン
旧姓	Maiden Name メイドゥン ネイム	tên thời con gái テン トイ コン ガイ	生年月日	Date of Birth デイト オヴ バース	ngày tháng năm sinh ガイ タン ナム シン
男	Male メイル	nam ナム	女	Female フィーメイル	nữ ヌー
性別	Sex セクス	giới tính ゾイ ティン	国籍	Eationality ナショナリティ	quốc tịch クオッ(ク) ティッ(ク)
現住所	Home Address ホウム アドレス	địa chỉ ディア チー	職業	Occupation オキュペイション	nghề nghiệp ゲー ギエップ
旅券番号	Passport No. パスポート ナンバ	số hộ chiếu ソー ホ チエウ	滞在中の住所	Address in Vietnam アドレス イン ヴェトナム	địa chỉ tại Việt Nam ディア チー タイ ヴィエッ(ト) ナム
滞在期間	the length of one's stay ダ レングス オヴ ワンズ ステイ	thời gian lưu trú トイ ザン リュー チュー	年齢	age エイジ	tuổi トゥオイ
			署名	Signature スィグニチャ	chữ kí チュー キー

家族

夫	husband ハズバンド	chồng チョン	妻	wife ワイフ	vợ ヴォ
両親	parents ペアレンツ	bố mẹ ボー メ	婚約者	fiancé フィアンセイ	người hứa hôn グオイ フア ホン
父	father ファーダ	bố ボー	母	mother マダ	mẹ メ
息子	son サン	con trai コン チャイ	娘	daughter ドータ	con gái コン ガーイ

日本語	英語	ベトナム語	日本語	英語	ベトナム語
兄弟	brother	anh em trai	姉妹	sister	chị em gái
兄	older brother	anh trai	弟	younger brother	em trai
姉	older sister	chị gái	妹	younger sister	em gái
祖父	grandfather	ông	祖母	grandmother	bà
伯父	uncle	chú/bác	伯母	aunt	cô/dì
甥/姪	nephew/niece	cháu trai/cháu gái	孫	grandchild	cháu

方角/位置

日本語	英語	ベトナム語	日本語	英語	ベトナム語
ここ	here	ở đây	そこ	there	ở kia
あそこ	over there	đằng kia	そこから	from there	từ đằng kia
そこまで	to there	đến đằng kia	そこを通って	through there	qua đằng kia
東	east	đông	西	west	tây
南	south	nam	北	north	bắc
右	right	phải	左	left	trái
右に	to the right	sang phải	左に	to the left	sang trái
正面	front	trước mặt	裏	behind	phía sau
隣	next	bên cạnh	まっすぐに	straight	đi thẳng
道なりに	along the street	dọc phố	上に	up	phía trên
下に	down	phía dưới	中に	in	bên trong
外に	out	bên ngoài	～から	from～	từ～

183

日本語	英語	ベトナム語	日本語	英語	ベトナム語
～まで	to～ トゥ	đến～ デン	～と～の間	between ~ and ~ ビトウウィーン エン	giữa ~ và ~ ズア ヴァー
～に向かって	toward～ トゥワード	đến～ デン	～を通って	through～ スルー	đi qua~ ディ クア

時

日本語	英語	ベトナム語	日本語	英語	ベトナム語
今	now ナウ	bây giờ バイ ゾー	～の間	during デューリング	trong thời gian~ チョン トイ ザン
後	after アフタ	sau サウ	先	earlier アーリア	trước チュオッ(ク)
～まで	until～ アンティル	đến～ デン	～から	since～ スィンス	từ khi~ トゥ ヒー
～以内	within ウィズイン	trong vòng~ チョン ヴォン	今後	from now フロム ナウ	từ bây giờ トゥ ベイ ゾー

場所

日本語	英語	ベトナム語	日本語	英語	ベトナム語
空港	airport エアポート	sân bay サン バイ	ターミナル	terminal ターミナル	nhà ga ニャー ガー
トイレ	rest room レスト ルーム	nhà vệ sinh ニャー ヴェ シン	ホテル	hotel ホウテル	khách sạn カッ(ク) サン
部屋	room ルーム	phòng フォン	ロビー	lobby ロビ	sảnh サイン
駅	station ステイション	ga ガー	売店	kiosk キーオスク	cửa hàng クア ハン
道	road ロウド	đường ドゥオン	～通り	～st. ストリート	phố フォー
交差点	crossing クロスィング	ngã tư ガー トゥー	橋	bridge ブリッジ	cầu カウ
信号	traffic light トラフィク ライト	đèn tín hiệu デン ティン ヒウ	広場	square スクウェア	quảng trường クアン チュオン
銀行	bank バンク	ngân hàng ガン ハン	両替所	currency exchange カーレンスィ イクスチェインジ	quầy đổi tiền クアイ ドーイ ティエン
警察署	police station ポリース ステイション	đồn công an ドン コン アン	映画館	movie theater ムーヴィ スィアタ	rạp chiếu phim ザッ(プ) チエウ フィム
病院	hospital ホスピトゥル	bệnh viện ベン ヴィエン	薬局	pharmacy ファーマスィ	hiệu thuốc ヒエウ トゥオッ(ク)
バスターミナル	bus terminal バス ターミヌル	bến xe buýt ベン セー ブイッ	バス停留所	bus stop バス ストップ	điểm dừng xe buýt ディエム ズン セー ブイッ
タクシー乗り場	taxi stand タクスィ スタンド	chỗ đậu taxi チョー ダウ タクシー	待合室	waiting room ウェイティング ルーム	phòng chờ フォン チョー
手荷物預かり所	checkroom チェックルーム	quầy gửi hành lý クアイ グーイ ハイン リー	遺失物取扱所	LOST & FOUND ロスト エン ファウンド	phòng đồ thất lạc フォン ドー タッ(ト) ラッ(ク)

184

日本語	英語	ベトナム語
公衆電話	public telephone パブリク テレフォウン	điện thoại công cộng ディエン トアイ コン コン
名所	sight サイト	địa danh ディア ザイン
バー	bar バー	quán bar クアン バー
店	shop ショップ	cửa hàng クーア ハン
屋台	streetside stall ストリートサイド ストル	xe hàng rong セー ハン ゾン
寺院	temple テンプル	chùa チュア
博物館	museum ミューズィアム	bảo tàng バオ タン
宮殿	palace パレス	cung điện クン ディエン
スタジアム	stadium ステイディアム	sân vận động サン ヴァン ドン
記念碑	monument モニュメント	đài tưởng niệm ダイ トゥオン ニエム
村	village ヴィリジ	làng ラン
海	sea スィー	biển ビエン
島	island アイランド	đảo ダーオ
湖	lake レイク	hồ ホー

日本語	英語	ベトナム語
観光案内所	tourist information center トゥアリスト インフォメイション センタ	quầy thông tin du lịch クアイ トン ティン ズー リッ(ク)
郵便局	post office ポウスト オフィス	bưu điện ビュー ディエン
レストラン	restaurant レストラント	nhà hàng ニャー ハン
市場	market マーキト	chợ チョ
祠	small shrine スモール シュライン	đền デン
墓地	cemetery セメタリ	lăng ラン
劇場	theater スィアタ	nhà hát ニャー ハッ(ト)
城	castle キャスル	thành タイン
庭園/公園	garden/park ガードン パーク	vườn/công viên ヴオン コン ヴィエン
遺跡	ruins ルーインズ	di tích ジ ティッ(ク)
川	river リヴァ	sông ソン
海岸	seashore スィーショア	bờ biển ボー ビエン
山	mountain マウントゥン	núi ヌーイ
森	forest フォレスト	rừng ズン

指示詞

日本語	英語	ベトナム語
これ	this ディス	cái này カイ ナイ
この〜	this ディス	〜này ナイ
それ	that ダット	cái đấy カイ デイ
あの〜	that ダット	〜kia キア

主語、目的語として使う「これ」「それ」は、それぞれ1単語のđâyディー、đóドーに置き換えてもよい。この指示詞は物、人の両方を示すので、Đây là bạn tôiディー ラー バン トイ（これは私の友人です）等、人を紹介する時にも使える。「この〜」「あの〜」のように名詞と組み合わせる場合は、名詞+指示詞の語順にする。

和英越辞書

日本語	英語	ベトナム語

あ

日本語	英語	ベトナム語
あいさつ	greeting グリーティング	chào hỏi チャオ ホーイ
会う	meet ミート	gặp ガッ(プ)
青信号	green light グリーン ライト	đèn xanh デン サイン
赤信号	red light レッド ライト	đèn đỏ デン ドー
明るい	bright ブライト	tươi sáng トゥオイ サン
空きの	vacant ヴェイカント	~trống チョン
朝	morning モーニング	buổi sáng ブオイ サン
預かり金	deposit ディポズィット	tiền gửi ティエン グーイ
新しい	new ニュー	mới モイ
暑い/熱い	hot ホット	nóng ノン
宛先	address アドレス	địa chỉ gửi ディア チー グーイ
アナウンス	announcement アナウンスメント	thông báo トン バオ
危ない	dangerous ディンジャラス	nguy hiểm グイ ヒェム
ありがとう	thank you サンキュー	cảm ơn カム オン
暗証番号	PIN ピーアイエヌ	mật khẩu/password マッ(ト) カウ パスワー(ド)
安全な	safe セイフ	an toàn アン トアン
案内所	information office インフォメイション オフィス	phòng thông tin フォン トン ティン

い

日本語	英語	ベトナム語
言う	speak スピーク	nói ノイ
行き先	destination デスティネイション	điểm đến ディエム デン
行く	go ゴウ	đi ディー
遺失物取扱所	LOST & FOUND ロストエンファウンド	phòng đồ thất lạc フォン ドー タッ(ト) ラッ(ク)
痛み	pain ペイン	cơn đau コン ダウ
位置	position ポズィション	vị trí ヴィ チー
市場	market マーキト	chợ チョ
いつ	when ウェン	khi nào ヒー ナオ
一対の	a pair of ア ペア オヴ	một đôi~ モッ(ト) ドイ
いっぱいの	full フル	nhiều~ ニェウ
一般的な	ordinary オーディナリ	nói chung ノイ チュン
田舎	countryside カントリサイド	nông thôn ノン トン
今	now ナウ	bây giờ バイ ゾー
イメージ	image イミジ	hình ảnh ヒン アイン
入口	entrance エントランス	cửa vào クーア ヴァオ
衣料品	clothes クロウズ	quần áo クアン アオ
入れ物	receptacle リセプタクル	đồ đựng ドー ドゥン

186

日本語	英語	ベトナム語
色	color カラー	màu sắc マウ サッ(ク)

う

日本語	英語	ベトナム語
ウエーター	waiter ウェイタ	người phục vụ (nam) グオイ フッ(ク) ヴ ナム
ウエートレス	waitress ウェイトレス	người phục vụ (nữ) グオイ フッ(ク) ヴ ヌー
受付	information clerk インフォメイション クラーク	lễ tân レー タン
薄い(厚み)	thin スィン	mỏng (độ dày) モン ド ザイ
薄い(色)	light ライト	nhạt (màu sắc) ニャッ(ト) モウ サッ(ク)
美しい	beautiful ビューティフル	đẹp デッ(プ)
売り切れ	sold out ソウルド アウト	bán hết バン ヘッ(ト)
売場	counter カウンタ	quầy hàng クアイ ハン
運賃	fare フェア	giá vé ザー ヴェー
運転手	driver ドライヴァ	lái xe ライ セー

え

日本語	英語	ベトナム語
エアコン	air conditioner エア コンディショナ	máy điều hòa マイ ディウ ホア
営業時間	business hours ビズネス アウアズ	giờ làm việc ゾー ラン ヴィエッ(ク)
駅	station ステイション	nhà ga ニャー ガー
エコノミークラス	economy class イコノミ クラース	hạng thường ハン トゥオン
エスカレーター	escalator エスカレイタ	thang cuốn タン クオン
エレベーター	elevator エレヴェイタ	thang máy タン マイ

お

日本語	英語	ベトナム語
おいしい	delicious ディリシャス	ngon ゴン
応急手当	first aid ファースト エイド	sơ cứu ソ クー
横断歩道	crosswalk クロスウォーク	vạch sang đường cho người đi bộ ヴァイ(ク) サン ドオン チョ グオイ ディー ボ
大きい	big ビッグ	to トー
大通り	main street メイン ストリート	phố lớn フォー ロン
オートバイ	motorcycle モウタサイクル	xe máy セー マイ
大晦日	eew year's eve ニュー イヤズ イヴ	đêm giao thừa デム ザオ トゥア
屋外の	outdoor アウトドア	ngoài trời ゴアイ チョイ
屋内の	indoor インドア	trong nhà チョン ニャー
遅れる	delay ディレイ	chậm trễ チャム チェー
遅い	slow スロウ	chậm チャム
遅い(時刻)	late レイト	muộn ムオン
おつり	change チェインジ	tiền trả lại ティエン チャー ライ
落とし物	lost article ロスト アーティクル	đồ đánh rơi ドー ダイン ゾイ
大人	adult アダルト	người lớn グオイ ロン
同じ	same セイム	giống ゾン
おみやげ	souvenir スーヴェニア	quà lưu niệm クア リュー ニエム
重さ	weight ウェイト	nặng ナン
おもしろい	interesting インテレスティング	thú vị トゥー ヴィ
温度	temperature テンパラチュア	độ ẩm ド アム

か

日本語	英語	ベトナム語
会計	account アカウント	kế toán ケー トアン

日本語	英語	ベトナム語
会計係	cashier キャシア	thu ngân トゥ ガン
外国人	foreigner フォーリナ	người nước ngoài グォイ ヌオッ(ク) ゴアイ
外国の	foreign フォーリン	~nước ngoài ヌオッ(ク) ゴアイ
回数	number of times ナンバ オヴ タイムズ	số lần ソー ラン
回数券	coupon ticket クーポン ティキト	vé sử dụng nhiều lần ヴェー スー ズン ニュウ ラン
階段	stairs ステアズ	cầu thang コウ タン
開店時刻	opening time オウプニング タイム	giờ mở cửa ゾー モー クーア
会話	conversation カンヴァセイション	nói chuyện ノイ チュエン
買う	buy バイ	mua ムア
帰る	return リターン	về ヴェー
カギ	key キー	chìa khóa チア ホア
書く	write ライト	viết ヴィエッ(ト)
家具	furniture ファーニチャ	đồ nội thất ドー ノイ タッ(ト)
確認	confirmation コンファメイション	xác nhận サッ(ク) ニャン
過去	past パスト	quá khứ クア クー
火事	fire ファイア	hỏa hoạn ホア ホアン
数	number ナンバ	số ソー
課税	taxation タクセイション	thuế トゥエー
課税対象(品)	taxables タクサブルズ	đối tượng chịu thuế(hàng hóa) ドイ トゥオン チゥ トゥエー ハン ホア
家族	family ファミリ	gia đình ザー ディン
固い	hard ハード	cũ クー

日本語	英語	ベトナム語
形	shape シェイプ	hình dáng ヒン ザン
カタログ	brochure ブロウシュア	catalogue カタロッ(グ)
金	money マニ	tiền ティエン
紙	paper ペイパ	giấy ザイ
カメラ	camera キャメラ	máy ảnh マイ アイン
ガラス	glass グラース	kính キン
身体	body ボディ	cơ thể コ テー
空(から)の	empty エンプティ	~trống/không チョン ホン
かわいい	pretty プリティ	đáng yêu/xinh ダン イウ シン
考える	think スィンク	suy nghĩ スイ ギー
歓迎	welcome ウェルカム	tiếp đón ティエッ(プ) ドーン
観光	sightseeing サイトスィーング	thăm quan タム クアン
観光案内所	tourist information center トゥアリスト インフォメイション センタ	quầy thông tin du lịch クアイ ドン ティン ズー リッ(ク)
観光地	tourist site トゥアリスト サイト	địa điểm thăm quan ディア ディエム タム クアン
観光バス	sightseeing bus サイトスィーング バス	xe buýt thăm quan セー ブイッ タム クアン
勘定書	bill/check ビル チェック	hóa đơn ホア ドン
完成	completion コンプリーション	hoàn thành ホアン タイン
簡単な	simple スィンプル	đơn giản ドン ザーン
乾杯!	cheers! チアーズ	chúc sức khỏe! チュッ(ク) スッ(ク) ホエ

き

| 気温 | temperature テンパラチュア | khí hậu キー ホウ |

188

日本語	英語	ベトナム語
機会	opportunity オポチューニティ	cơ hội コー ホイ
期間	term ターム	thời kì トイ キー
聞く	listen to リスン トゥ	nghe ゲー
危険	danger デインジャ	nguy hiểm グイ ヒエム
帰国	return home リターン ホウム	về nước ヴェー ヌオッ(ク)
記事	article アーティクル	bài viết バーイ ヴィエッ(ト)
規則	rule ルール	quy tắc クイ タッ(ク)
貴重品	valuables ヴァリュアブルズ	đồ quý ドー クイ
貴重品預かり	safety box セイフティ ボックス	gửi đồ quý グーイ ドー クイー
切手	stamp スタンプ	tem テム
切符売り場	ticket office ティキトゥ オフィス	quầy bán vé クアイ バン ヴェー
機内持ち込み手荷物	carry-on baggage キャリオン バギジ	hành lý xách tay ハイン リー サッ(ク) タイ
記念日	anniversary アニヴァーサリ	ngày kỉ niệm ガイ キー ニエム
客室	guest room ゲスト ルーム	phòng khách フォン カッ(ク)
キャンセル	cancellation キャンスレイション	hủy bỏ フイー ボー
救急車	ambulance アンビュランス	xe cấp cứu セー カッ(プ) キュー
給仕	waiter ウエイタ	nhân viên phục vụ ニャン ビエン フッ(ク) ヴ
休日	holiday ホリデイ	ngày nghỉ ガイ ギー
急病	sudden illness サドン イルネス	cấp cứu カッ(プ) キュー
行事	event イヴェント	sự kiện ス キエン
協力	cooperation コウオペレイション	hợp tác ホッ(プ) タッ(ク)

日本語	英語	ベトナム語
許可	permission パミッション	cho phép チョー フェッ(プ)
距離	distance ディスタンス	khoảng cách ホアン カッ(ク)
記録	record レコード	ghi lại ギー ライ
禁煙	non-smoking ノンスモウキング	cấm hút thuốc カム フッ(ト) トゥオッ(ク)
緊急電話	emergency call イマージェンスィ コール	cuộc gọi khẩn cấp クオッ(ク) ゴイ カン カッ(プ)
緊急の	urgent アージェント	~khẩn cấp カン カッ(プ)
金庫	safe セイフ	két sắt ケッ(ト) サッ(ト)
銀行	bank バンク	ngân hàng ガン ハン
禁止	prohibition プロウヒビション	cấm カム

く

日本語	英語	ベトナム語
空港	airport エアポート	sân bay サン バイ
空港税	airport tax エアポート タクス	thuế sân bay トゥエー サン バイ
空室	vacant room ヴェイカント ルーム	phòng trống フォン チョン
空車	VACANT ヴェイカント	xe trống セー チョン
空席	vacant seat ヴェイカント スィート	chỗ trống チョー チョン
空白	blank ブランク	khoảng trống ホアン チョン
薬	medicine メディスン	thuốc トゥオッ(ク)
下り	descent ディセント	giảm ザーム
国	country カントリ	đất nước ダッ(ト) ヌオッ(ク)
曇り	cloudy クラウディ	nhiều mây ニエウ マイ
クリーニング	laundry ローンドリ	giặt là ザッ(ト) ラー

日本語	英語	ベトナム語
来る	come カム	đến デン
グループ	group グループ	đoàn ドアン
車	car カー	ô tô オー トー
クレジットカード	credit card クレディット カード	thẻ tín dụng テー ティン ズン

け

日本語	英語	ベトナム語
計画	plan プラン	kế hoạch ケー ホアッ(ク)
警察	police ポリース	công an コン アン
警察官	policemen ポリースマン	công an コン アン
警察署	police station ポリース ステイション	đồn công an ドン コン アン
計算	calculation カルキュレイション	tính toán ティン トアン
警報	alarm アラーム	cảnh báo カイン バオ
契約書	contract コントラクト	hợp đồng ホッ(プ) ドン
劇場	theater スィアタ	nhà hát ニャー ハッ(ト)
血圧	blood pressure ブラッド プレッシャ	huyết áp フエッ(ト) アッ(プ)
血液型	blood type ブラッド タイプ	nhóm máu ニョム マウ
決定	decision ディスィイジョン	quyết định クエッ(ト) ディン
見学	visit ヴィズィット	thăm quan タム クアン
現金	cash キャシュ	tiền mặt ティエン マッ(ト)
言語	language ラングヴィジ	ngôn ngữ ゴン グー
健康	health ヘルス	sức khỏe スッ(ク) ホエ
検査	inspection インスペクション	kiểm tra キエム チャー
現地時間	local time ロウクル タイム	giờ địa phương ジー ディア フォン

こ

日本語	英語	ベトナム語
濃い(色)	dark ダーク	màu đậm モウ ダム
交換	exchange イクスチェインジ	trao đổi チャオ ドーイ
交換手	.operator オペレイタ	người trực tổng đài ガイ チュッ(ク) トン ダーイ
高級	high-class ハイクラース	cao cấp カオ カッ(プ)
航空券	airline ticket エアライン ティキット	vé máy bay ヴェー マイ バイ
航空便	airmail エアメイル	đường hàng không ドゥオン ハン ホン
合計	total トウトゥル	tổng số トン ソー
広告	advertisement アドヴァタイズメント	quảng cáo クアン カオ
交差点	crossing クロスィング	ngã tư ガー トゥー
公衆電話	public telephone パブリク テレフォウン	điện thoại công cộng ディエン トイ コン コン
高層ビル	skyscraper スカイスクレイパ	nhà cao tầng ニャー カオ タン
高速道路	expressway エクスプレスウェイ	đường cao tốc ドゥオン カオ トッ(ク)
交通	traffic トラフィク	giao thông ザオ トン
交通事故	traffic accident トラフィク アクスィデント	tai nạn giao thông タイ ナン ザオ トン
行動	behavior ビヘイヴィア	hành động ハイン ドン
声	voice ヴォイス	tiếng nói ティエン ノイ
小型の	small-sized スモールサイズド	~cỡ nhỏ コー ニョー
故郷	hometown ホウムタウン	quê hương クエ フオン
国外で(に)	abroad アブロード	ở nước ngoài オー ヌッ(ク) ゴアイ

日本語	英語	ベトナム語
国際電話	international call インタナショナル コール	điện thoại quốc tế ディエン トアイ クォッ(ク) テー
国際的な	international インタナショヌル	quốc tế クォッ(ク) テー
国籍	nationality ナショナリティ	quốc tịch クォッ(ク) ティッ(ク)
国内の	domestic ドメスティック	~trong nước チョン ヌオッ(ク)
国民	people ピープル	người dân グオイ ザン
国立の	national ナショヌル	~nhà nước ニャー ヌオッ(ク)
故障	out of order アウト オヴ オーダ	hỏng ホーン
小銭	small change スモール チェインジ	tiền lẻ ティエン レー
答え	answer アンサ	trả lời チャー ロイ
国境	border ボーダ	biên giới ビエン ゾイ
小包	parcel パースル	bưu phẩm ビュー ファーム
異なった	different ディファレント	khác biệt カッ(ク) ビエッ(ト)
言葉	words ワーズ	từ ngữ トゥー グー
子供	child チャイルド	trẻ con チェー コン
断る	refuse リフューズ	từ chối トゥー チョイ
この	this ディス	cái này カイ ナイ
ごみ	garbage ガービジ	rác ザッ(ク)
壊れやすい	fragile フラジャイル	dễ vỡ ゼー ヴォー
混雑(人混み)	congestion コンジェスチョン	tắc đường タッ(ク) ドゥオン
今週	this week ディス ウィーク	tuần này トゥアン ナイ
コンタクトレンズ	contact lens コンタクト レンズ	kính áp tròng キン アッ(プ) チョン

さ

日本語	英語	ベトナム語
サービス料	service charge サーヴィス チャージ	phí dịch vụ フィー ジック ヴ
災害	disaster ディザスタ	thảm họa ターム ホア
最近	lately レイトリ	gần đây ガン ダイ
最後の	last ラスト	~cuối cùng クオイ クン
祭日	national holiday ナショヌル ホリデイ	ngày lễ ガイ レー
最初の	first ファースト	~đầu tiên ダウ ティエン
再発行	reissue リーイシュー	cấp lại カッ(プ) ライ
財布	purse パース	ví ヴィー
探す	look for ルック フォー	tìm kiếm ティム キエム
下がる	come down カム ダウン	giảm ザーム
先(端)	edge エッジ	bờ, cạnh ボー カイン
差出人	sender センダ	người gửi グオイ グーイ
査証	visa ヴィーザ	visa ヴィザー
座席	seat スィート	ngồi ゴーイ
サッカー	soccer サッカ	bóng đá ボン ダー
雑誌	magazine マガズィーン	tạp chí タッ(プ) チー
寒い	cold コウルド	lạnh ライン
~さん(男性への敬称)	Mr. ミスタ	ông/anh オン アイン
~さん(既婚女性)	Mrs. ミスィズ	bà/chị バー チ
参加	participation パティスィペイション	tham gia タム ザー

し

日本語	英語	ベトナム語
試合	game ゲイム	trận đấu チャン ダウ
幸せ	happiness ハピネス	hạnh phúc ハイン フッ(ク)
資格	qualification クウォリフィケイション	chứng nhận チュン ニャン
しかし	but バット	tuy nhiên トゥイ ニエン
時間	hour アウア	thời gian トイ ザン
至急	urgent アージェント	khẩn cấp カン カッ(プ)
事件	occurrence オカーランス	vụ án ヴ アン
事故	accident アクスィデント	vụ tai nạn ヴ タイ ナン
時刻表	timetable タイムテイブル	bảng giờ バン ゾー
事実	fact ファクト	sự thật ス タッ(ト)
辞書	dictionary ディクショネリ	từ điển トゥー ディエン
静かな	quiet クワイエト	yên tĩnh イエン ティン
史跡	historic site ヒストリック サイト	di tích lịch sử ジー ティック リッ(ク) スー
自然	nature ネイチャ	tự nhiên トゥ ニエン
試着する	try on トライ オン	mặc thử マッ(ク) トゥー
湿度	humidity ヒューミディティ	độ ẩm ド アム
質問	question クウェスチョン	câu hỏi コウ ホーイ
支店	branch ブランチ	chi nhánh チー ニャン
自転車	bicycle バイスィクル	xe đạp セー ダッ(プ)
市内通話	local call ロウクル コール	điện thoại nội hạt ディエン トアイ ノイ ハッ(ト)
品物	goods グッズ	hàng hóa ハン ホア
支払い	payment ペイメント	thanh toán タイン トアン
持病	chronic disease クロニック ディズィーズ	bệnh mãn tính ベン マン ティン
紙幣	bill/banknote ビル バンクノウト	tiền giấy ティエン ザイ
地味な	plain プレイン	giản dị/trầm ザーン ジ チャム
社会	society ソサイエティ	xã hội サー ホイ
車掌	conductor コンダクタ	phụ xe buýt フ セー ブイッ
写真	photograph フォウトグラフ	bức ảnh ブッ(ク) アイン
車道	roadway ロウドウェイ	đường bộ ドゥオン ボ
自由	liberty リバティ	tự do トゥ ゾー
習慣	custom カスタム	tập quán タッ(プ) クアン
住所	address アドレス	địa chỉ ディア チー
渋滞	traffic jam トラフィック ジャム	tắc đường タッ(ク) ドゥオン
終点	destination デスティネイション	điểm cuối ディアム クイイ
重要な	important インポータント	quan trọng クアン チョン
修理	repair リペア	sửa chữa スア チュア
宿泊客	guest ゲスト	khách nghỉ qua đêm カッ(ク) ギー クア デム
出発	departure ディパーチャ	xuất phát スッ(ト) ファッ(ト)
首都	capital キャピトゥル	thủ đô トゥー ド
趣味	hobby ホビ	sở thích ソー ティッ(ク)
種類	kind カインド	loại ロアイ

192

日本語	英語	ベトナム語
順番	order / オーダ	thứ tự / トゥー トゥ
使用	use / ユース	sử dụng / スー ズン
紹介	introduction / イントロダクション	giới thiệu / ゾイ ティウ
乗客	passenger / パセンジャ	hành khách / ハイン カッ(ク)
招待	invitation / インヴィテイション	mời / モイ
商店街	shopping street / ショッピング ストリート	phố mua sắm / フォー ムア サム
消毒薬	disinfectant / ディスインフェクタント	thuốc tiêu độc / トゥオッ(ク) ティウ ドッ(ク)
衝突	crash / クラッシュ	va chạm / ヴァ チャム
賞品	prize / プライズ	giải thưởng / ザーイ トゥオン
丈夫な	solid / ソリッド	chắc / チャッ(ク)
情報	information / インフォメイション	thông tin / トン ティン
使用料	fee / フィー	phí sử dụng / フィー スー ズン
職業	occupation / オキュペイション	nghề nghiệp / ゲー ギエッ(プ)
食堂	dining room / ダイニング ルーム	nhà ăn / ニャー アン
食堂車	dining car / ダイニング カー	toa ăn / トア アン
食欲	appetite / アパタイト	thèm ăn / テム アン
女性	woman / ウマン	nữ / ヌー
女性用の	for women / フォー ウィミン	cho nữ / チョー ヌー
食器類	tableware / テイブルウェア	dụng cụ ăn uống / ズン ク アン ウオン
署名	signature / スィグニチャ	chữ kí / チュー キー
書類	document / ドキュメント	tài liệu / タイ リェウ

日本語	英語	ベトナム語
資料	data / デイタ	tư liệu / トゥ リェウ
知る	know / ノウ	biết / ビエッ(ト)
信号	traffic light / トラフィク ライト	đèn tín hiệu / デン ティン ヒェウ
申告	declaration / デクライション	thông báo / トン バオ
審査	inspection / インスペクション	điều tra / ディウ チャー
診察	consultation / カンサルテイション	tư vấn / トゥ ヴァン
親切な	kind / カインド	tốt bụng / トッ(ト) ブン
寝台車	sleeping car / スリーピング カー	xe có giường nằm / セー コー ズオン ナム
診断	diagnosis / ダイアグノウスィス	chuẩn đoán / チュアン ドアン
新年/正月	new year / ニュー イヤ	năm mới/tết / ナム モイ テッ(ト)
新品の	brand-new / ブランニュー	hàng mới / ハン モイ
新聞	newspaper / ニューズペイパ	báo / バオ

す

日本語	英語	ベトナム語
睡眠	sleep / スリープ	ngủ / グー
数字	figure / フィギャ	chữ số / チュー ソー
スーパーマーケット	supermarket / スーパマーキト	siêu thị / シエウ ティ
スケジュール	schedule / スケジュール	lịch trình / リッ(ク) チン
少し	a little / ア リトル	một ít / モッ イッ(ト)
涼しい	cool / クール	mát / マッ(ト)
素敵な	wonderful / ワンダフル	tuyệt vời / トゥエッ(ト) ヴォーイ
すべての	all / オール	tất cả / タッ(ト) カー

193

日本語	英語	ベトナム語
スポーツ	sport スポート	thể thao テー タオ
住む	live リヴ	sống ソン
～する	do ドゥ	làm ラム

せ

日本語	英語	ベトナム語
税関	customs カスタムズ	hải quan ハーイ クアン
請求書	bill ビル	hóa đơn ホア ドン
税金	tax タクス	tiền thuế ティエン トゥエ
清潔な	clean クリーン	sạch sẽ サッ(ク) セー
正式な	formal フォーマル	trang trọng チャン チョン
正常な	normal ノーマル	thông thường トン トゥオン
贅沢な	luxurious ラグジュリアス	xa xỉ サー シー
性能	ability アビリティ	tính năng ティン ナン
制服	uniform ユーニフォーム	đồng phục ドン フック
性別	sex セクス	giới tính ゾイ ティン
生理	menstruation メンストルエイション	kinh nguyệt キン グエッ(ト)
生理用品	sanitary napkin サニテリ ナプキン	băng vệ sinh バン ヴェ シン
席	seat スィート	chỗ ngồi チョー ゴーイ
説明	explanation エクスプラネイション	giải thích ザーイ ティッ(ク)
説明書	instruction インストラクション	sách hướng dẫn サッ(ク) フオン ザン
セルフサービス	self-service セルフサーヴィス	tự phục vụ トゥ フック ヴ
先日	the other day ディ アダ デイ	hôm trước ホム チュオッ(ク)

日本語	英語	ベトナム語
戦争	war ウォー	chiến tranh チエン チャイン
洗濯	cleaning クリーニング	giặt ザッ(ト)
専門店	specialty shop スペシャルティ ショップ	cửa hàng chuyên dụng クーア ハン チュエン ズン
線路	track トラック	tuyến xe/tàu トゥエン セー タオ

そ

日本語	英語	ベトナム語
送金	remittance レミタンス	tiền gửi ティエン グーイ
掃除	cleaning クリーニング	dọn dẹp ゾン ゼッ(プ)
装飾	decoration デコレイション	trang sức チャン スッ(ク)
速達	express mail イクスプレス メイル	chuyển phát nhanh チュエン ファッ(ト) ニャイン
速度	speed スピード	tốc độ トッ(ク) ド
そこ	that place ダット プレイス	chỗ đó チョー ドー
そして	then デン	vì thế ヴィー テー
外側	outside アウトサイド	bên ngoài ベン ゴアイ
空	sky スカイ	bầu trời バウ チョーイ
それ	that ダット	cái đó カイ ドー
損害	damage ダミジ	thiệt hại ティエット ハイ

た

日本語	英語	ベトナム語
代金	price プライス	giá ザー
滞在する	stay ステイ	nghỉ lại ギー ライ
大使館	embassy エンバスィ	đại sứ quán ダイ スー クアン
体重	weight ウェイト	cân nặng カン ナン

日本語	英語	ベトナム語
高い(位置)	high ハイ	cao カオ
高い(値段)	expensive エクスペンスィヴ	đắt ダッ(ト)
宝	treasure トレジャ	quý クイー
たくさん	a lot ア ロット	nhiều ニエウ
タクシー	taxi タクスィ	taxi タクシー
タクシー乗り場	taxi stand タクスィ スタンド	điểm bắt taxi ディエム バッ(ト) タクシー
出す	send センド	gửi グーイ
助ける	help ヘルプ	giúp đỡ ズッ(プ) ドー
尋ねる	ask アスク	hỏi ホーイ
訪ねる	visit ヴィズィット	thăm タム
正しい	right ライト	đúng ドゥン
立入禁止	keep out キープ アウト	cấm vào カム ヴァオ
建物	building ビルディング	tòa nhà トア ニャー
建てる	build ビルド	xây セイ
楽しい	happy ハピ	vui vẻ ヴイ ヴェー
旅	travel トラヴェル	chuyến đi チュエン ディー
食べ物	food フード	đồ ăn ドー アン
食べる	eat イート	ăn アン
誰	who フー	ai アイ
短期	short term ショート ターム	thời gian ngắn トイ ザン ガン
単語	word ワード	từ トゥー

日本語	英語	ベトナム語
誕生日	birthday バースデイ	ngày sinh ガイ シン
男性	man マン	nam ナム
男性用の	for men フォー メン	cho nam チョー ナム
団体	group グループ	khách đoàn カッ(ク) ドアン
単独の	single スィングル	khách lẻ カッ(ク) レー

ち

日本語	英語	ベトナム語
地位	position ポズィション	vị trí ヴィ チー
地域	area エァリア	khu vực クー ヴッ(ク)
小さい	small スモール	nhỏ ニョー
地下	basement ベイスメント	nền móng ネン モン
近い	near ニア	gần ガン
違い	difference ディファレンス	khác カッ(ク)
違う	wrong ロング	sai サイ
近道	shortcut ショートカット	đường tắt ドゥオン タッ(ト)
知識	knowledge ナリジ	kiến thức キエン トゥッ(ク)
地図	map マップ	bản đồ バーン ドー
チップ	tip ティップ	tiền boa/tip ティエン ボア ティッ(プ)
地方	region リージョン	địa phương ディア フオン
中古の	secondhand セカンドハンド	đồ cũ ドー クー
駐車場	parking lot パーキング ロット	bãi đỗ xe バイ ドー セー
昼食	lunch ランチ	bữa trưa ブア チュア

195

日本語	英語	ベトナム語
中毒	poisoning ポイズニング	nhiễm độc ニエム ドッ(ク)
注文	order オーダ	gọi món ゴイ モン
長期	long term ロング ターム	thời gian dài トイ ザン ザーイ
長距離の	long-distance ロング ディスタンス	khoảng cách xa ホアン カッ(ク) サー
朝食	breakfast ブレックファスト	bữa sáng ブア サン
貯金	savings セイヴィングス	tiết kiệm ティエッ(ト) キエム

つ

日本語	英語	ベトナム語
追加の	additional アディショヌル	thêm〜 テム
通貨	currency カーレンスィ	tiền tệ ティエン テ
通路	aisle アイル	lối đi ロイ ディー
使う	use ユーズ	sử dụng スー ズン
つくる	make メイク	chế tạo チェー タオ
伝える	tell テル	truyền đạt lại チュエン ダッ(ト) ライ
包む	wrap ラップ	bọc ボッ(ク)
綴り	spelling スペリング	đánh vần ダイン ヴァン
冷たい	cold コウルド	lạnh ライン
強い	strong ストロング	mạnh マイン

て

日本語	英語	ベトナム語
庭園	garden ガーデン	vườn ヴオン
定価	fixed price フィクスト プライス	giá cố định ザー コー ディン
定期の	regular レギュラ	〜cố định コー ディン

日本語	英語	ベトナム語
定休日	regular holiday レギュラ ホリデイ	ngày nghỉ ガイ ギー
テイクアウトする	take out テイク アウト	mang về マン ベー
丁寧な	polite ポライト	lịch sự リッ(ク) ス
停留所	bus stop バス ストップ	điểm dừng xe ディエム ズン セー
できる	can キャン	có thể コー テー
出口	exit エグズィット	cửa ra クーア ザー
手数料	charge チャージ	lệ phí レ フィー
手製の	hand-made ハンドメイド	〜tự làm トゥ ラム
手荷物預かり所	checkroom チェックルーム	quầy gửi hành lý クアイ グーイ ハイン リー
デパート	department store ディパートメント ストア	trung tâm thương mại チュン タム トゥオン マイ
テレビ	television テレヴィジョン	ti vi ティー ヴィー
テレホンカード	telephone card テレフォウン カード	thẻ điện thoại テー ディエン トアイ
店員	clerk クラーク	nhân viên ニャン ビエン
天気	weather ウェダ	thời tiết トイ ティエッ(ト)
電気	electricity イレクトリスティ	điện ディエン
伝言	message メスィジ	tin nhắn ティン ニャン
電車	train トレイン	tàu タウ
電池	battery バテリ	pin ピン
店長	manager マニジャ	quản lý cửa hàng クアン リー クーア ハン
伝統的な	traditional トラディショヌル	truyền thống チュエン トン
天然の	natural ナチュラル	〜thiên nhiên ティエン ニエン

196

日本語	英語	ベトナム語
展覧会	exhibition エクスビション	triển lãm チエン ラム
電話	telephone テレフォウン	điện thoại ディエン トアイ
電話番号	telephone number テレフォウン ナンバ	số điện thoại ソー ディエン トアイ

と

日本語	英語	ベトナム語
トイレ	rest room レスト ルーム	nhà vệ sinh ニャー ヴェ シン
トイレットペーパー	toilet paper トイレト ペイパ	giấy vệ sinh ザイ ヴェ シン
道具	tool トゥール	dụng cụ ズン ク
到着	arrival アライヴル	đến デン
登録	register レジスタ	đăng ký ダン キー
遠い	far ファー	xa サー
通り	street ストリート	phố フォー
特徴	feature フィーチャ	đặc trưng ダッ(ク) チュン
特に	especially エスペシャリ	đặc biệt ダッ(ク) ビエッ(ト)
特別の	special スペシャル	~đặc biệt ダッ(ク) ビエッ(ト)
時計	clock クロック	đồng hồ ドン ホー
どこ	where ウェア	ở đâu オー ダウ
年	age エイジ	năm ナム
図書館	library ライブレリ	thư viện トゥ ヴィエン
土地	land ランド	đất ダッ(ト)
特急列車	limited express リミティド イクスプレス	tàu cao tốc タウ カオ トッ(ク)
友達	friend フレンド	bạn バン

日本語	英語	ベトナム語
取り替える	exchange イクスチェインジ	trao đổi チャオ ドーイ
取り消し	cancellation キャンスレイション	hủy bỏ フイ ボー
どれ	which ウィッチ	cái nào カイ ナオ
どれくらい	how ハウ	hết bao lâu ヘッ(ト) バオ ロウ
泥棒	burglar バーグラ	kẻ trộm ケー チョム

な

日本語	英語	ベトナム語
内線電話	extension イクステンション	điện thoại nội mạng ディエン トアイ ノイ マン
長い(長さ)	long ロング	dài ザーイ
長い(時間)	long ロング	lâu ロウ
(〜の)中に	in イン	trong~ チョン
眺め	view ヴュー	tầm nhìn タム ニン
眺める	look ルック	ngắm nhìn ガム ニン
なぜ	why ワイ	tại sao タイ サオ
なぜなら	because ビコーズ	nếu vậy ネウ ヴァイ
何	what ワット	cái gì カイ ジー
生の	raw ロー	tươi sống トゥオイ ソン
生水	unboiled water アンボイルド ウォータ	nước lã ヌオッ(ク) ラー
生もの	uncooked food アンクックト フード	thức ăn tươi sống トゥッ(ク) アン トゥオイ ソン
何時間	how many hours ハウ メニ アワズ	mấy giờ マイ ゾー
何時に?	at what time? アト ワッタイム	vào mấy giờ? ヴァオ マイ ゾー
何でも	anything エニスィング	cái gì cũng カイ ジー クン

197

日本語	英語	ベトナム語
に		
似合う	suit スート	hợp ホッ(プ)
匂い	smell スメル	mùi ムイ
偽物	imitation イミテイション	hàng giả ハン ザー
日常の	everyday エヴリデイ	ngày thường ガイ トゥオン
荷造り	packing パッキング	đóng gói hành lý ドン ゴイ ハイン リー
日程	schedule スケジュール	lịch trình リッ(ク) チン
似ている	similar スィミラ	giống ゾン
2倍の	twice トゥワイス	gấp đôi ガッ(プ) ドイ
日本	Japan ジャパン	Nhật Bản ニャッ(ト) バーン
日本語/日本人	Japanese ジャパニーズ	tiếng Nhật/người Nhật ティエン ニャッ(ト) グオイ ニャッ(ト)
日本大使館	Japanese embassy ジャパニーズ エンバシィ	đại sứ quán Nhật Bản ダイ スー クアン ニャッ(ト) バーン
日本領事館	Japanese consulate ジャパニーズ カンスレト	lãnh sự quán Nhật Bản ラインスー クアン ニャッ(ト) バーン
日本料理	Japanese food ジャパニーズ フード	món ăn Nhật モン アン ニャッ(ト)
荷物	baggage バギジ	hành lý ハイン リー
入国	entry エントリ	nhập cảnh ニャッ(プ) カイン
入国管理局	imigilation bureau イミグレイション ビューロウ	cục quản lý nhập cảnh クッ(プ) クアン リー ニャッ(プ) カイン
入手する	get ゲット	lấy レイ
入場	admittance アドミッタンス	vào ヴァオ
入場料	admission fee アドミッション フィー	phí vào cửa フィー ヴァオ クーア
ニュース	news ニューズ	bản tin バン ティン

日本語	英語	ベトナム語
人数	number of persons ナンバ オヴ パーソンズ	dân số ザン ソー
ね		
願い(依頼)	wish ウィッシュ	yêu cầu イエウ カウ
願い(希望)	wish ウィッシュ	mong ước モン ウオッ(ク)
値下げ	markdown マークダウン	hạ giá ハ ザー
値段	price プライス	giá cả ザー カー
値引き	discount ディスカウント	giảm giá ザーム ザー
眠る	sleep スリープ	ngủ グー
年度	fiscal year フィスカル イヤ	năm tài chính ナム タイ チン
年齢	age エイジ	lứa tuổi ルア トゥオイ
の		
農業	agriculture アグリカルチャ	nông nghiệp ノン ギエッ(プ)
農民	farmer ファーマー	nông dân ノン ザン
残り	rest レスト	còn lại コン ライ
飲む	drink ドリンク	uống ウオン
乗り換え	change チェインジ	đổi xe ドーイ セー
乗り物	vehicle ヴィークル	phương tiện フオン ティエン
乗り物酔い	motion sickness モウション スィックネス	say xe サイ セー
乗る	take テイク	lên xe レン セー
は		
バーゲン	bargain バーゲン	mặc cả マッ(ク) カー

日本語	英語	ベトナム語
はい	yes イエス	vâng ヴァン
配達	delivery ディリヴァリ	gửi グーイ
売買	trade トレイド	mua bán ムア バン
はがき	postcard ポウストカード	bưu thiếp ビュー ティエップ
運ぶ	carry キャリ	mang マン
箸	chopsticks チョプスティックス	đũa ドゥア
端	edge エッジ	cạnh/bờ カイン ボー
始まる/始める	begin/start ビギン スタート	bắt đầu バッ(ト) ダウ
場所	place プレイス	địa điểm ディア ディエム
バス	bus バス	xe buýt セ ブイッ
バス停	bus stop バス ストップ	điểm dừng xe buýt ティエム ズン セ ブイッ
パスポート	passport パスポート	hộ chiếu ホ チエウ
破損	damage ダミジ	hỏng ホン
罰金	penalty/fine ペナルティ ファイン	tiền phạt ティエン ファッ(ト)
発見	discovery ディスカヴァリ	phát hiện ファッ(ト) ヒエン
発行	issuance イシューアンス	phát hành ファッ(ト) ハイン
発車	departure ディパーチャ	xuất phát スアッ(ト) ファッ(ト)
発売	sale セイル	bán ra バン ザー
派手な	gaudy ゴーディ	lòe loẹt ロエ ロエッ
パトカー	patrol car パトロウル カー	xe cảnh sát セー カイン サッ(ト)
話	story ストーリ	câu chuyện カウ チュエン

日本語	英語	ベトナム語
速い	fast ファスト	nhanh ニャイン
早い	early アーリ	sớm ソム
払う	pay ペイ	trả tiền チャー ティエン
払い戻し	refund リーファンド	trả lại チャー ライ
晴れ	fine weather ファイン ウェダ	nắng ナン
範囲	range レインジ	phạm vi ファム ヴィ
番号	number ナンバ	số ソー
犯罪	crime クライム	phạm tội ファム トイ
絆創膏	adhesive bandage アドヒースィヴ バンデジ	băng cá nhân/urgo バン カー ニャン アーゴ
反対する	oppose オポーズ	phản đối ファーン ドイ
反対側	opposite side オポズィット サイド	bên phản đối ベン ファーン ドイ
ハンドル	steering wheel スティアリング ウィール	bánh xe バイン セー
半日	half a day ハーファ デイ	nửa ngày ヌーア ガイ
パンフレット	brochure ブロウシュア	tờ rơi トー ゾイ
半分	half ハーフ	một nửa モッ ヌーア

ひ

日本語	英語	ベトナム語
火	fire ファイア	lửa ルーア
被害	damage ダミジ	thiệt hại ティエッ(ト) ハイ
被害者	victim ヴィクティム	nạn nhân ナン ニャン
日帰り旅行	day excursion デイ イクスカーション	tour đi về trong ngày トアー ディー ヴェー チョン ガイ
光	light ライト	ánh sáng アイン サン

和英越辞書 に・ひ

199

日本語	英語	ベトナム語
(ドアを)引く	pull ブル	kéo ケオ
低い	low ロウ	thấp タッ(プ)
ビザ	visa ヴィサ	visa ヴィザー
非常口	emergency exit イマージェンスィ エグズィット	cửa thoát hiểm クーア トアッ(ト) ヒエム
非常に	very ヴェリ	rất ザッ(ト)
日付	date デイト	ngày ガイ
必需品	necessity ニセスティ	nhu yếu phẩm ニュー イエウ ファーム
ひったくり	snatcher スナッチャ	tên cướp テン クオッ(プ)
必要	necessity ニセスティ	quan trọng クアン チョン
否定	denial ディナイアル	phủ nhận フー ニャン
人	person パースン	người グオイ
等しい	equal イークウェル	bình đẳng ビン ダン
人々	people ピープル	nhiều người ニエウ グオイ
一人で	alone アロウン	một mình モッ ミン
一人部屋	single room スィングル ルーム	phòng đơn フォン ドン
百貨店	department store デパートメント ストア	cửa hàng tạp hóa クーア ハン タッ(プ) ホア
費用	cost コスト	giá ザー
美容院	beauty salon ビューティ サロン	hair salon ヘア サロン
病院	hospital ホスピトゥル	bệnh viện ベン ビエン
病気	sickness スィックネス	bệnh ベン
表示	indication インディケイション	chỉ ra チー ザー

日本語	英語	ベトナム語
標識	sign サイン	biển báo ビエン バオ
標準	standard スタンダド	tiêu chuẩn ティウ チュアン
表面	surface サーフェス	bề mặt ベ マッ(ト)
昼	daytime デイタイム	buổi trưa ブオイ チュア
昼飯	lunch ランチ	cơm trưa コム チュア
広い(面積,調整など)	large ラージ	rộng ゾン
品質	quality クウォリティ	chất lượng チャッ(ト) ルオン

ふ

日本語	英語	ベトナム語
ファクス	facsimile ファクスィミリ	máy fax マイー ファッ(ク)
ファッション	fashion ファッション	thời trang トイ チャン
ファン	fan ファン	cái quạt カイ クアッ(ト)
不可能	impossibility インポスィビリティ	không thể ホン テー
複雑な	complicated コンプリケイティド	phức tạp フッ(ク) タッ(プ)
副作用	side effect サイド イフェクト	tác dụng phụ タッ(ク) ズン フ
無事	safety セイフティ	an toàn アン トアン
舞台	stage ステイジ	sân khấu サン コウ
普通の	usual ユージュアル	~thông thường トン トゥオン
復活	revival リヴァイバル	hồi phục ホイ フッ(ク)
船便	sea mail スィー メイル	đường biển ドゥオン ビエン
船	ship シップ	thuyền トゥエン
部分	part パート	phần ファン

日本語	英語	ベトナム語
不要な	unnecessary アンネセサリ	không cần thiết ホン カン ティエッ(ト)
不良品	defective product ディフェクティブ プロダク(ト)	hàng kém chất lượng ハン カム チャッ(ト) ルオン
古い	old オウルド	cổ/cũ コー クー
風呂	bath バス	phòng tắm フォン タム
フロント	reception リセプション	lễ tân レー タン
雰囲気	atmosphere アトムスフィア	không khí ホン キー
文化	culture カルチャ	văn hóa ヴァン ホア
紛失	loss ロス	đánh mất ダイン マッ(ト)
紛失証明書	loss report ロス リポート	giấy chứng nhận mất đồ ザイ チュン ニャン マッ(ト) ドー
分量	quantity クウォンティティ	số lượng ソー ルオン

へ

日本語	英語	ベトナム語
平均	average アヴェレジ	trung bình チュン ビン
平日	weekday ウィークデイ	ngày thường ガイ トゥオン
閉店	closed クロウズド	đóng cửa ドン クーア
ヘッドホン	headphones ヘッドフォウンズ	tai nghe タイ ゲー
別料金	extra charge エクストラ チャージ	tiền trả thêm ティエン チャー テーム
ベトナム(国)	Viet Nam ヴィエトナム	Việt Nam ヴィエッ(ト) ナム
ベトナム語	Vietnamese ヴィエトナミーズ	tiếng Việt ティエン ヴィエッ(ト)
ベトナム人	Vietnamese ヴィエトナミーズ	người Việt Nam グオイ ヴィエッ(ト) ナム
ベトナム料理	Vietnamese food ヴィエトナミーズ フード	món ăn Việt Nam モン アン ヴィエッ(ト) ナム
部屋	room ルーム	phòng フォン
ベランダ	verandah ヴェランダ	ban công バン コン
ベル	bell ベル	chuông チュオン
返却する	return リターン	trả lại チャー ライ
変更する	change チェインジ	thay đổi タイ ドーイ
返事	answer アンサ	trả lời チャー ロイ
返品	returned goods リターンド グッズ	hàng trả lại ハン チャー ライ
便利な	convenient コンヴィーニエント	tiện lợi ティエン ロイ

ほ

日本語	英語	ベトナム語
方角	direction ダイレクション	hướng フオン
報告	report リポート	báo cáo バオ カオ
放送	broadcasting ブロードキャスティング	dự báo ズ バオ
包帯	bandage バンディジ	băng bó バン ボー
方法	method メソド	phương pháp フオン ファッ(プ)
法律	law ロー	luật ルアッ(ト)
ボート	boat ボウト	thuyền トゥエン
他の	other アダ	khác カッ(ク)
ポケット	pocket ポキト	túi トゥイ
保険	insurance インシュアランス	bảo hiểm バオ ヒエム
歩行者	pedestrian ペデストリアン	người đi bộ グオイ ディー ボ
補償	compensation コンペンセイション	đền bù デン ブー
保証金	deposit ディポズィット	tiền đặt cọc ティエン ダッ(ト) コッ(ク)

日本語	英語	ベトナム語
保証書	guarantee ギャランティー	chứng nhận bảo hiểm チュン ニャン バオ ヒエム
ポスト	mailbox メイルボックス	hòm thư ホム トゥー
ホテル	hotel ホウテル	khách sạn カッ(ク) サン
歩道	sidewalk サイドウォーク	đường bộ ドゥオン ボ
ほとんど	almost オールモウスト	hầu hết ハウ ヘッ(ト)
本店	head office ヘッド オフィス	trụ sở chính チュ ソー チン
翻訳	translation トランスレイション	dịch ジッ(ク)

ま

日本語	英語	ベトナム語
迷子	stray child ストレイ チャイルド	trẻ lạc チェー ラッ(ク)
毎回	each time イーチ タイム	mỗi lần モイ ラン
毎週	every week エヴリ ウィーク	hàng tuần ハン トゥアン
毎月	every month エヴリ マンス	hàng tháng ハン タン
毎年	every year エヴリ イヤ	hàng năm ハン ナム
毎日の	everyday エヴリデイ	hàng ngày ハン ガイ
前払い	advance payment アドヴァンス ペイメント	trả trước チャー チュオッ(ク)
まける(値段)	discount ディスカウント	chiết khấu チェッ(ト) カウ
町	town タウン	thành phố/thị trấn タン フォー ティ チャン
待合室	waiting room ウェイティング ルーム	phòng chờ フォン チョー
間違い	mistake ミステイク	nhầm ニャム
待つ	wait ウェイト	đợi ドイ
マッサージ	massage マサージ	massage マッサー
まっすぐな	straight ストレイト	thẳng ターン
祭り	festival フェスティヴル	lễ hội レー ホイ
窓	window ウィンドウ	cửa sổ クーア ソー
マナー	manner マナ	thái độ タイ ド
学ぶ	learn ラーン	học ホッ(ク)
まぶしい	dazzling ダズリング	chói mắt チョイ マッ(ト)
迷う	lost ロスト	lạc ラッ(ク)
満員	full フル	hết chỗ ヘッ(ト) チョー
満室の	full フル	hết phòng ヘッ(ト) フォン
満足	satisfaction サティスファクション	hài lòng ハイ ロン
真ん中の	middle ミドル	chính giữa チン ズア

み

日本語	英語	ベトナム語
未婚の	single スィングル	chưa kết hôn チュア ケッ(ト) ホン
未婚の女性~さん	miss ミス	em~ơi エム オーイ
短い	short ショート	ngắn ガン
水	water ウォータ	nước ヌオッ(ク)
水浴び	bathing ベイジング	tắm タム
店	shop ショップ	cửa hàng クア ハン
見出し	headline ヘッドライン	ra mắt ザ マッ(ト)
道案内	guidance ガイダンス	chỉ đường チー ドゥオン
道順	route ルート	tuyến đường チュエン ドゥオン

日本語	英語	ベトナム語
ミニサイズ	mini size ミニ サイズ	size nhỏ サイ ニョー
身につける	put on プット オン	mặc đồ マック ドー
身分証明書	ID card アイディー カード	chứng minh thư チュン ミン トゥー
見本	sample サンプル	hàng mẫu ハン マウ
見る	see スィー	xem セム
民間の	private プライヴェト	～tư トゥ
民話	folktale フォークテイル	truyện cổ tích チュエン コー ティック

む

日本語	英語	ベトナム語
昔	old times オウルド タイムズ	ngày xưa ガイ スア
向き	direction ディレクション	phía フィア
無効な	invalid インヴァリド	hết hạn ヘッ(ト) ハン
無地の	solid ソリッド	màu trơn マウ チョン
難しい	difficult ディフィカルト	khó コー
村	village ヴィリジ	làng ラン
無料の	free フリー	～miễn phí ミエン フィー

め

日本語	英語	ベトナム語
名所	sight サイト	địa điểm nổi tiếng ディア ディエム ノイ ティエン
名物	specialty スペシャルティ	đặc sản ダッ(ク) サーン
迷路	maze/labyrinth メイズ ラビリンス	mê cung メ クン
眼鏡	glasses グラースィズ	kính キン
目薬	eye drops アイ ドロップス	thuốc nhỏ mắt トゥオッ(ク) ニョー マッ(ト)
目覚まし時計	alarm clock アラーム クロック	đồng hồ báo thức ドン ホー バオ トゥッ(ク)
目印	landmark ランドマーク	dấu hiệu ゾウ ヒェウ
珍しい	rare レア	hiếm ヒエム
メニュー	menu メニュー	menu メニュー
めまい	dizziness ディズィネス	hoa mắt ホア マッ(ト)
麺	noodle ヌードル	mỳ/miến/phở/bún ミー ミエン フォー ブン
免税店	duty-free shop デューティフリー ショップ	cửa hàng miễn thuế クア ハン ミエン トゥエ
免税品	duty-free items デューティフリー アイテムズ	hàng miễn thuế ハン ミエン トゥエ

も

日本語	英語	ベトナム語
申し込み	application アプリケイション	tờ khai/tờ đăng ký トー カイ トー ダン キー
モーニングコール	wake-up call ウェイクアップ コール	đánh thức buổi sáng ダイン トゥッ(ク) ブオイ サン
目的	purpose パーパス	mục đích モッ(ク) ディッ(ク)
目的地	destination デスティネイション	điểm đến ディエム デン
文字	letter レタ	chữ チュー
もしもし	Hello ヘロウ	a lô ア ロ
持ち主	owner オウナ	chủ チュー
持つ	have ハヴ	có コー
戻る	return リターン	quay lại クアイ ライ
問題	problem プロブレム	vấn đề ヴァン デー

や

日本語	英語	ベトナム語
野外／屋外	outdoor アウトドア	dã ngoại/bên ngoài ザー ゴアイ ベン ゴアイ

日本語	英語	ベトナム語
夜間	night ナイト	đêm デム
約束	promise プロミス	hẹn ヘン
薬品	medicine メディスン	thuốc トゥオッ(ク)
夜行列車	night train ナイト トレイン	tàu đêm タウ デム
優しい	kind カインド	tốt bụng トッ(ト) ブン
易しい	easy イースィ	dễ ゼー
矢印	arrowhead アロウヘッド	mũi tên ムイ テン
安い	cheap チープ	rẻ ゼー
屋台	stand スタンド	xe hàng rong セー ハン ゾン
薬局	pharmacy ファーマスィ	hiệu thuốc ヒエウ トゥオッ(ク)
宿	hotel ホウテル	nhà khách ニャー カッ(ク)
止む	stop ストップ	dừng lại ズン ライ
柔らかい	soft ソフト	mềm メム

ゆ

湯	hot water ホット ウォータ	nước nóng ヌオッ(ク) ノン
遊園地	amusement park アミューズメント パーク	khu vui chơi フー ヴイ チョイ
夕方	evening イーヴニング	tối トイ
夕食	dinner ディナ	bữa tối ブア トイ
ユースホステル	youth hostel ユース ホステル	hostel ホステル
郵送	mailing メイリング	gửi グーイ
郵便	mail メイル	bưu kiện ビュー キエン

日本語	英語	ベトナム語
郵便切手	postage stamp ポウスティジ スタンプ	tem thư テム トゥ
郵便局	post office ポウスト オフィス	bưu điện ビュー ディエン
有料の	pay ペイ	~mất phí マッ(ト) フィー
床	floor フロア	sàn nhà サン ニャー
雪	snow スノウ	tuyết トゥエッ(ト)
輸出	export エクスポート	xuất khẩu スアッ(ト) カウ
輸送	transport トランスポート	vận chuyển ヴァン チュエン
輸入	import インポート	nhập khẩu ニャッ(プ) カウ
豊かな	rich リッチ	giàu có ゾウ コー
夢	dream ドリーム	giấc mơ ザッ(ク) モ

よ

良い	good グッド	tốt トッ(ト)
用意する	prepare プリペア	chuẩn bị チュアン ビ
洋服	clothes クロウズ	quần áo クアン アオ
浴室	bathroom バスルーム	phòng tắm フォン タム
汚れ	dirt ダート	bẩn バーン
予算	budget バジト	ngân sách ガン サッ(ク)
予定	schedule スケジュール	dự định ズー ディン
呼ぶ	call コール	gọi ゴイ
予報	forecast フォアキャスト	dự báo ズ バオ
読む	read リード	đọc ドッ(ク)

日本語	英語	ベトナム語
予約金	deposit ディポズィット	tiền đặt cọc ティエン ダッ(ト) コッ(ク)
予約する	reserve リザーヴ	đặt trước ダッ(ト) チュオッ(ク)
夜	night ナイト	đêm デム
喜び	joy ジョイ	vui ヴィ

ら

日本語	英語	ベトナム語
ライセンス	license ライスンス	giấy phép ザイ フェッ(プ)
ラジオ	radio レイディオウ	radio ラディオ

り

日本語	英語	ベトナム語
理解	understanding アンダスタンディング	hiểu ヒエウ
理由	reason リーズン	lý do リー ゾー
流行の	trendy トレンディ	xu hướng~ スー フオン
量	quantity クウォンティティ	số lượng ソー ルオン
両替	exchange イクスチェインジ	đổi tiền ドーイ ティエン
両替所	currency exchange カーレンスィ イクスチェインジ	quầy đổi tiền クアイ ドーイ ティエン
料金	fare フェア	giá ザー
料金表	price list プライス リスト	bảng giá バン ザー
領収証	receipt リスィート	hóa đơn ホア ドン
旅行	travel トラヴェル	du lịch ズー リッ(ク)
旅行代理店	travel agency トラヴェル エイジェンスィ	đại lý du lịch ダイ リー ズー リッ(ク)
臨時の	temporary テンポラリ	~tạm thời タム トーイ

れ

日本語	英語	ベトナム語
礼 (動作)	bow バウ	cúi chào クイ チャオ
レート	rate レイト	tỉ giá ティー ザー
冷房	air conditioning エア コンディショニング	máy lạnh マイ ライン
歴史	history ヒストリ	lịch sử リッ(ク) スー
歴史的名所	historic site ヒストリク サイト	địa danh lịch sử ディア ザイン リッ(ク) スー
レストラン	restaurant レストラント	nhà hàng ニャー ハン
列車	train トレイン	tàu タウ

ろ

日本語	英語	ベトナム語
廊下	corridor コリドー	hành lang ハイン ラン
路線図	route map ルート マップ	bản đồ tuyến xe/tàu バン ドー チュエン セ タウ

わ

日本語	英語	ベトナム語
別れ	farewell フェアウェル	chia tay チエ タイ
分ける	divide ディヴァイド	chia チア
忘れ物	thing left behind スィング レフト ビハインド	đồ bỏ quên ドー ボー クエン
忘れる	forget フォゲット	quên mất クエン マッ(ト)
私	I アイ	tôi トイ
私たち	we ウィ	chúng tôi チュン トイ
詫びる	apologize アポロジャイズ	xin lỗi シン ローイ
笑う	laugh ラフ	cười クオイ
割引	discount ディスカウント	giảm giá ザム ザー
割り増し料金	extra charge エクストラ チャージ	tiền trả thêm ティエン チャー テム

越和辞書

A

anh em trai アイン エム チャイ	兄弟
áo dài アオ ザーイ	アオザイ
áo jacket アオ ジャケッ(ト)	ジャケット
áo khoác アオ ホアッ(ク)	コート
áo khoác nỉ アオ ホアッ(ク) ニー	パーカー
áo len アオ レン	セーター
áo phông アオ フォン	Tシャツ
áo polo アオ ポロ	ポロシャツ
áo sơ mi アオ ソー ミー	シャツ
áo sơ mi nữ アオ ソー ミー ヌー	ブラウス
áo vest アオ ヴェ(ト)	スーツ

B

ba lô du lịch バー ロー ズー リッ(ク)	バックパック
bác sĩ バッ(ク) シー	医師
bác sĩ khoa mắt バッ(ク) シー ホア マッ(ト)	眼科医
bác sĩ ngoại khoa バッ(ク) シー ゴアイ ホア	外科医
bác sĩ nha khoa バッ(ク) シー ニャー ホア	歯科医
bác sĩ nội khoa バッ(ク) シー ノイ ホア	内科医
bác sĩ phụ khoa バッ(ク) シー フ ホア	婦人科医
bắc バッ(ク)	北
bãi đỗ xe バイ ドー セー	駐車場
bàn chải đánh răng バン チャイ ダイン ザン	歯ブラシ
bán hết バン ヘッ(ト)	売り切れ
bản đồ バーン ドー	地図
bản đồ đường バーン ドー ドゥオン	道路地図
bản sao vé điện tử バン サオ ヴェー ディエン トゥー	eチケット控え
bảng giờ バン ゾー	時刻表
băng バン	包帯
băng cá nhân/urgo バン カー ニャン アーゴ	絆創膏
bằng lái xe バン ライ セー	運転免許証
bánh mỳ バイン ミー	ベトナム風サンドイッチ
bánh xèo バイン セオ	ベトナム風お好み焼き
báo バオ	新聞
báo cáo bị trộm バオ カオ ビ チョ(ム)	盗難届け
báo cáo mất đồ バオ カオ マッ(ト) ドー	紛失届け

bảo hiểm	保険
bảo tàng	博物館
bảo tàng mỹ thuật	美術館
bến tàu	船着き場
bến xe buýt	バスターミナル
bệnh án	診断書
bệnh viện	病院
bị tính thuế	課税
bia	ビール
biên giới	国境
biển	海
bố	父
bờ biển	海岸
boutique/cửa hàng quần áo	ブティック
bữa sáng	朝食
bữa tối	夕食
bữa trưa	昼食
bùng binh	ロータリー
buổi sang	午前
bưu điện	郵便局
bưu điện quốc tế	国際郵便
bưu phẩm	小包
bưu thiếp	はがき
bưu thiếp có hình	絵はがき

C

cà phê	カフェ
cà phê internet	インターネットカフェ
cà phê Việt Nam	ベトナムコーヒー
cà vạt	ネクタイ
cấm	禁止
cấm hút thuốc	禁煙
cấm vào	立ち入り禁止
cảnh sát du lịch	ツーリストポリス
cạnh cửa sổ	窓側
cạnh lối đi	通路側
cặp nhiệt độ	体温計
cấp lại	再発行
cất cánh	出発（空港内表示）
catalogue	カタログ
cầu	橋
chân váy	スカート
cháo	お粥

207

chênh lệch múi giờ	時差
chị em gái	姉妹
chìa khóa	カギ
chìa khóa thẻ	カードキー
chiều	午後
cho nam	男性用
cho nữ	女性用
chỗ đậu taxi	タクシー乗り場
chỗ ngồi	座席
chợ	市場
chú ý thao tác	取り扱い注意
chú ý!	注意！
chủ nhật	日曜日
chữ kí	署名
chưa bao gồm thuế	税別
chứng minh thư	身分証明書
chứng nhận tiêm chủng	予防接種証明書
chườm nóng	湿布
chuyển phát nhanh	速達
chuyển xe	乗り換え
cơm rang	ベトナム風チャーハン
công an	警察
công chức	公務員
công ty du lịch	旅行会社
công việc	仕事
công viên	公園
cửa hàng	売店
cửa hàng lưu niệm	みやげ物店
cửa hàng miễn thuế	免税店
cửa hàng tiện lợi	コンビニ
cửa lên máy bay	搭乗口
cửa ra	出口
cửa soát vé	改札口
cửa thoát hiểm	非常口
cửa vào	入口

D

dép đi trong nhà	スリッパ
dép xăng đan	サンダル
di sản thế giới	世界遺産
di tích lịch sử	史跡
dị ứng	アレルギー
dịch vụ phòng	ルームサービス

du lịch	旅行	địa chỉ liên lạc	連絡先
dự báo thời tiết	天気予報	địa điểm nổi tiếng	名所
dụng cụ thể thao	スポーツ用品	điểm đến	目的地
dưới	下	điểm đỗ xe buýt	バス乗り場
Đ		điểm dừng xe	停留所
đá quý	宝石	điện thoại công cộng	公衆電話
đặc sản	名物	điện thoại di động	携帯電話
đài tưởng niệm	記念碑	điện thoại quốc tế	国際電話
đại lý du lịch	旅行代理店	điện thoại trong nước	国内通話
đại sứ quán Nhật Bản	日本大使館	đô la Mỹ	アメリカドル
đang sử dụng	使用中	đồ ăn	食べ物
đang sửa chữa	故障中	đồ cổ	骨董品
đang thi công	工事中	đồ dễ vỡ	こわれもの
đang vệ sinh	掃除中	đồ gia dụng	家具
đánh thức buổi sáng	モーニングコール	đồ gốm sứ	陶磁器
đảo	島	đồ quý giá	貴重品
đặt phòng	予約	đồ sơn mài	漆器
đèn tín hiệu	信号	đồ thủ công	工芸品
đến chùa	寺院	đồ trang trí/trang sức	アクセサリー
địa chỉ	住所	đồ uống	飲み物
địa chỉ email	メールアドレス	đổi xe	乗り換え

đồn công an	警察署	giá hướng dẫn	ガイド料金
đơn thuốc	処方箋	giá tour	ツアー料金
đông	東	giá vận chuyển	運賃
đồng hồ tính tiền	料金メーター	giá vé tàu cao tốc	特急料金
động vật	動物	giá vé xe có giường nằm	寝台料金
đũa	箸	giảm giá	値引き
được hút thuốc	喫煙	giày búp bê	パンプス
đường	道	giày cao gót	ハイヒール
đường bay quốc nội	国内線	giấy chứng nhận bảo hiểm	保証書
đường bay quốc tế	国際線	giấy chứng nhận bị trộm	盗難証明書
đường biển	船便	giấy chứng nhận giao dịch ngoại tệ	両替証明書
đường hàng không	航空便	giấy chứng nhận mất đồ	紛失証明書
đường một chiều	一方通行	giấy chứng nhận thu đổi ngoại tệ	外貨交換証明書
đường sắt	鉄道	giày nam	紳士靴
đường tắt	近道	giày nữ	婦人靴

E

email	メール	giấy viết thư	便箋
esthe	エステ	giờ địa phương	現地時間
		giờ đóng cửa	閉店時刻

G

		giờ hạ cánh	到着時刻
ga trải giường	シーツ	giờ làm việc	営業時間
gia vị	調味料	giờ lên máy bay	搭乗時刻

210

giờ mở cửa ゾー モー クーア	開店時刻	hành lý xách tay ハイン リー サッ(ク) タイ	機内持ち込み手荷物
giờ xuất phát ゾー スアッ(ト) ファッ(ト)	出発時刻	hấp thụ ハッ(プ) トゥ	受付
giới tính ゾイ ティン	性別	hết chỗ ヘッ(ト) チョー	満席
gọi món ゴイ モン	注文	hiệu quả ヒェウ クアー	有効
gồm bữa ăn ゴム ブア アン	食事込み	hiệu thuốc ヒェウ トゥオッ(ク)	薬局
gốm Bát Tràng ゴム バッ チャン	バッチャン焼き	hồ ホー	湖
H		hộ chiếu ホ チエウ	パスポート
hạ cánh ハ カイン	到着（空港内表示）	hoa quả dầm ホア クアー ザム	フルーツと練乳の シェイク
hải quan ハーイ クアン	税関	hóa đơn ホア ドン	領収証
hải sản ハーイ サーン	シーフード	hóa đơn chi tiết ホア ドン チー ティエッ(ト)	明細書
hair salon ヘアー サロン	美容院	học sinh ホッ(ク) シン	学生
hàng cấm xách tay ハン カム サッ(ク) タイ	持ち込み禁止品	hôm nay ホム ナイ	本日
hàng miễn thuế ハン ミエン トゥエ	免税品	hôm nay nghỉ ホム ナイ ギー	本日休業
hàng tạp hóa ハン タッ(プ) ホア	日用雑貨	hôm qua ホム クア	昨日
hàng thủ công mỹ nghệ ハン トゥー コン ミー ゲ	民芸品	hòm thư ホム トゥー	ポスト
hàng Việt Nam ハン ヴィエッ(ト) ナム	ベトナム製品	hỏng ホン	故障
hãng hàng không ハン ハン ホン	航空会社	hướng dẫn フォン ザン	案内
hạng nhất ハン ニャッ(ト)	ファーストクラス	hướng dẫn viên フォン ザン ヴィエン	ガイド
hạng thường ハン トゥオン	エコノミークラス	hương liệu フォン リェウ	香辛料
hạng thương gia ハン トゥオン ザー	ビジネスクラス	hủy đặt chỗ フイ ダッ(ト) チョー	予約取り消し
hành lý ハイン リー	荷物	**K**	

két sắt ケッ(ト) サッ(ト)	セイフティボックス／金庫	lệ phí レ フィー	手数料
khách đoàn カッ(ク) ドアン	団体	lịch sử リッ(ク) スー	歴史
khách lẻ カッ(ク) レー	個人	lịch trình リッ(ク) チン	スケジュール
khách sạn カッ(ク) サン	ホテル	liều dùng リエウ ズン	服用法
khăn カン	スカーフ	lụa ルア	絹
khăn choàng vai カン チョアン ヴァイ	ストール	**M**	
khăn tắm カン タム	バスタオル	mã số bưu điện マー ソー ブー ディエン	郵便番号
khăn tay カン タイ	ハンカチ	mã vùng マー ヴン	市外局番
không hiệu quả ホン ヒエウ クアー	無効	massage mặt マッサー マッ(ト)	顔の手入れ
khu vực cấm hút thuốc フー ヴッ(ク) カム フッ(ト) トゥオッ(ク)	禁煙席	massage toàn thân マッサー トアン タン	全身の手入れ
khu vực được hút thuốc フー ヴッ(ク) ドゥオッ(ク) フッ(ト) トゥオッ(ク)	喫煙席	máy ảnh マイ アイン	カメラ
khu vui chơi フー ヴイ チョーイ	遊園地	máy lạnh マイ ライン	冷房
kiểm dịch キエム ジッ(ク)	検疫	máy rút tiền tự động マイ ズッ(ト) ティエン トゥ ドン	現金自動支払機
kiểm tra an ninh キエム チャー アン ニン	セキュリティチェック	máy tính マイ ティン	パソコン
kiểm tra nhập cảnh キエム チャー ニャッ(プ) カイン	入国審査	máy tính bảng マイ ティン バーン	タブレット
kiểm tra xuất cảnh キエム チャー スアッ(ト) カイン	出国審査	máy tính tiền マイ ティン ティエン	レジ
kiến trúc キエン チュッ(ク)	建築	mẹ メ	母
L		menu メニュー	メニュー
làng ラン	村	miễn phí ミエン フィー	無料
lãnh sự quán Nhật Bản ライン ス クアン ニャッ(ト) バーン	日本領事館	món ăn cung đình モン アン クン ディン	宮廷料理
lẩu ラウ	鍋もの	món ăn địa phương モン アン ディア フオン	郷土料理

món ăn Nhật モン アン ニャッ(ト)	日本料理
món ăn Pháp モン アン ファッ(プ)	フランス料理
món ăn Trung Hoa モン アン チュン ホア	中国料理
món ăn Việt Nam モン アン ヴィエッ(ト) ナム	ベトナム料理
món mì/miến/phở/bún モン ミー ミエン フォー ブン	麺料理
món rau モン ザウ	野菜料理
món thịt モン ティッ	肉料理
món tráng miệng モン チャン ミエン	デザート
một ngày モッ ガイ	一日
mũ ムー	帽子
mùa đông ムア ドン	冬
mùa hè ムア ヘー	夏
mùa thu ムア トゥ	秋
mùa xuân ムア スアン	春
mỹ phẩm ミー ファム	化粧品
mỹ thuật ミー トゥアッ(ト)	美術

N

nam ナム	男、南
nem cuốn ネム クオン	生春巻き
nem rán ネム ザン	揚げ春巻き
ngã tư ガー トゥー	交差点
ngân hàng ガン ハン	銀行
ngày mai ガイ マイ	明日
ngày nghỉ ガイ ギー	定休日
ngày tháng năm sinh ガイ タン ナム シン	生年月日
ngày về ガイ ヴェー	日帰り
nghề nghiệp ゲー ギエッ(プ)	職業
nghỉ giữa giờ ギー ズア ゾー	休憩
ngoại thành ゴアイ タイン	郊外
người bản xứ グオイ バーン スー	居住者
người hướng dẫn グオイ フオン ザン	案内係
người Nhật グオイ ニャッ(ト)	日本人
người nước ngoài グオイ ヌオッ(ク) ゴアイ	外国人
người phục vụ (nam) グオイ フッ(ク) ヴ ナム	ウエーター
người phục vụ (nữ) グオイ フッ(ク) ヴ ヌー	ウエートレス
người Việt Nam グオイ ヴィエッ(ト) ナム	ベトナム人
nguồn điện グオン ディエン	電源
nhà ga ニャー ガー	駅／ターミナル
nhà hàng ニャー ハン	レストラン
nhà hát ニャー ハッ(ト)	劇場
nhà vệ sinh ニャー ヴェ シン	トイレ
nhà vệ sinh mất phí ニャー ヴェ シン マッ(ト) フィー	有料トイレ

nhãn hiệu	ブランド	phí vào cửa	入場料
Nhật Bản	日本	phố lớn	大通り
nơi nghỉ chân	休憩所	phở	フォー
nơi nhận hành lý	荷物受取所	phong bì	封筒
nữ	女	phòng	部屋
nửa ngày	半日	phòng chờ	待合室
núi	山	phòng đồ thất lạc	遺失物取扱所
nước	水	phòng khách	客室
nước dừa	ココナッツジュース	phương tiện	乗物
nước khoáng/suối	ミネラルウォーター	**Q**	
nước mắm	ヌックマム	quà lưu niệm	おみやげ
nước nóng	湯	quà tặng	プレゼント
nước súc miệng	うがい薬	quán bar	バー
nước uống	飲料水	quần	ズボン
nút gọi	呼び出しボタン	quảng trường	広場
O		quầy bán vé	切符売り場
ổ cắm	変換プラグ	quầy check-in	チェックインカウンター
order made	オーダーメイド	quầy đổi ngoại tệ	公認両替商
P		quầy đổi tiền	両替所
phải	右	quầy gửi hành lý	手荷物預かり所
phí dịch vụ	サービス料	quầy làm thủ tục	搭乗カウンター

quầy thông tin du lịch	観光案内所	số điện thoại	電話番号
quốc tịch	国籍	số hộ chiếu	旅券番号
R		số phòng	部屋番号
rau mùi	パクチー	số tiền	金額
rẽ phải	右に曲がる	sông	川
rẽ trái	左に曲がる	**T**	
rừng	森	tạp chí	雑誌
rượu	酒	tất	靴下
rượu vang	ワイン	tàu ăn tối	ディナークルーズ
S		tàu cao tốc	特急列車
sách	本	tàu du lịch	観光クルーズ
sách hướng dẫn	説明書	tàu thường	普通列車
sale off	バーゲンセール	taxi	タクシー
sân bay	空港	tây	西
sân ga	プラットホーム	tem	切手
sân thượng	屋上	tem kỉ niệm	記念切手
sảnh đi	出発ロビー	thành phần	成分
sảnh khách sạn	フロント（ホテルの）	thành phố	都市
sảnh/hành lang	ロビー	thắt lưng	ベルト
siêu thị	スーパーマーケット	thay đổi	変更
smart phone	スマートフォン	thẻ điện thoại	テレホンカード

thẻ nhận hành lý	クレームタグ	thuốc giảm đau	鎮痛剤
thẻ tín dụng	クレジットカード	thuốc hạ sốt	解熱剤
thêu	刺繍	thuốc ho	咳止め
thứ ba	火曜日	thuốc kháng sinh	抗生物質
thứ bảy	土曜日	thuốc ngủ	睡眠薬
thư giãn	リラクセーション	thuốc nhét hậu môn	座薬
thứ hai	月曜日	thuốc nhỏ mắt	目薬
thứ năm	木曜日	thuốc nhuận tràng	便秘薬
thứ sáu	金曜日	thuốc thường dùng	常用薬
thứ tư	水曜日	thuốc tiêu độc	消毒薬
thực phẩm	食料品	thuốc uống	内服薬
thực vật	植物	thuyền cao tốc	高速船
thùng rác	ゴミ箱	tiệm cắt tóc nam	理髪店
thuốc	薬	tiền boa / tip	チップ
thuốc bôi vết thương	軟膏	tiền mặt	現金
thuốc cảm cúm	風邪薬	tiếng Anh	英語
thuốc chống ngứa	かゆみ止め	tiếng Nhật	日本語
thuốc chống say tàu xe	酔い止め	tiếng Việt	ベトナム語
thuốc đau dạ dày	胃腸薬	tiếp đón	歓迎
thuốc đi ngoài	下痢止め	tờ khai hải quan	税関申告書
thuốc đông y	漢方薬	tờ rơi du lịch	観光パンフレット

tour du lịch トゥア ズー リッ(ク)	観光ツアー
tour kèm hướng dẫn viên トゥア ケム フォン ザン ヴィエン	ガイド付きツアー
tour qua đêm トゥア クア デム	ナイトツアー
trả lại チャー ライ	払い戻し
trả tiền khách sạn チャー ティエン カッ(ク) サン	会計(ホテルの)
trái チャーイ	左
trên チェン	上
triển lãm チエン ラム	展覧会
trung tâm mua sắm チュン タム ムア サム	ショッピングセンター
trung tâm thương mại チュン タム トゥオン マイ	デパート
túi đeo chéo トゥイ デオ チェオ	ショルダーバッグ
túi xách トゥイ サッ(ク)	ハンドバッグ

V

vạch sang đường cho người đi bộ ヴァッ(ク) サン トゥオン チョー ドイ ディー ボ	横断歩道
vải ヴァーイ	織物
văn phòng phẩm ヴァン フォン ファム	文房具
váy dạ hội ヴァイ ザ ホイ	ドレス
váy liền ヴァイ リエン	ワンピース
vé ヴェー	切符
vé sử dụng nhiều lần ヴェー スー ズン ニエウ ラン	回数券
ví ヴィー	財布

ví đựng tiền xu ヴィー ドゥン ティエン スー	小銭入れ
Việt Nam ヴィエッ(ト) ナム	ベトナム(国名)
Việt Nam Đồng ヴィエッ(ト) ナム ドン	ベトナムドン
visa ヴィザー	ビザ
vườn ヴォン	庭園

X

xác nhận đặt phòng サッ(ク) ニャン ダッ(ト) フォン	予約確認書
xác nhận tai nạn サッ(ク) ニャン タイ ナン	事故証明書
xe bán đồ ăn セー バン ドー アン	屋台
xe buýt セ ブイッ	バス
xe buýt thăm quan セ ブイッ タム クアン	観光バス
xe cấp cứu セー カッ(プ) キュー	救急車
xe có giường nằm セー コー ズオン ナム	寝台車
xe đạp セー ダッ(プ)	自転車
xe máy セー マイ	オートバイ
xe ô tô セー オー トー	自動車
xe ôm セ オム	バイクタクシー
xích lô シク ロー	シクロ

Y

y tá イ ター	看護師
Yên Nhật イエン ニャッ(ト)	日本円

ベトナム語文法　基礎の基礎

■ベトナム語の語順

肯定文―英語と同様に、主語＋動詞＋目的語という語順です。
例：私は車を持っています。（Tôi có xe.トイ　コー　セー＝私＋持つ＋車）
疑問文―疑問詞には誰（aiアイ）／どこ（ở đâuォー　ダウ）／いつ（bao giờ, lúc nào, khi nàoバオ ゾー、ルック ナオ、ヒキー ナオ）／何時（mấy giờマメイ ゾー）なぜ／（vì sao, tại saoヴィー サオ、タイ サオ）như thế nào（ニュー テー ナオ）等があり、置かれる位置は疑問詞の種類によって文頭、文末を使い分けます。
疑問詞を使わない疑問文はcó ... không? コー ホンの文型が基本で、肯定文の動詞の前にcóコーを、文末にkhôngホンを置いてAnh có thích xoài không ?アィン コー ティッ（ク）ソアイ ホン（あなたはマンゴーが好きですか？）のように使います。なお文末のkhông?ホンをchưa?チュアに置き換えると、Chị có đi chợ chưa?チ コー ディー チョ チュア（もう市場に行きましたか？）のように経験の有無を問う疑問文になります。
否定文―肯定文の動詞の前にkhôngホンを置く、またはlàラー（〜です、〜ます）の前にkhông phảiホン ファーイを置いて　Tôi không biết tiếng Việt. トイ ホン ビエッ（ト）ティエン ヴィエッ（ト）（私はベトナム語がわかりません）Tôi không phải là người Việt.トイ ホン ファーイ ラー グォイ ヴィエッ（ト）（私はベトナム人ではありません）のように使います。なお疑問文の場合と同様、khôngホンをchưaチュアに置き換えることで「まだ〜ない、していない」の意味になります。

■「はい」と「いいえ」

基本的には、có ... không?コー ホンで聞かれた場合、「はい」ならcó コーまたはvângヴァンで、「いいえ」ならkhôngホンです。có ...chưa? コー チュアに対する肯定の返事はcó コーまたはrồiゾイ、否定の返事はchưaチュア。ただし、1単語だけで返事をするとやや無愛想な印象になりかねないので、前後にdạザまたはạアを添えてdạ, có ザ コーやrồi ạゾイ アのように言うと丁寧です。

■人称代名詞と指示代名詞

1人称、2人称、3人称全ての代名詞は男女の別、年齢で異なります。特に年齢等、話し手との関係によってそれらが使い分けられることが、ベトナム語の難しい点の1つです。例えば1人称の場合、男性である「私」が、年上の人と話す時にはemェム、年下の人となるanhアィンになります。そしてその1人称がすなわち、相手が「あなた」と呼ぶ際の2人称にもなるのです。またこれらの人称は、家族や親戚を示す兄、姉、弟、妹、祖父母、叔父叔母…等の単語とも一致していることから、呼び合う中で「擬似家族」が形成され、信頼関係が確認されているともいえます。（1人称については男女、年齢の別なくtôiトイが使えます）
3人称は、anh ấy, bà ấyのように2人称の後にấyェイをつけて呼びます。
複数形については、1人称はchúng taチュン ター（話す相手を含む「私たち」）／chúng tôiチュン トイ（話す相手を含まない「私たち」の区別があり、2人称は

cácカッ（ク）を前につけることで「〜たち」の意味になります。
指示代名詞には、示すものの位置や距離によって、これ（cái nàyカイ ナイ）／それ（cái đó、cái ấyカイ ドー、カイ エイ）／あれ（cái kiaカイ キア）／どれ（cai nào、cái gìカイ ナオ、カイ ジー）を使い分けます。

■ベトナム語の動詞

語尾の活用はせず、時制を示す副詞を使って過去・未来、現在進行等を表します。
例：昨年、私はベトナムへ行った。（Năm ngoái, tôi đã đi Việt Nam.ナム ゴアイ トイ ダー ディー ヴィエッ（ト）ナム＝昨年＋私＋副詞＋行く＋ベトナム）
雨が降るでしょう。（Trời sẽ mưa.チョーイ セー ムア＝天気＋副詞＋雨）
私はベトナム語を勉強しています（Tôi đang học tiếng Việt.トイ ダン ホッ（ク）ティエン ヴィエッ（ト）＝私＋副詞＋勉強する＋ベトナム語）
ただし、特に時制を強調する場合を除き、一般的な会話ではあまりこのような副詞を使わず、話の文脈や前後関係で過去や未来を判断することが多いようです。

■ベトナム語の助動詞

動詞の前後に助動詞を置くことで、様々な表現が可能になります。muốn...ムオン〜したい、cần...カン〜する必要がある、phải...ファーイ〜しなければならない、...được〜できる、等がよく使われる文型です。

■ベトナム語の形容詞

ベトナム語ではtính từ（性詞）という分類で、動詞と同じ働きをします。語順としては主語＋形容詞で、英語のbe動詞にあたるものはありません。形容詞として使う他、述語にもなります。
例：巨大都市thành phố rất lớn タイン フォー ザッ（ト）ロン（都市＋とても＋大きい）
この町はとても大きいThành phố này rất lớnタイン フォー ナイ ザッ（ト）ロン（都市＋この＋とても＋大きい）

■ベトナム語の前置詞

頻出する基本的な前置詞としてtừ トゥー（〜から）、đếnデン（〜まで）、ởオー（〜に）、trongチョン（〜の中に）ngoàiゴアイ（〜の外に）が挙げられます。これらの単語が動詞として使われる場合（đến …デン〜に到着する、ở…オー〜に住む、いる）もあり、また複数の前置詞が同時に使われる場合もあるので、状況に応じた文例ごと覚えておきましょう。

■ベトナム語の複数形

名詞の形は変化せず、名詞の前にcácカッ（ク）をつけて複数形にします。

■量詞・類別詞

車1台（một chiếc ô-tôモッ チェッ（ク）オートー）のように、数詞＋類別詞＋名詞の語順になります。主な類別詞としてはconコン（生物）、cáiカイ／chiếcチェッ（ク）（物）の他、tờトー（紙類）、buổiブオイ（時間）等がありますが、多くの場合1 đĩa rau モッ ディア ザウ（野菜1皿）、2 lon biaハイ ロン ビア（ビール2缶）のように、名詞そのものを類別詞として使うことができます。

ベトナム語の特徴

漢字由来のベトナム語

ベトナムではかつて、一部の知識人の間で漢字が使われていた時代があるため、今でも漢字の音として残っているベトナム語があります。日本語の発音に似ているベトナム語は多く、例えば「発展」は「ファッチェン」、「燃料」は「ニェンリョウ」、「研究」は「ギェンキュウ」など、身近な単語の中で多く使われています。

これらの漢字由来のベトナム語（漢越語）と純粋なベトナム語は、日本語の音読みと訓読みの使われ方に似ています。例えば「山（やま）」ならベトナム語読みでnúiヌイですが、「～山（さん）」なら漢字の音を借りてsơnソンになります。

ベトナムの英語事情

小学校から英語教育を取り入れるなど、ベトナムでは英語に対する関心が高まりつつあります。観光地やホテル、都市部の商店や市場では、簡単な会話や買い物の交渉に困ることはあまりないでしょう。ただ地方都市や農村、商売人や高等教育を受けた人以外の一般人の英語レベルはあまり高くなく、個人差も大きいようです。日本人の英語がベトナム人に理解されにくいのと同様、ベトナム人の英語も聞き取りにくいことがあります。

ベトナム語の方言と標準語

ベトナムは南北に長く、言語の特色も発音のはっきりした北部、声調が少ない中部、柔らかな音の南部と大まかに3つの地域に分けられ、それぞれ声調や語彙が異なります。その他、50以上の少数民族が独自の言語を持っています。ハノイの言語が「標準語」とされていますが、ローカルテレビではその地域の方言で番組を放送しています。

ベトナム人を理解するキーワード

・"フレンドリー"が大好き

例えば労使関係で"厳しくて真面目な、仕事のできる社長"と"ユーモアがあって親しみやすい、明るい社長"。どちらも魅力的ですが、ベトナム人にとっての理想的な上司は圧倒的に後者。上下の別なく、自然でフレンドリーな雰囲気を作ることが上手です。日本人に対しても友好的で、日本製品は品質がよい、日本人は優しい…など、親日派のベトナム人も多くいます。

・高齢者、子供を大切にする

3世代以上の大家族が多いためか、家族関係が大変親密です。お年寄りをいたわる、目上の人を敬う、小さな子供を大切にする…というふるまいは町中でよく目にしますが、それは家族の中の各世代間で日常的に行われている習慣だからでしょう。また特に都市部では"2人っ子政策"が進められており、子供の数が少ないことも、子供を大切にすることの要因かもしれません。最近では、過保護、詰め込み教育などの弊害も見受けられます。

・歌や詩を愛する人たち

ベトナム語を聞き取る（または話す）ためには、複雑な声調を伴う短音節の単語の綿々たる連なりを理解し、さらにいくつもの複雑な母音を区別しなければなりません。そのような言葉を母国語に持つベトナム人は耳がよく、音感に優れた、言語感覚の鋭い人が多いようです。しかしそれは労せずして身につけた能力ではなく、初等教育では発音の練習や詩の朗読、暗誦にかなり多くの時間が割かれているそうです。街中のカフェにはいつも大音量の音楽が流れていて、聞くことも歌うことも大好きな国民性です。

ベトナムのあらまし

基礎データ

正式国名
ベトナム社会主義共和国
Socialist Republic of Viet Nam

首都
ハノイ　Ha Noi

面積
約33万km²（九州を除いた日本の面積とほぼ同じ）

人口
約9250万人（2014年、国連人口基金推計）

政体
社会主義共和国

宗教
国民の80%が儒教や道教、土着信仰の要素が入り込んだ大乗仏教を信仰、他にキリスト教など。

民族
キン族（越人）約86%、他に53の少数民族

言語
公用語はベトナム語。北部・中部・南部で発音に違いがある。

通貨
ドン（Viet Nam Dong、VNDと表記）。
200VNDから50万VNDまで11種類の紙幣がある。硬貨は使われていない。

祝祭日
1月1日　元日
4月30日　統一記念日
5月1日　メーデー
9月2日　建国記念日
この他に、移動祝祭日として
テト（旧正月、旧暦12/30～1/3）
フンヴォン王の命日（旧暦3/10）
がある。

主要産業
農林水産業、鉱業、軽工業

GDP
約1878億アメリカドル（2014年、IMF）

1人あたりGDP
2073アメリカドル（2014年、IMF）

基本情報

行政区分
5つの中央直轄市と58の省がある。

気候
ハノイのある北部は亜熱帯気候で四季がある。ホーチミンのある南部は熱帯モンスーン気候で雨期と乾期があり、気温は年間を通してあまり変わらない。

日本との時差
マイナス2時間。日本の午後3時にベトナムは午後1時。

度量衡
公式にはメートル法を採用しているが、ベトナム独自の単位も用いられている。

電圧とプラグ
電圧は220V。日本国内の電気製品は、国際仕様（100-240Vと表示のあるもの）以外は変圧器が必要。プラグの形は日本と同じAタイプの他に2種類で、CまたはSEタイプ。

水
ベトナムの水道水は飲用には適していない。ミネラルウォーターを購入しよう。ホテルの客室に用意されている無料のボトルやレストランで提供される水は、通常市販のものなので心配は無用。

トイレ
ベトナムの都市部の一般的なトイレは洋式スタイル。備え付けのゴミ箱がある場合は水に流さず、ゴミ箱にトイレットペーパーを捨てること。ホテルや高級レストラン以外の場所ではトイレットペーパーがないことが多いので、ポケットティッシュを携帯するといい。

ビジネスアワー
銀行は月～金曜の8:30～11:30、13:30～15:30、土曜の午前に営業するところもある。一般的なショップはだいたい8:00～20:00。レストランはだいたい10:00～22:00。屋台は深夜早朝にも営業している。

トラブル索引

交通のトラブル
- 機内のトラブル ・・・・・・・・・・・・・・・ 30
- タクシーのトラブル ・・・・・・・・・・・・ 58
- 鉄道のトラブル ・・・・・・・・・・・・・ 58,59
- シクロのトラブル ・・・・・・・・・・・・・・ 56
- 荷物のトラブル ・・・・・・・・・・・ 36,37,44
- バスのトラブル ・・・・・・・・・・・・・・・ 58
- 飛行機のトラブル ・・・・・・・・ 44,45,152
- 両替のトラブル ・・・・・・・・・・・・・・・ 40

ホテルでのトラブル
- 支払いのトラブル ・・・・・・・・・・・・・ 72
- チェックアウトのトラブル ・・・・・・・・・ 72
- チェックインのトラブル ・・・・・・・・・・ 60
- ホテル内でのトラブル ・・・・・・・・・・・・・・・・・・・・ 62,64～67,74,75

レストランでのトラブル
- 支払いのトラブル ・・・・・・・・・・・・・ 98
- 食事中のトラブル ・・・・・・・・ 96,104,105
- 注文のトラブル ・・・・・・・・・・・・ 104,105

観光地でのトラブル
- 観光中のトラブル ・・・・・・・・・・ 118,119
- 道に迷う ・・・・・・・・・・・・・・・・ 106,107

ショッピングのトラブル
- 購入後のトラブル ・・・・・・・・・・ 142,143
- 購入時のトラブル ・・・ 126,128,132,143
- 支払いのトラブル ・・・・・・・・・・ 131,143
- 配達のトラブル ・・・・・・・・・・・・ 142,143

その他のトラブル
- ケガ ・・・・・・・・・・・・・・・・・・・ 168,170
- 交通事故 ・・・・・・・・・・・・・・・・ 168,169
- 強盗・その他 ・・・・・・・・・・・・・ 160,161
- 盗難 ・・・・・・・・・・・・・・・・・・ 160～163
- 紛失 ・・・・・・・・・・・・・ 158,159,164～166

事項索引

あ
- 医師 ・・・・・・・・・・・・・・・ 58,66,170～175
- 遺失物 ・・・・・・・・・・・・・・ 44,158,159,166
- 市場 ・・・・・・・・・・・・・・・・・・・・・ 132,133
- インターネット ・・・・・・・・・・・・・・ 146,147
- オーダーメイド ・・・・・・・・・・・・・・・・・ 129

か
- ガイド ・・・・・・・・・・・・・・・・・・・・・ 68,108
- カギ ・・・・・・・・・・・・・・・・・・・ 62,74,159
- カフェ ・・・・・・・・・・・・・・・・・・・・ 100,101
- 為替レート ・・・・・・・・・・・・・・・・・・・・ 40
- 観光案内所 ・・・・・・・・・・・・・・・・・ 42,108
- 観光地 ・・・・・・・・・・・・・・・・・・・・ 112,113
- 観光パンフレット ・・・・・・・・・・・・・・ 42,108
- 切手 ・・・・・・・・・・・・・・・・・・・・・・・ 148
- 切符
  - 市内バス ・・・・・・・・・・・・・・・・・・ 53,58
  - 長距離バス ・・・・・・・・・・・・・・・・ 50,51
  - 鉄道 ・・・・・・・・・・・・・・・・・・・・・ 48,58
- 機内持ち込み ・・・・・・・・・・・・・・ 154,155
- キャンセル
  - レストラン ・・・・・・・・・・・・・・・・ 94,104
- 銀行 ・・・・・・・・・・・・・・・・・・・・ 40,150,151
- 薬 ・・・・・・・・・・・・・・・ 30,66,170,173,174
- クレジットカード ・・・・ 60,72,99,131,151, 162,164,165
- 警察 ・・・・・・・・・・・・・・・ 118,158,160,166
- 現金自動支払機 ・・・・・・・・・・・・・ 150,151
- 航空券 ・・・・・・・・・・・・・・・・・ 34,164,166
- 交通事故 ・・・・・・・・・・・・・・・・・・ 168,169
- 公認両替商 ・・・・・・・・・・・・・・・・・ 40,41
- 小包 ・・・・・・・・・・・・・・・・・・・・・ 148,149

さ
- サイズ ・・・・・・・・・・・・・・・・・・・・ 128,129
- 再発行
  - クレジットカード ・・・・・・・・・・・ 164,165
  - 航空券 ・・・・・・・・・・・・・・・・・・・・ 166
  - パスポート ・・・・・・・・・・・・・・ 164～166
- 探す
  - ショッピング ・・・・・・・ 120,121,124,125
  - ホテル ・・・・・・・・・・・・・・・・・・・・・ 42
  - レストラン ・・・・・・・・・・・・・・・・・・ 76
- 酒 ・・・・・・・・・・・・・・・・・・・・・・ 38,92,93

222

シクロ	56,57
指定席	48
支払い	
ショッピング	130,131
ホテル	60,72
レストラン	98,99,102
写真	114,115
出発ロビー	47
スポーツ	70,71
寸法	128,129

た
タクシー	42,54,55,58,72
タクシー乗り場	43,54
チェックアウト	72,73
チェックイン	
飛行機	46,152
ホテル	60,61
チケット	
観光地	108,112,113,118
飛行機	46
チップ	
タクシー	54
レストラン	99
ツアー	108,110,111
鉄道	48,49
手荷物引換証	36
電話	
公衆電話	144
国際電話	64
コレクトコール	64
トイレ	26,32,74,106,112
搭乗	46,154
搭乗口	46,154
道路標識	168

な
日本大使館	162,164
入国	
税関検査	38,39
荷物の受け取り	36,37
入国審査	34,35
持ち込み禁止品	38
値切る	132,133

は
バス	
市内バス	42,43,52,53
時刻表	50
長距離バス	50,51

パスポート	34,158,164,166
飛行機	30～33,46,47,152～155
病院	170～175
病気	66,118,170～175
ホテル	
サービス	66～69
施設・設備	70,71
食堂	62
朝食	62,66
フロント	62,63
部屋	64,65,68,69
モーニングコール	66
ルームサービス	66～68

ま
ミネラルウォーター	92
メールアドレス	114
免税店	121
免税範囲	156

や
屋台	102,103
郵便局	148,149
郵便料金	149
予算	
ショッピング	124
レストラン	76
予約	
飛行機	46,47,152,153
ホテル	42,60,61
レストラン	76～79

ら
ランドリー	66
リラクセーション	116,117
両替	40,41,68,150,151
レストラン	
ドリンクの注文	92,93
メニュー	80～91,94,95
料理の注文	94,95
路線図	
バス	109

カバー・表紙デザイン／石島純生(ankh)
カバーイラスト制作・撮影／CHIPS.
本文制作／有限会社テクスタイド
　　　　　関根庸子(イラストレーション)
　　　　　辰神将史(デザイン・レイアウト)
執筆・翻訳／More Production Vietnam
　　　　　勝恵美・Le Thi Thu Hien
執筆協力／高橋和泉・板坂真季
翻訳協力／小泉作居・岩代晴子・源明しのぶ・
　　　　　Nguyen Ngoc Linh

わがまま歩き　旅行会話 10　ベトナム語＋英語

2016年3月5日　初版第1刷発行

編集／ブルーガイド編集部
発行者／増田義和
本文DTP／株式会社千秋社
印刷／大日本印刷株式会社
製本／株式会社ブックアート

発行所／**実業之日本社**　http://www.j-n.co.jp/
〒104-8233　東京都中央区京橋3-7-5 京橋スクエア
振替／00110-6-326
電話／03-3535-5411(編集)　03-3535-4441(販売)

禁無断転載・複製　©JITSUGYO NO NIHON SHA, LTD　2016　　ISBN 978-4-408-00879-0
実業之日本社のプライバシーポリシーは、上記のウェブサイトをご覧ください。　　Printed in Japan